ROBERT B. STONE
JOSÉ SILVA

Der Heiler in Dir

Techniken
sich se

Aus dem A ... gen
vo ... on

GOLDMANN VERLAG

Originalverlag: HJ Kramer Inc., P.O. Box 1082, Tiburon, CA, 94920
Originaltitel: You The Healer

Dieser Band ist bereits als
Goldmann Taschenbuch Nr. 12069 erschienen

Umwelthinweis:
Alle bedruckten Materialien dieses Taschenbuches
sind chlorfrei und umweltschonend.

Der Goldmann Verlag
ist ein Unternehmen der Verlagsgruppe Bertelsmann

Umschlaggestaltung: Design Team München
Satz: IBV Satz- und Datentechnik GmbH, Berlin
Druck: Presse-Druck Augsburg
Verlagsnummer: 13794
Lektorat: Tina Schreck/SD
Ba Herstellung: sc
Made in Germany
ISBN 3-442-13794-2

1 3 5 7 9 10 8 6 4 2

GOLDMANN

Buch

PREMIERE BEI GOLDMANN:

Millionen von Menschen in 72 Ländern haben seit 1966 erfolgreich gelernt, sich selbst und andere mit der Silva-Methode zu heilen. Tiefenentspannung und Visualisierung sind ihre wichtigsten Elemente: Durch sie kann jeder von uns Kontakt zu seinem Körper aufnehmen und positiv auf seine Gesundheit und sein seelisches Wohl einwirken. An dem umfassenden Heilungsprozeß sind Geist, Körper und Seele gleichermaßen beteiligt. Wichtiges Ziel ist es dabei, krankheitsbedingte Programmierungen zu überwinden.

Dieses Buch gibt jedem die Möglichkeit, die eigenen Selbstheilungskräfte zu wecken und zu schulen. In enger Orientierung an der weltweit erfolgreich praktizierten Silva-Methode führt ein Übungsprogramm in vierzig Schritten zu Wohlbefinden und Gesundheit. Dem Silva-Schüler werden praktische Anleitungen vermittelt, wie der Genesungsprozeß bei speziellen Krankheiten positiv beeinflußt werden kann; er enthält Denk- und Handlungsanstöße, wie er darüber hinaus wichtige Bereiche seines eigenen Lebens und das seiner Mitmenschen verbessern und bereichern kann.

Autoren

Die heilkundliche Forschungsarbeit des Autodidakten José Silva war nie von den Zwängen der klassischen wissenschaftlichen Methodik eingeengt. Getrieben von Neugierde und Wissensdurst untersuchte er unermüdlich die Grenzbereiche der uns scheinbar so vertraut erscheinenden Welt und stieß dabei auf innere Zusammenhänge, die erst jetzt, viel später, zögernd auch ihre Anerkennung durch die Wissenschaften finden. In diesem Buch präsentiert Silva, dessen Methode weltweit seit 1966 in 72 Ländern erfolgreich praktiziert wird, die wichtigsten Ergebnisse seiner Arbeit auf dem Gebiet der Selbstheilung und Krankheitsprophylaxe.

Dr. Robert B. Stone, Mitglied der New Yorker Akademie der Wissenschaften und der MENSA, ist Autor und Koautor von mehr als siebzig Selbsthilfebüchern. Als Lehrer der Silva-Methode hält er weltweit Vorträge über die Macht der Gedanken. Seit vielen Jahren lehrt er die Silva-Mehode der Geist- und Streßkontrolle in Japan, Neuseeland und Thailand.

Inhalt

Teil 1

Das Vierzig-Tage-Programm

Teil 2

Neue Wege gehen

Vorwort

Ihr Leben braucht nicht von Krankheit überschattet zu sein.
Sie brauchen auch nicht an einer Krankheit zu sterben.
Gesund zu sein ist der natürliche Zustand des Menschen.
Es ist sogar Ihr Vorrecht, bis zu dem Tage, an dem Sie eines natürlichen Todes sterben, ein Leben in vollkommener Gesundheit zu führen.

Das vorliegende Buch stellt die Ergebnisse von José Silvas Forschungsarbeit über psychosomatische Krankheitsursachen und deren Beseitigung dar, eine Arbeit, mit der er 1944 begann. Zahlreiche Fallbeispiele von Menschen, die lernten, die Kräfte des Geistes gezielt anzuwenden, belegen, daß es möglich ist, sich in erstaunlich kurzer Zeit von einer Krankheit zu heilen, selbst wider alle Erwartungen.

Sie werden von geistigen »Erste-Hilfe-Maßnahmen« hören, die nach einem Unfall das Schlimmste verhüteten, aber auch, wie Krankheit und Unfälle sich vermeiden lassen, damit Sie und die Ihren ein glücklicheres, sicheres Leben führen können.

Und wie ist all dies möglich?

In den Jahren seit 1966 haben Millionen von Menschen durch die Anwendung der Silva-Methode zur Geistes- und Streßkontrolle gelernt, ihre Lebensqualität entscheidend zu verbessern. Dies bezeugen die unzähligen Dankesschreiben ehemaliger Kursteilnehmer. Die Lektüre dieses Buches kann auch für Sie zu einem Quell der Gesundheit werden, wenn Sie die einzelnen, aufeinander aufbauenden und daher leicht nachvollziehbaren Schritte befolgen. Der Erfolg wird Sie von der Wirksamkeit der Methode überzeugen. Vielleicht werden Sie sich sogar fragen, warum nicht weitaus mehr Menschen sich ihrer bedienen.

Heute ist jedenfalls der Tag gekommen, an dem *Sie* beginnen können, Ihre Lebensqualität zu verbessern und jeden Augenblick bei vollster Gesundheit zu genießen.

Einleitung

Ein Mann sitzt mit geschlossenen Augen scheinbar untätig in einem Sessel. Sein Atem geht gleichmäßig. Als neutraler Beobachter käme man nicht auf die Idee, daß dieser Mann in tiefer Konzentration rückwärts von zehn auf eins gezählt hat und daraufhin einen erstaunlichen Heilungsprozeß visualisiert. In seiner Vorstellung reibt er eine Stelle seines schmerzenden Ellbogens mit einer imaginären Salbe ein, die den Schmerz lindern soll. Als nächstes stellt er sich seinen Arm frei von Schmerz, beweglich und kräftig wie ehedem vor. In wenigen Minuten wird er seine geistige Tätigkeit beenden und die Augen öffnen. Einige Stunden später wird er auf dem Tennisplatz in einem Match spielen, als habe er nie Schmerzen gehabt.

Unser Mann wurde in der Silva-Methode unterwiesen. Er hat durch wiederholtes Üben gelernt, sich auf eine Bewußtseinsebene zu begeben, auf der er Einfluß auf seine Gedanken nehmen und so bewußt physiologische Veränderungen herbeiführen kann.

N. L. litt unter Gicht in den Fingerspitzen, was ihn in seiner Tätigkeit als Bauzeichner behinderte. Wann immer er es ermöglichen konnte, entspannte er sich und visualisierte seine geschwollenen Gelenke. Anschließend ließ er einen imaginären Staubsauer über jeden einzelnen Finger fahren. Er stellte sich dabei vor, daß der Staubsauer die Gichtknoten wie Pulver aufsaugte. Nach dieser Prozedur stellte er sich seine Finger erneut vor, diesmal ohne Knoten. Er sah sich von Schmerzen unbehindert seiner Arbeit nachgehen.

N. L. wiederholte diese Visualisation täglich. Jeden Tag verwendete er drei Minuten darauf, sich vorzustellen, wie er sich bester Gesundheit erfreute.

Schon nach einer Woche begann seine tägliche, dreiminütige Übung Früchte zu tragen, die Knoten an den Fingern nahmen sichtbar ab. Im Verlauf von drei Wochen gehörte die Gicht der Vergangenheit an.

R. S. wurde von Schmerzen in der Brust geplagt, die der Arzt als Angina pectoris diagnostizierte. In den Koronararterien hatten sich Ablagerungen gebildet, die die Arterien teilweise blockierten. Der Arzt verordnete ihm eine cholesterin- und fettarme Kost sowie viel Bewegung mittels sanfter Sportarten wie Schwimmen und Wandern. R. S. befolgte die Ratschläge seines Arztes, hielt sich an die verordnete Bewegungstherapie und Diät und tat aus eigenem Antrieb noch ein übriges – er »programmierte« sich. Nach einer Phase der Entspannung stellte er sich die teilweise blockierten Koronararterien vor und »putzte« sie mit einem imaginären Pfeifenreiniger gründlich durch. Schließlich ließ er das Bild einer völlig sauberen Arterie vor seinem geistigen Auge entstehen, ohne die Spur einer Ablagerung. Jeden Tag nahm er sich Zeit für seine Heilvisualisation, und innerhalb eines Monats hatten sich die Häufigkeit, mit der die Schmerzen aufgetreten waren, beachtlich verringert. Am Ende des zweiten Monats waren sie vollkommen verschwunden. R. S. ist seither beschwerdefrei.

M. W. hatte ein Leben lang unter starken Menstruationsbeschwerden zu leiden. Eines Tages begann sie mit ihrem Körper zu »reden«. Sie stellte sich etwa eine Woche vor dem Eintreten der Periode täglich zwei Minuten lang vor, daß sie keine Beschwerden haben würde. Die Menstruationskrämpfe fielen nur noch halb so schlimm aus, und mit fortschreitender Übung konnte sie den Schmerzpegel noch weiter senken.

Es gibt einen Ausweg

Wenn Sie die Möglichkeit hätten, Ihren Geist zu »programmieren« und Schmerzen aller Art zu beseitigen, würden Sie Gebrauch davon machen?

Wenn Sie die Möglichkeit hätten, durch eine kleine geistige Anstrengung Ihrer Schlaflosigkeit Herr zu werden, würden Sie auf die Schlaftabletten in der Hausapotheke verzichten?

Wenn Sie die Möglichkeit hätten, sich und anderen Menschen dabei zu helfen, wieder gesund zu werden, würden Sie Gebrauch davon machen?

Die Schulmedizin bekennt sich mittlerweile dazu, daß es eine Verbindung zwischen Geist und Krankheit und demzufolge auch zwischen Geist und Gesundheit gibt. Tatsächlich läßt sich der Prozeß umkehren: Der Geist kann Krankheit nicht nur verursachen, er kann sie auch verhindern, beziehungsweise die Gesundheit wiederherstellen. Die Silva-Methode beruht auf dieser Erkenntnis und hat sich in zwei Jahrzehnten Praxis bewährt.

Der Strahlenonkologe Carl Simonton adaptierte Bestandteile der Silva-Methode und integrierte sie in die später nach ihm benannte Krebstherapie, worauf die Zahl der Heilungen beachtlich stieg. Vereinzelt kam es sogar zu sogenannten spontanen Remissionen. Er vertiefte die Methode, und heute ist seine Krebstherapie anerkanntermaßen eine der erfolgreichsten. Unabhängig davon entwickelte ein anderer Arzt, Dean Ornish, Mitglied der medizinischen Fakultät der Harvard Universität, Entspannungs- und Vorstellungstechniken für seine Herzpatienten. Er kombinierte diese Techniken mit individueller Diät und Physiotherapie, untersuchte die Wirkungen in einer kontrollierten klinischen Umgebung und legte die Ergebnisse in einer wissenschaftlichen Studie vor. Die meisten Patienten, so hatte er festgestellt, berichteten über eine beachtliche Reduzierung der Schmerzen im Brustbereich, die für Herzkranzgefäßerkrankungen so typisch sind. Viele wurden völlig schmerzfrei.

In zunehmendem Maße machen Ärzte, die mit todkranken Menschen zu tun haben, Gebrauch von Entspannungs- und Vorstellungstechniken, weil sie damit immer wieder positive Erfahrungen machen. 1983 erschien im Zusammenhang mit der Simonton-Krebstherapie ein Leitartikel im *Time*-Magazin, in dem ein Psychiater der Universität von Boston, Sanford Cohen, sich folgendermaßen äußerte:

»So wunderlich es auch klingen mag, hat die Methode doch einer erstaunlichen Anzahl von todkranken Patienten geholfen, zu überleben.«

Seit Dr. Simontons Bekanntschaft mit der Silva-Methode und deren teilweiser Integration in seine Therapie haben Hunderte von Ärzten und Krankenschwestern die Methode der Geistes- und Streßkontrolle erlernt.

Im Jahr 1973 begründete der Astronaut Edgar Mitchell das Institut für Noetische Wissenschaften, um, wie es in der Satzung heißt, »die Kenntnisse über Natur und Funktionsweise von Geist und Bewußtsein zu vertiefen und das so gewonnene Wissen zum Wohl der Menschen und zur Verbesserung der Lebensqualität aller auf diesem Planeten einzusetzen«.

Noch bis vor kurzem erhielt Simonton höchstens von Randgruppen Zustimmung, doch nun, so berichtet das Noetische Institut, finden folgende, bisher als »weit hergeholt« belächelte Vorstellungen Eingang in die allgemeine medizinische Praxis und erfreuen sich weitgehender Akzeptanz:

- Der Mensch verfügt über die Fähigkeit, seine physiologischen Funktionen in einem bisher unvorstellbaren Maß selbst zu steuern.
- Jede Heilung ist ein Zusammenspiel von Geist und Körper.
- Negative Emotionen wirken sich nachteilig auf die Körperfunktionen aus.
- Positive Emotionen wirken sich positiv auf die Körperfunktionen aus.
- Der Geist verfügt über ein Netz von Kommunikationska-

nälen, über das Informationen zwischen Geist und Körper ausgetauscht werden, unter anderem Informationen, die für eine Heilung ausschlaggebend sein können.

Diese »Klimaänderung«, die seit dem Ende der sechziger Jahre, als ich mit der Silva-Methode erstmals an die Öffentlichkeit trat, stattgefunden hat, ist in der Tat ermutigend, denn die bis dato für Diagnose und Behandlungsmethode alleingültige Schulmedizin läßt nun die Möglichkeit zu, daß innere geistige Bilder und somit auch Vorstellungstechniken zu wirklichen und dauerhaften Resultaten führen. Diese Erkenntnis hat auch Einzug in die Welt des Sports gehalten. Profiathleten visualisieren sich voller Ausdauer und Geschick in einem perfekten Wettkampf, das heißt, sie programmieren sich bewußt auf Erfolg. Ein Amateur hingegen, der zu Beginn des Spiels oder Wettkampfs noch einmal eine vermeintlich kritische Stelle ins Auge faßt, programmiert sich unbewußt auf eine mögliche Niederlage.

Die Bilder, die wir in unseren Köpfen erzeugen und mit uns herumtragen, haben eine sichtbare Auswirkung auf unseren Körper. Positive Bilder produzieren positive Ergebnisse, negative Bilder entsprechend negative.

Daß der Geist uns nicht nur krank, sondern auch gesund machen kann, dürfte zu den wichtigsten Entdeckungen des 20. Jahrhunderts zählen. Immer mehr Menschen erkennen und verstehen die Wechselwirkungen zwischen Geist und Körper. Verändern wir unsere Gedanken, folgt der Körper auf dem Fuß.

Wenn wir diesen Mechanismus verstanden haben, können wir uns den Geist zu einem im wahrsten Sinne des Wortes »dienstbaren« Geist in Sachen Gesundheit machen. Er wird für ein strahlendes Aussehen sorgen, für ein gestärktes Immunsystem und einen höheren Energiepegel. Lästige Erkältungen und Kopfschmerzen, chronische Schmerzen und selbst schwerwiegende Erkrankungen wie Krebs lassen sich mit Hilfe des Geistes überwinden. Ein Mensch, der gelernt hat, sich so selbst zu helfen, ist in der Lage, auch anderen Menschen Hilfe angedeihen zu lassen, auch über Entfernungen hinweg und ohne deren Wissen.

All dies ist weniger unglaublich, als es klingen mag. Daß der Geist auf die Materie einwirkt, das bestreitet mittlerweile niemand mehr, im Gegenteil, wissenschaftliche Untersuchungen belegen diese Tatsache immer wieder. So waren beispielsweise bei einer kürzlich in Texas durchgeführten Studie die Versuchspersonen in der Lage, willentlich den elektrischen Hautwiderstand von Personen zu erhöhen, beziehungsweise absinken zu lassen, die sich in einem zwanzig Meter entfernten Raum befanden. Es handelte sich nicht etwa um besondere begabte oder speziell ausgewählte Personen, sondern um ganz durchschnittliche Menschen verschiedenen Alters, Geschlechts und mit verschiedenen Berufen.

Bei einer anderen Versuchsreihe demonstrierten Wissenschaftler der Backster Stiftung in San Diego, Kalifornien, in Gegenwart von Koautor Robert Stone, daß Gedanken über Entfernungen hinweg auf menschliche Zellen einwirken können.

Solche Experimente zeigen, daß wir alle gesünder und länger leben können, wenn wir daran arbeiten, unseren Geist zu kontrollieren. Genau das bezweckt die Silva-Methode, und Millionen von Kursteilnehmern in über siebzig Ländern der Erde haben gelernt, den Geist nicht nur für eine bessere Gesundheit einzusetzen, sondern sind darüber hinaus in der Lage, ihre Emotionen besser zu kontrollieren, kreativer zu leben, ihr Intelligenzpotential besser auszuschöpfen und sinnvolle, konstruktive Problemlösungen zu erarbeiten. Auch Sie können herausfinden, wie die Methode sich in Ihrem speziellen Fall anwenden läßt. Das Buch wird Ihnen ein wertvoller Ratgeber sein, um Gebrechen und Krankheit zu überwinden, gesund zu bleiben und Ihrer Familie dabei zu helfen, dieselben positiven Erfahrungen zu machen.

Unser menschliches Gehirn – ein Biocomputer

Bei der Silva-Methode handelt es sich um ein mentales Training, das es Ihnen ermöglicht, die Fähigkeiten des Gehirns, das gleich einem Computer den Körper steuert, für sich zu erschließen, wodurch Sie nicht nur Ihre Gesundheit verbessern, sondern auch Ihr persönliches geistiges Vermögen. Nach der Lektüre dieses Buches wissen Sie, wie Krankheiten sich vermeiden lassen, Sie können Streß vorbeugen und in Streßsituationen besonnen handeln. Sie wissen, was Sie tun müssen, um Krankheitsursachen zu beseitigen und wie Sie Ihren Arzt in seinem Bemühen um Heilung unterstützen können.

Schon in frühester Jugend »lernen« wir, krank zu werden. Mit wohlgemeinten Ratschlägen wie »daß du nur ja keine nassen Füße bekommst, sonst wirst du krank«, werden wir regelrecht auf Krankheit programmiert. Die Gehirnneuronen behandeln solche wiederholten »Lehrsätze« wie einen Befehl, der bald darauf ausgeführt wird, und schon hat der Ratschlag sich in eine selbsterfüllende Prophezeiung verkehrt.

Wir erleben, wie andere Menschen erkranken. Wir stellen uns vor, daß es uns auch passieren könnte, oder, anders ausgedrückt, wir machen uns Sorgen, was einer Negativprogrammierung gleichkommt. Die Bilder, die wir in unserem Geist erzeugen, sind Botschaften oder Programmierungen, wie auch unsere Gedanken. Negative Gedanken oder Gefühle führen daher zu unerwünschten, negativen Programmierungen, positive zu positiven Programmierungen. Das Ergebnis negativer Programmierung ist eine labile Gesundheit bis hin zu ernsthaften Störungen, scheinbarem Pech und Depressivität, das einer positiven Programmierung eine blendende Gesundheit, Erfolg, Ausgeglichenheit und Zufriedenheit.

Wenn Sie darauf programmiert sind, negativ zu denken, sitzen Sie in einer Falle, denn die negative Programmierung läuft beim entsprechenden Impuls immer wieder ab, wie ein

Mechanismus. Um sich daraus zu befreien, müssen Sie die negative Programmierung abändern, sonst bleibt alles beim alten. Sie müssen den alten, negativen Mechanismus durchbrechen, Sie müssen sich umprogrammieren.

Es ist zwecklos, einfach nur gegen die negative, ungesunde Programmierung anzukämpfen, es sei denn, Sie lieben Sisyphosarbeit. Vielleicht gelingt es Ihnen sogar, sich selbst ein Stück weit in neue Bahnen zu lenken, aber über kurz oder lang wird die programmierte Verhaltensweise oder das programmierte Denkmuster Sie wieder einholen. Nur eine völlige Neuprogrammierung führt die gewünschte dauerhafte Änderung herbei. Nehmen wir ein Beispiel. Sie möchten abnehmen. Sie ändern für eine Weile Ihre Eßgewohnheiten und stellen den Speisezettel um. Aber die wenigsten bleiben länger als absolut nötig dabei. Sobald die Diät beendet ist, nehmen Sie die alten Eßgewohnheiten wieder auf und die mühselig abgespeckten Pfunde schnell wieder zu. Es ist also nötig, die Eßgewohnheiten auf Dauer neu zu programmieren. Eine ungesunde Programmierung kann nur durch eine Neuprogrammierung außer Kraft gesetzt werden.

Die Silva-Musterformel

Die Neuprogrammierung erfolgt mittels innerer Vorstellungsbilder in einem entspannten Bewußtseinszustand, den wir den Alphazustand, Alphaniveau oder kurz *Alpha* nennen. Die Bezeichnung Alpha bezieht sich hierbei auf die Gehirnwellenfrequenz, die sich im entspannten Zustand, verglichen mit der Frequenz während des normalen Wachbewußtseins, um die Hälfte verringert. Im wachen, aktiven Zustand, der auch als Beta-Zustand bezeichnet wird, werden zwischen vierzehn und einundzwanzig Gehirnimpulse pro Sekunde gemessen. Im Schlaf verlangsamt sich diese Frequenz sogar noch weiter als in Alpha.

Ein Elektroenzephalogramm – damit ist die Aufzeichnung der Aktionsströme des Gehirns zu diagnostischen Zwecken gemeint – würde bei einer Person, die sich mit geschlossenen Augen im Bett entspannt, nur noch halb so viele Ausschläge aufweisen wie bei einer wachen, nämlich zwischen sieben und vierzehn. Diese Frequenz ist charakteristisch für das Alphaniveau, einen Zustand entspannten, fast schläfrigen Wachseins. Im Schlaf verlangsamen sich die Gehirnwellen dann noch einmal, und zwar liegen sie zwischen vier und sieben Ausschlägen im leichten Schlaf, dem sogenannten Thetaniveau, und zwischen vier und noch weniger Ausschlägen pro Sekunde in der Tiefschlafphase, dem Deltaniveau.

Die umseitige Illustration verdeutlicht die eben erwähnten vier Phasen. Der tiefe Alphazustand wird dort als Basisebene bezeichnet und bezieht sich auf den niedrigsten Frequenzwert des Alphazustands, in dem die Visualisationen durchgeführt werden. Doch davon später. Dieser natürliche, angenehm friedlich-entspannte Zustand geht der Tiefschlafphase voraus, wir erleben ihn aber noch einmal morgens vor dem Aufwachen. Das Ziel dieses Buches ist es, Ihnen dabei zu helfen, diesen Zustand bewußt zu erzeugen und aufrechtzuerhalten, um ihn für positive, die Gesundheit wiederherstellende Programmierungen zu gebrauchen – nicht nur zum eigenen Nutzen, sondern auch zum Nutzen Ihrer Mitmenschen.

Warum ist der Alphazustand für die Programmierung nun aber so wichtig? Wissenschaftliche Untersuchungen unter Einsatz von Biofeedbackgeräten haben gezeigt, daß im Alphazustand positive Veränderungen auftreten. Streß wird abgebaut, Funktionsstörungen verschwinden, erkrankte Organe regenerieren sich, Blutdruck und Puls normalisieren sich. In Laredo, Texas, fand eine Gruppe von Wissenschaftlern heraus, daß Versuchspersonen im Alphazustand in der Lage waren, physiologische Funktionen willentlich zu manipulieren, von denen man bisher angenommen hatte, daß sie autonom, also nicht beeinflußbar seien.

Fähigkeiten und Kräfte, die man dem Unbewußten zugeordnet hatte, rückten ins Licht des Bewußten. Gewohnheiten waren nicht länger unabänderliche Zwänge, sondern wurden zu kontrollierbaren Mechanismen.

Die genialen Fähigkeiten des Geistes, denen wir gelegentliche, blitzartige Einsichten verdanken, liegen nicht, wie zuvor angenommen, außerhalb unserer Kontrolle, sondern können von uns im Alphazustand aktiviert und wie ein Superhirn zur Lösung von Problemen eingesetzt werden.

Überblick über die Silva-Methode der Geistes- und Streßkontrolle

Sie haben Ihren Geist, allerdings ohne sich dessen bewußt zu sein, bereits darauf programmiert, einen Gutteil Ihres täglichen Lebens zu steuern. Morgens stehen Sie wie selbstverständlich auf, putzen die Zähne, kleiden sich an, binden sich die Schuhe, fahren mit dem Wagen zur Arbeit – alles, ohne darüber nachdenken zu müssen. Mit der Silva-Methode werden Sie lernen, eine bewußte Kontrolle über Ihr Leben zu erlangen. Sie werden lernen:

- einzuschlafen, wann immer Sie wollen
- jederzeit ohne Wecker aufzuwachen
- wachzubleiben, auch wenn Sie schläfrig sind
- Kopfschmerzen abzustellen
- mit Hilfe von Träumen Probleme zu lösen
- das Rauchen aufzugeben
- abzunehmen
- die Merkfähigkeit entscheidend zu verbessern
- konzentrierter zu lernen und das Gelernte rascher wieder abzurufen
- schwierige Situationen zu meistern
- gesteckte Ziele zu erreichen

- Schmerzen abzustellen
- Störungen zu korrigieren
- beide Gehirnhälften für Ihr Wohl arbeiten zu lassen
- kreativer und geistig geschmeidiger zu werden
- andere Menschen zu heilen

Und wie das alles? Mit Hilfe einer Technik, die ich die *Musterformel* nenne. Damit meine ich eine Vorgehensweise, die einem einfachen Muster folgt, einer Formel gewissermaßen. Sie lautet: »Gehen Sie schrittweise vor. Zuerst dies, dann das, und so weiter...«, unkomplizierte Schritte, die im Alphazustand erfolgen.

Über acht Millionen Menschen haben den zweiunddreißigstündigen Grundkurs des Silva-Geistestrainings absolviert. In den ersten zehn Stunden erlernen die Teilnehmer die kontrollierte Entspannung, um Probleme wie dauerndes Abgespanntsein, Schlaflosigkeit, Verspannungskopfschmerzen und Migräne beseitigen zu können. In diesem ersten Teil des Kursprogramms lernt jeder Teilnehmer, sich schnell und problemlos in den Alphazustand zu bringen und diesen gezielt einzusetzen, um die Vitalität zu steigern, die Energien des Körpers zu steuern sowie mit Schwierigkeiten ohne Streß, daß heißt angstfrei, umzugehen. Im weiteren Verlauf des Trainings erlernen die Teilnehmer sodann eine größere Kontrolle über die psycho-physiologischen Funktionen, die traditionellerweise im Bereich des Unbewußten angesiedelt wurden, daß heißt, sie sind den autonomen Prozessen zugeordnet, die als jenseits jeder bewußten oder willentlichen Kontrolle gelten. Sie machen sich mit Techniken vertraut, die das Gedächtnis und die Konzentrationsfähigkeit verbessern, chronische oder plötzlich auftretende Schmerzen beseitigen und ungesunde Gewohnheiten unter Kontrolle oder zum Verschwinden bringen.

In den beiden letzten Teilen des Trainings wird mit einer Reihe von Vorstellungsbildern gearbeitet, die die rechte Hemisphäre mit Bezugspunkten ausstatten. Sie ermöglichen es dem Übenden, im inneren, subjektiven Bereich gezielt zu agieren. Die linke Hirnhemisphäre wird als Berührungspunkt mit der physischen oder Außenwelt begriffen, die rechts als Berührungspunkt mit der nicht-physischen oder Innenwelt, dem schöpferischen Bereich. Tatsächlich übertragen die erwähnten Bezugspunkte die Fähigkeiten der linken Hemisphäre auf die rechte Hemisphäre, die so unter bewußter Kontrolle gebracht werden. Erhöhte Wahrnehmung, Kreativität und eine verbesserte Gesundheit sind dann die Folge. In dieser Phase des Trainings stellt sich der Übende nicht nur vor, wie Störungen behoben werden, er erfährt zugleich eine Verbesserung des Krankheitszustandes. Im abschließenden Teil des Trainings erhält der Teilnehmer dann noch den unzweifelhaften Beweis seiner Fähigkeit, ihm unbekannte Menschen zu »spüren«, das heißt, deren Krankheiten oder Beschwerden zu erkennen und zu beheben.

Wie Sie mit diesem Buch umgehen sollten

Um aus dem Buch die gleichen Vorteile zu ziehen wie die Teilnehmer des zweiunddreißigstündigen Kurses, werden Sie mehr Zeit für das Taining investieren müssen. Es wird nötig sein, daß Sie die Instruktionen mehrmals lesen, bevor Sie sie ausführen können. Doch wenn Sie konsequent üben, werden Sie ebenso in den Genuß eines stabileren Gesundheitszustandes kommen wie jeder Kursteilnehmer. Schon morgen früh können Sie damit beginnen, und innerhalb von sechs Wochen haben Sie Ihre Gesundheit fest in der Hand.

Um dies zu erreichen ist es erforderlich, jeden Morgen nach dem Aufwachen einige Minuten gezielt auf die Übungen zu verwenden. Diese Zeit ist günstig, weil Sie bereits entspannt sind und es Ihnen leichter fällt, die Entspannung noch zu vertiefen, um so den Alphazustand zu erreichen. Schon die Entspannungsphase allein hat eine heilsame, therapeutische Wirkung, und Ihr Körper wird mit jeder Faser positiv darauf reagieren. Später, wenn es Ihnen leichter fällt, sich schnell und tief zu entspannen, wird es Ihnen möglich sein, den Alphazustand zu benutzen, um unerwünschte Symptome zu beseitigen. Lesen Sie das Buch ruhig ganz durch, dann aber beginnen Sie mit denn vierzig Sitzungen, jeden Tag eine. Nach vierzig Tagen sind Sie in der Lage, sich selbst und anderen eine tiefgreifende Heilungsarbeit angedeihen zu lassen.

Zwar schreitet das Training im Kurs unter der Anleitung eines erfahrenen Lehrers schneller voran als dies beim Selbststudium der Fall ist, wo niemand einem die Übungsanweisungen vorliest oder hilft, von der einfachen Entspannung zur Tiefenentspannung zu gelangen. Sie müssen Ihre Augen öffnen, um die Anweisungen zu lesen, wodurch Sie die Entspannung unterbrechen, doch trotz dieses Nachteils können Sie im Verlauf von vierzig Tagen lernen, die für die positive Programmierungsarbeit erforderliche Entspannungstiefe zu erreichen, die jeglicher Krankheit den Nährboden entzieht.

Teil 1

Das Vierzig-Tage-Programm

1

Der Schlüssel zum Erfolg: Entspannung

Im April 1975 wurde M. B., erst vierunddreißigjährig, in einem Krankenhaus in Philadelphia für eine schwere Operation vorbereitet. Seine Ärzte hatten herausgefunden, daß ein Rückenmarkstumor im Nackenbereich für die fortschreitende Lähmung von Armen und Beinen verantwortlich war, die ihm in den vorangegangenen Monaten zu schaffen gemacht hatte. Der Eingriff war umsonst. Das Rückenmark war bereits so stark mit Metastasen durchsetzt, daß an eine Entfernung nicht mehr zu denken war. Die Ärzte gaben ihm noch ein, höchstens zwei Jahre.

Ein Jahr später begab sich M. B. zur Nachuntersuchung in die Klinik. Der Tumor war spurlos verschwunden. Der Arzt, der M. B. ein Jahr zuvor noch für unheilbar krank und dem Tod geweiht erklärt hatte, stellte nun fest, daß er sich wohl geirrt haben mußte.

Was war geschehen?

Etwa zehn Monate nach der Operation hörte M. B. erstmals von der Silva-Methode und nahm kurzentschlossen an einem Kurs teil. Als er zur Nachuntersuchung gebeten wurde, praktizierte er Entspannung und Visualisation erst knapp zwei Monate. Dreimal täglich, nämlich vor dem Aufstehen, nach dem Mittagessen und vor dem Einschlafen, entspannte M. B. sich circa fünfzehn Minuten lang, wobei er eine zusätzliche Körperentspannungstechnik anwendete. Danach stellte er sich seinen Tumor vor, den er in seiner Visualisationsübung immer kleiner werden ließ, jeden Tag ein wenig kleiner als am Vortag. Zusätzlich stellte er sich vor, daß die weißen Blutkörperchen, die »Polizisten« des Immunsystems, die Krebszellen angriffen, das Geschwür auflösten und vollständig eliminierten. Er programmierte sich außerdem darauf, daß die Krebszellen jedesmal, wenn er auf die Toilette ging, aus seinem Körper gespült wurden und beendete seinen Heilungsfilm mit der Affirmation »Jeden Tag geht es mir in jeder Hinsicht besser und besser, ich fühle mich gesund und stark«.

Als M. B. seinem Arzt von den Vorstellungsübungen berichtete, verließ dieser entrüstet das Sprechzimmer. Eine solche Vorgehensweise war ihm nicht nur völlig fremd, sie erschien ihm auch durch und durch absurd. Nur wenige Ärzte sind in der Lage oder willens, die Fähigkeit des Geistes, konkret auf den Körper einzuwirken, anzuerkennen, obwohl die Erkenntnis der Wechselwirkungen zwischen Geist und Körper langsam auch Eingang in die Schulmedizin findet.

Viele der Fallbeispiele wurden auf Wunsch mit Initialen versehen, um die Anonymität der Kursteilnehmer zu wahren, andere wiederum gaben uns die Erlaubnis, ihren Namen zu veröffentlichen, was ich mit Freude und Dankbarkeit getan habe.

Ziehen Sie größeren Nutzen aus Ihrem geistigen Potential

Sicherlich ist Ihnen nicht entgangen, daß der Schlüssel zum Erfolg der Silva-Methode die Entspannung ist, eine Entspannung allerdings, die nicht als ein passiver Zustand mißverstanden werden darf. Es geht vielmehr darum, sich aktiv zu entspannen. Sowohl das Hinarbeiten auf den Alphazustand als auch seine Anwendung sind äußerst aktive, geistige Prozesse. Wenn wir uns mit Hilfe des Geistes entspannen und positive Vorstellungsbilder entwickeln, werden die kreativen Funktionen der rechten Hirnhälfte aktiviert, die bei unseren gewöhnlichen Denkprozessen eine untergeordnete Rolle spielen. Anders ausgedrückt versetzt uns die Silva-Methode in die Lage, tiefe, subtilere Bewußtseinsschichten zu beeinflussen. Sie versetzt uns in die Lage, vermittels der langsameren Alpha-Gehirnwellen unser Bewußtsein zu erweitern, wodurch auch die Fähigkeit, Problemlösungen zu erarbeiten, zunimmt. Im Fall einer Krankheit bietet sie die Möglichkeit, das Übel an der Wurzel zu packen. Somit sind Krankheiten ein geeigneter Einstieg in den Umgang mit Alpha.

Verhaltensprogrammierungen durch Worte und Bilder

Der menschliche Oragnismus ist mit Selbstheilungskräften bestens ausgestattet. Nur wirken wir dem natürlichen Heilungsprozeß entgegen, wenn wir auf Ereignisse mit Angst und Streß reagieren. Lernen wir aber entspannt zu reagieren, kommt es gar nicht erst zu einer Beeinträchtigung der selbstregulierenden Kräfte des Körpers.

Eine weitere Möglichkeit, sich die Selbstheilungsenergie des Körpers nutzbar zu machen, besteht darin, positive innere Vorstellungsbilder zu entwickeln und diese mit Affirmationen, das sind Merksätze mit positiver Aussage, zu untermauern. Die Silva-Methode basiert unter anderem auf der Anwendung solcher Affirmationen während der Entspannungsphase. Es ist eine einfache, aber wirkungsvolle Methode, die durch regelmäßiges Üben noch an Effektivität gewinnt. Auch als Anfänger dürfen Sie getrost ein Wunder erwarten. Ihr Vertrauen und Ihre positive Erwartungshaltung geben den Gehirnneuronen gewissermaßen »grünes Licht«, und sie beginnen, die vorliegende Störung zu beheben.

Der Augenblick der Entscheidung ist gekommen. Möchten Sie mehr Kontrolle über Ihr Leben? Wenn Ihre Antwort

»Ja« lautet, werden Sie in allen Lebensbereichen davon profitieren, nicht nur in bezug auf Ihre Gesundheit. Gehirnneuronen, die bisher sozusagen »auf der faulen Haut« lagen oder gar gegen Ihre Gesundheit gearbeitet haben, werden nunmehr für die Wiederherstellung Ihrer Gesundheit aktiv.

Da Sie kaum gleichzeitig lesen und sich entspannen können, schlage ich vor, daß Sie zunächst die Übungsanleitungen nochmals lesen. Dann legen Sie das Buch zur Seite, schließen die Augen und befolgen die Anweisungen Schritt für Schritt.

Hier sind die ersten Instruktionen:

- Setzen Sie sich auf einen bequemen Stuhl. Schließen Sie die Augen.
- Atmen Sie tief ein. Beim Ausatmen entspannen Sie den Körper.
- Zählen Sie langsam, ohne Hast, von hundert rückwärts auf eins.
- Stellen Sie sich einen friedlichen Ort vor, den Sie kennen.
- Sagen Sie sich im stillen: »Mein Körper und mein Geist werden in jeder Hinsicht stets vollkommen gesund sein.«
- Um die Übung zu beenden, zählen Sie nun von eins bis fünf. Geben Sie sich innerlich die Anweisung, daß Sie sich bei fünf frischer und besser fühlen werden als vorher. Bei drei wiederholen Sie die Affirmation und noch einmal, wenn Sie die Augen öffnen.

Soeben haben sie sich *bewußt* programmiert.

Durch regelmäßiges Üben gelingt es Ihnen allmählich, sich schneller und tiefer zu entspannen. Die Vorstellungsbilder werden realistischer, Ihre Erwartungen konkreter, die Resultate besser. Am Ende des Buches sind Sie in der Lage, nicht nur Ihre eigene Gesundheit wiederherzustellen, sondern auch über Entfernungen hinweg die Energien des Geistes auf Heilungsprogrammierungen für andere zu verwenden.

2

Körperkontrolle durch Geistkontrolle

- Setzen Sie sich auf einen bequemen Stuhl. Schließen Sie die Augen.
- Atmen Sie tief ein. Beim Ausatmen entspannen Sie den Körper.
- Zählen Sie langsam, ohne Hast, von hundert rückwärts auf eins.
- Stellen Sie sich einen friedlichen Ort vor, an dem Sie sich gern aufhalten.
- Sagen Sie sich im stillen: »Mein Körper und mein Geist werden in jeder Hinsicht stets vollkommen gesund sein.«
- Zählen Sie nun von eins bis fünf. Geben Sie sich innerlich die Anweisung, daß Sie sich bei fünf frischer und besser fühlen werden als vorher. Bei drei wiederholen Sie die Affirmation und noch einmal, wenn Sie die Augen öffnen.

Um den Körper bewußt kontrollieren zu können, bedarf es der Geisteskontrolle. Diese wiederum wird möglich durch die Beherrschung des Alphazustandes, der seinerseits von der Tiefe der Entspannung abhängig ist.

Wir sehen also, ganz am Anfang steht die kontrollierte Entspannung. Dies veranschaulicht auch die Erfahrung von M. R., einem Leutnant bei der Navy:

Vor einiger Zeit litt ich infolge einer Medikamentenallergie unter Herzrhythmusstörungen, wodurch meine Offizierskarriere ernsthaft in Gefahr geriet. Ich wurde zu einer gründlichen Untersuchung ins Brooke Militärkrankenhaus überwiesen, wo die Ärzte einen Herzklappenfehler diagnostizierten, genauer gesagt, einen Vorfall der Mitralklappe, der nur mit hochempfindlichen Instrumenten festzustellen ist. Nun untersagen die Bestimmungen der Navy, daß Personen mit einem Herzfehler im aktiven Flugdienst eingesetzt werden. Weitere Untersuchungen folgten, die die Diagnose bestätigten. Das Ende meiner Fliegerlaufbahn schien besiegelt. Drei Wochen später sollte ich mich einer letzten Untersuchung durch Marineärzte des Naval Aerospace Instituts unterziehen.

Nun hatte ich zwar einen Silva-Kurs besucht, die Methode zu Hause aber sträflich vernachlässigt. Allerdings erinnerte ich mich daran, daß es möglich war, Anomalien zu beseitigen, und so nahm ich die Entspannungsübungen wieder auf. Im Alphazustand stellte ich mir ein gesundes, fehlerfrei funktionierendes Herz vor. Außerdem sagte ich mir immer wieder, daß mein Herz völlig gesund sei. Dieser Gedanke ging mir Tag und Nacht nicht mehr aus dem Kopf, bis ich daran glaubte, daß es sich genauso verhielt.

Drei Wochen später wurde ich von drei Marineärzten untersucht. Keine Spur von einem Mitralklappenvorfall. Ein angeborener Herzfehler war nach dreiunddreißig Jahren spurlos verschwunden! Diagnosegeräte und Tests ergaben zweifelsfrei, daß mein Herz gesund war und normal funktionierte. Ich kehrte in den Flugdienst zurück.

Jetzt weiß ich, daß wir tatsächlich über die nötigen Kräfte in uns selbst verfügen, um unser Leben entscheidend zu verbessern. Ich habe es am eigenen Leibe erfahren.

M. R. entspannte sich also und stellte sich ein gesundes, normal funktionierendes Herz vor. Was der Geist sich ausmalt, setzt er auch in die Realität um, wenn... Tatsächlich gibt es ein Wenn. Der Geist setzt unsere Vorstellungen mit Hilfe des Gehirns in sichtbare Realität um, *wenn* diese Vorstellungen im Alphazustand erfolgen. Das Gehirn ist ein ca. drei Pfund schweres Organ mit Sitz im Schädel, bestehend aus verschiedenen Arealen, deren Funktionen mehr oder weniger gründlich verstanden werden. Und was hat das mit dem Alphazustand zu tun? Nun, die langsamere Alphagehirnwellenfrequenz begünstigt die schöpferischen Funktionen der rechten Hirnhemisphäre, so daß sie in unserem Sinn tätig werden.

M. R. stellte sich vor, daß sein Herz gesund und normal funktionierte und bekräftigte dieses innere Vorstellungsbild durch eine verbale Affirmation, wenn seine Gehirnströme sich im Alphabereich bewegten. Innere Vorstellungsbilder und verbale Affirmationen bewirken physiologische Veränderungen, wenn sie im Alphazustand erfolgen. Sie funktionieren, wenn Sie so wollen, wie ein Mechanismus. Wenn von Programmierung die Rede ist, bedeutet dies also nichts anderes, als sich dieses Mechanismus gezielt zu bedienen. Immer wenn M. B. sich in Alpha befand, stellte er sich ein gesundes Herz vor, daß heißt, er programmierte seinen »geistigen« Computer darauf, es zu einem vollkommen gesunden Organ zu machen. Der Geist steuert das Gehirn, und das Gehirn steuert den Körper. Der Körper entsprach dieser Vorstellung.

Das Geheimnis heißt also Alpha. Alpha führt uns fort aus der objektiven, äußeren Realität in die subjektiven, inneren Bereiche, die der Ursprung der äußeren Welt sind. In Alpha zu verweilen bedeutet, sich auf neue Weise zu erfahren. Sie sind sich Ihrer Umwelt bewußt, nehmen aber keinen aktiven Anteil daran. Sie sind körperlich und geistig ausgeglichen.

Alpha erkennen

Jeder Tag, an dem Sie die Entspannung üben, bringt Sie dem Alphazustand näher. Wenn Sie ihn dann erreicht haben, intensiviert weiteres Üben die Wirkung, während Sie gleichzeitig lernen, Ihre Entspannung nur soweit zu vertiefen, daß Sie nicht einschlafen. Ihre Programmierungen werden von Mal zu Mal effizienter, sowohl was die eigene Gesundheit angeht als auch die anderer, und der Zustand an sich wird Ihnen zunehmend vertraut.

Barbara Brown, einer der Pioniere der Biofeedbackarbeit, führte ihre Probanden zur Kontrolle der Alphafrequenz, indem sie sie mit positiven Gefühlen assoziierte. Robert B. Stone, der Koautor dieses Buches, der die Silva-Methode unter anderem auch in Hawaii unterrichtet, benutzt das Eingeborenenwort *Aloha* als gleichbedeutend mit Alpha. *Aloha* bedeutet *Einssein*, ausgedrückt durch den Buchstaben *o* in der Mitte des Wortes.

Wie *Einssein* und Alpha miteinander verknüpft sind, demonstrierte er sehr anschaulich auf einer Tafel, indem er das »o« mit einem nach unten laufenden Balken versah, wodurch *Aloha* zu *Alpha* wurde.

In der Tat birgt der Alphazustand ein herrliches Gefühl, vielleicht weil wir, um ihn zu erreichen, uns von der äußeren Realität ab und der inneren zuwenden. Zwar läuten keine Glocken, auch lockt kein geheimnisvoller Sirenengesang, es wird auch keine Stimme ertönen, um Sie auf dem Alphaniveau willkommen zu heißen.

Sie werden sich ganz einfach wohl fühlen.

Entwickeln Sie positive Gesinnung

Die Silva-Methode ermöglicht es dem einzelnen, die langsame Alpha-Gehirnwellenfrequenz für bestimmte Zwecke zu benützen. Eine bewußte Kontrolle über Alpha befähigt den Praktizierenden dazu, sein geistiges Potential in nie gekannter Weise auszuschöpfen.

Was wäre aber, wenn Sie während des Trainings die Haltung einnehmen, daß die Methode, obwohl sie bei anderen funktioniert, bei Ihnen versagen wird? Nun, auch diese Einstellung ist nichts anderes als eine Programmierung. Wenn Sie sie aufrechterhalten, programmieren Sie die Gehirnneuronen darauf, das Training zu ingnorieren und statt dessen den Status quo, nämlich die Krankheit, aufrechtzuerhalten.

Oder nehmen wir an, daß Ihnen, nachdem Sie das Kursprogramm hinter sich gebracht haben, Zweifel daran bekommen, ob die Methode wirklich geeignet ist, um Ihr spezielles Problem zu beheben. Auch diese negative Erwartungshaltung kommt einer Programmierung gleich, die die Wirkung all dessen, was Sie während des Kurses erreicht haben, wieder aufhebt, und an Ihrem Krankheitszustand würde sich nichts ändern. Starkes Verlangen, Vertrauen und Erwartung sind wirksame Faktoren, die als Verbindungsglieder zwischen Geist und Gehirn fungieren und die Realisierung von Programmierungen ermöglichen.

Nehmen wir einmal einen Studenten, dessen Vaters größter Wunsch es ist, seinen Sohn zu einem erfolgreichen Rechtsanwalt zu machen. Eigentlich interessiert sich der Junge nicht für die Juristerei, doch dem Vater gehört eine erfolgreiche Anwaltskanzlei, außerdem ist er einer der angesehensten Bürger der Stadt. Also entschließt sich der Sohn, ermutigt auch durch väterliches Zureden, ebenfalls Anwalt zu werden. Wird er ebenso erfolgreich sein wie der Vater? Wohl kaum, denn seine Motivation hinkt, er ist nur mit halbem Herzen bei der Sache. Diese Halbherzigkeit bleibt auf seine Karriere nicht ohne Auswirkungen. Statt eines begehrten, geschickten Anwalts wird er nur ein mittelmäßiger Vertreter des Rechts.

Vergleichen wir das Verlangen oder die Motivation des Sohnes mit der des Vaters, als dieser ein junger Mann war. Beseelt von dem Wunsch, ein guter, angesehener Anwalt zu werden, überwand er finanzielle Durststecken und andere Hindernisse, bis er es eines Tages schließlich geschafft hatte. Sein Verlangen, ein bestimmtes Ziel zu erreichen, Vertrauen in seine Fähigkeiten und eine durchaus resultierende, positive Erwartungshaltung bereiteten den Boden für seinen späteren Erfolg.

Wenn ein neuer Patient zu Dr. Carl Simonton in die Sprechstunde kommt, zeigt dieser ihm »Vorher und Nachher« – Aufnahmen ehemaliger Patienten, nach dem Motto, »hier sehen Sie den Krebs, hier ist er verschwunden«. Er tut dies nicht aus Profilneurose, vielmehr stimuliert er so im Patienten die positive Erwartungshaltung, daß er genauso gesund werden kann wie Soundso, anstatt sich für einen hoffnungslosen Fall zu halten. Für gewöhnlich zeigt er die Aufnahmen gleichzeitig mehreren Patienten und deren Angehörigen, denn es gilt, nicht nur die Erwartungshaltung des Patienten günstig zu beeinflussen. Auch die der engsten Familienmitglieder ist von entscheidender Bedeutung, denn durch sie kann der Patient eine zusätzliche Programmierung erfahren, positiv oder negativ.

Eine positive Einstellung setzt den mentalen Computer in Betrieb, sie kommt in ihrer Wirkung einem Befehl gleich: »Fertig für Programmierung.« In gewisser Weise nimmt sie das gewünschte Resultat im Geiste vorweg, und die vertrauensvolle Zuversicht versorgt den Computer mit zusätzlicher Energie. Das Gehirn verarbeitet die eingehenden Informationen, nachdem die Kontrollinstanz grünes Licht gegeben hat.

Als der zweite Empfänger eines künstlichen Herzens sich nur wenige Tage nach der Transplantation in seinem Bett im Krankenhaus von Lousville aufsetzte, jubilierten die Chirurgen. Einer von ihnen wurde von der Presseagentur *Associated Press* folgendermaßen zitiert: »Die positive innere Einstellung des Patienten ist für die Rekonvaleszenz ein nicht zu unterschätzender Faktor.«

Unterstützende Maßnahmen

Wenn wir lernen, den Geist, diese übergeordnete Instanz, zu steuern, erzielen wir durch die positive Erwartungshaltung und durch Zuversicht unseren Vorstellungen entsprechende Erfolge.

- Stellen Sie morgen früh nach dem Aufwachen den Wekker auf fünfzehn Minuten. Wenn nötig, gehen Sie vorher noch auf die Toilette.

- Schließen Sie die Augen. Richten Sie sie leicht augenbrauenwärts, ungefähr um zwanzig Grad.

Ist Ihnen schon einmal aufgefallen, wie viele Menschen die Augen nach oben verdrehen, wenn sie überfragt oder überfordert sind, als erhofften sie sich von dort eine Antwort?

Ich habe mich lange mit dem Phänomen der Visualisation beschäftigt und bin ihm mit analytischen Methoden zu Leibe gerückt. Was geschieht, wenn man die Augen nach oben richtet? Zum einen verändert man seinen Fokus, man könnte auch sagen, man »defokussiert« die Augen, zum anderen werden die rechte Hemisphähre und der Alpharyhthmus angeregt.

Das mentale Projektionsfeld

Die Visualisation erzielt die besten Ergebnisse, wenn die Augen um etwa zwanzig Grad über der gedachten Horizontalen fixiert werden. Diesen Bereich nenne ich das mentale Projektionsfeld. Ihm kommt, als einem geeigneten Hilfsmittel bei der Wiederherstellung unserer Gesundheit, eine besondere Bedeutung zu.

Nach dieser kurzen Erörterung fahren Sie bitte wie folgt mit der Übung fort:

- Zählen Sie langsam, ohne Hast und in Gedanken, von hundert rückwärts auf eins. Lassen Sie sich nach jeder Zahl eine Sekunde Zeit.
- Wenn Sie bei eins angelangt sind, erzeugen Sie in der Vorstellung ein attraktives Bild von sich selbst, Gesundheit und Kraft ausstrahlend.
- Wiederholen Sie innerlich: »Mein Körper und mein Geist werden in jeder Hinsicht stets vollkommen gesund sein.«
- Nun sagen Sie sich: »Ich zähle jetzt von eins bis fünf. Bei fünf öffne ich die Augen. Ich werde mich gut und gesund fühlen, besser als vorher.«

- Beginnen Sie zu zählen. Bei drei wiederholen Sie die Affirmation.
- Zählen Sie weiter auf vier und fünf. Bei fünf öffnen Sie die Augen und bekräftigen noch einmal: »Ich bin hellwach. Ich fühle mich besser und gesünder als vorher.«

Acht Punkte, die eigentlich nur drei sind

Überdenken Sie die Erläuterungen zu den folgenden acht Punkten, um sich mit ihrem Sinn und Zweck vertraut zu machen.

1. Es wird Ihnen nicht gelingen, einen entspannten Geisteszustand zu erzeugen, wenn Sie nicht auch gleichzeitig körperlich entspannt sind. Ich empfehle also dringend, vor der Übung auf die Toilette zu gehen, damit Sie später nicht abgelenkt werden. Wenn Sie nach dem Aufwachen noch träge oder schläfrig benommen sind, stellt dieser kurze Gang sicher, daß Sie ein wenig wacher werden. Sollten Sie allerdings Schwierigkeiten haben, wachzubleiben, stellen Sie den Wecker vorsichtshalber auf fünfzehn Minuten, damit Sie nicht zu spät zur Arbeit kommen.
2. Wie ich vorher schon kurz erwähnte, löst das Defokussieren der Augen im Gehirn Alpharhythmen aus und regt die rechte Hemisphäre an. Wenn wir uns an späterer Stelle mit der Visualisation beschäftigen, werden wir die Augen dabei ebenfalls defokussieren. Bis dahin jedoch bedienen wir uns dieser einfachen »Sehübung« lediglich als Hilfsmittel, um Alpha zu erzeugen.
3. Rückwärtszählen entspannt, Vorwärtszählen regt an. Eins, zwei, drei usw. ist gleichbedeutend mit »Auf die Plätze, fertig, los«. Von drei zurück auf eins zu zählen beruhigt und unterstützt uns in unserem Bestreben um innere Ruhe.

4. Im Zustand der Entspannung stellen wir uns vor, wie wir gerne wären, das heißt, wir entwickeln ein neues Bild von uns. Ein Hypochonder, der sich im entspannten Zustand alle möglichen Krankheiten ausmalt, erzeugt auf diese Weise unerwünschte Symptome, unter denen er dann zu leiden hat. Sie werden genau das Gegenteil tun. Ihre innere Vorstellung wird *erwünschte, gewollte* Konditionierungen erzeugen – einen vitalen Körper und eine positive Ausstrahlung.
5. Worte, im entspannten Zustand repetiert, führen zur Verwirklichung des Konzepts, für das sie stehen. Vorstellungsbilder und Worte programmieren den Geist, weil sie wie Anweisungen sind, denen er entspricht, indem er sie Realität werden läßt.

6, 7, 8. Hier geht es um das Zählen von eins bis fünf, mit dem Sie die Sitzung abschließen. Vorwärtszählen regt an, dennoch schadet es nicht, die Wirkung durch eine Affirmation zu verstärken. Bekräftigen Sie innerlich, daß Sie bei fünf hellwach sein werden. Tun Sie das, ehe Sie mit dem Zählen beginnen, bekräftigen Sie es während Sie zählen und noch einmal, wenn Sie bei fünf angelangt sind.

Wenn Sie also morgen früh aufwachen, liegen eigentlich nur drei Schritte vor Ihnen:

1. *Mit leicht nach oben gerichteten oder defokussierten Augen zählen Sie von hundert rückwärts auf eins.*
2. *Stellen Sie sich vor, daß Sie gesund sind, erzeugen Sie ein entsprechendes inneres Bild, und bekräftigen Sie es.*
3. *Zählen Sie von eins bis fünf, bekräftigen Sie Ihre Gesundheit und daß Sie wieder hellwach sind.*

Vierzig Tage, die Ihr Leben verändern können

Sie wissen nun, was Sie morgen früh tun können. Wie, so fragen Sie sich aber, soll es danach weitergehen? Hier ist ein kurzer Überblick über den Verlauf des gesamten Programms:

- Zehn Tage lang zählen Sie von hundert rückwärts bis eins.
- Zehn Tage lang zählen Sie von fünfzig rückwärts bis eins.
- Zehn Tage lang zählen Sie von fünfundzwanzig rückwärts bis eins.
- Zehn Tage lang zählen Sie von zehn rückwärts bis eins.

Nach diesen vierzig Tagen, in denen Sie lernen, sich rückwärtszählend zu entspannen, brauchen Sie nur noch von fünf auf eins zu zählen, um den Alphazustand wie gewohnt für Heilungsprogrammierungen zu erzeugen. Wie dieses im einzelnen geschieht, ist Thema dieses Buches. Doch schon vor dem Ende der vierzig Tage werden Sie positive Veränderungen feststellen:

- Sie können eine positive innere Gesinnung erzeugen und dadurch die Selbstheilungskräfte des Körpers unterstützen.
- Sie können anderen zu Hilfe kommen.
- Sie können Ihr vertieftes Verständnis über innere Zusammenhänge und die Funktionsweise des Gehirns auch auf andere Lebensbereiche ausdehnen, um Schwierigkeiten kreativ zu lösen und gesteckte Ziele zu erreichen.
- Sie können das allmorgendliche Vorstellungsbild Ihren Bedürfnissen entsprechend abändern.

Das Vierzig-Tage-Programm ist so aufgebaut, daß Sie ganz allmählich die Fähigkeit erwerben, den Geist im Alphazustand zu steuern. Anfangs mag es Ihnen kindisch vorkommen, einfach ruhig dazuliegen und rückwärts zu zählen, aber mit jedem Mal etablieren Sie einen Bezugspunkt für das nächste Mal. Ihre Entspannung wird zunehmend tiefer, die Gehirnwellen werden langsamer. Nach und nach erlangen Sie eine bewußte Kontrolle, das heißt, Sie können jederzeit und überall Alpha erzeugen und schlafen dabei nicht ein, sondern erfreuen sich eines entspannten Wachseins, in dem Sie beliebig lange verweilen können. Es ist ungemein hilfreich, jeden Morgen dieselbe Art von Ritual zu befolgen, Schritt um Schritt, zur selben Zeit, am selben Ort. Die einzige, sich verändernde Komponente ist der Wechsel von hundert auf fünfzig nach zehn Tagen sowie die folgenden auf fünfundzwanzig, zehn und fünf nach jedem weiteren zehnten Tag. Die Hinzunahme weiterer Variabler würde den Bezugspunkt unnötig verschleiern und die Ergebnisse verwässern.

Nach vierzig Tagen werden Sie in der Lage sein, rückwärts von fünf bis eins zählend:

- *mehr Energie zu programmieren*
- *größeren Enthusiasmus*
- *Erfolg bei den täglichen Aufgaben*
- *verbesserte Gesundheit*
- *Optimismus.*

3

Sie beginnen, sich selbst zu helfen

- Schließen Sie die Augen. Richten Sie sie leicht augenbrauenwärts, um etwa zwanzig Grad.
- Zählen Sie langsam, ohne Hast, von hundert rückwärts bis eins. Tun Sie es in Gedanken, und lassen Sie sich nach jeder Zahl etwa eine Sekunde Zeit.
- Wenn Sie bei eins angelangt sind, erzeugen Sie in Ihrer Vorstellung ein attraktives Bild von sich selbst, Gesundheit und Kraft ausstrahlend.
- Wiederholen Sie innerlich: »Mein Körper und mein Geist werden in jeder Hinsicht stets vollkommen gesund sein.«
- Sagen Sie sich nun: »Ich zähle jetzt von eins bis fünf. Bei fünf werde ich die Augen öffnen. Ich werde mich gut und gesund fühlen, besser als vorher.«
- Beginnen Sie zu zählen. Bei drei wiederholen Sie die Affirmation.
- Zählen Sie weiter bis vier und fünf. Bei fünf öffnen Sie die Augen und bekräftigen innerlich: »Ich bin hellwach. Ich fühle mich besser und gesünder als vorher, und so wird es bleiben.«

Guten Morgen. Haben Sie sich beim Rückwärtszählen nicht schon bald wunderbar entspannt gefühlt? Mit fortschreitender Übung werden Sie täglich mehr Entspannung erfahren. Die einzelnen Schritte werden Ihnen vertraut, ja selbstverständlich, so daß der Entspannung nichts mehr im Wege steht. Machen Sie sich diese tägliche Entspannungsübung zur Gewohnheit. Mit jedem Tag geht sie ein wenig leichter vonstatten, und bereits nach zehn Tagen wird das Rückwärtszählen von fünfzig auf eins dieselbe entspannende Wirkung haben wie das Rückwärtszählen von hundert. Nach nur dreißig Tagen dürfen Sie sich ohne Übertreibung einen »Entspannungsprofi« nennen, der mit seiner Alpha-Gehirnfrequenz auf vertrautem Fuß steht und schöpferisch damit umgehen kann.

Ihrer Phantasie sind keine Grenzen gesetzt! Es gibt unzählige Beispiele von Menschen, die kraft geeigneter, innerer Vorstellungsbilder ihre Gesundheit wiederhergestellt haben. Sie haben Flecken in der Lunge wegradiert, Hustenkrämpfe gelöst und Nierensteine entfernt, indem sie sie in ihrer Vorstellung zwischen den Fingern zerdrückt und morgens im Urin ausgeschieden haben. Sie haben Gichtknoten mit einem imaginären Staubsauger weggesaugt. Sie werden Ihre eigenen Erfahrungen machen. Es gibt nichts Überzeugenderes, wie Tag Powell aus Florida bezeugt.

Tag Powells wunderbare Heilung

Seit dem vierzehnten Lebensjahr litt ich an Osteomyelitis, einer Entzündung des Knochenmarks. Die Beschwerden sind ähnlich wie bei Krebs. In meinem Fall war das Kniegelenk davon betroffen, obwohl niemand sich erklären konnte, wie es dazu kam, ob durch unsteriles Arbeiten während einer Operation oder sonstwie. Auf alle Fälle wurde ich mit Antibiotika vollgepumpt, die aber nicht die erhoffte Wirkung zeigten. Die Operation mußte daher im Abstand von drei Jahren wiederholt werden. Jedesmal wurde das entzündliche Gewebe entfernt, der Knochen selbst ausgeschabt und alles wieder zugenäht. Zwei, höchstens drei Jahre später war dann die nächste Operation fällig. Später unterzog ich mich verschiedenen Radiumtherapien. In einem Fall wurde das Radium injiziert, um den Erreger direkt abzutöten, und ich hatte zwei Jahre lang Ruhe, bevor ich mich einer weiteren Behandlung unterziehen mußte. Diesmal wurden zweimal wöchentlich Krankheitserreger entnommen, durch Radiumbeschuß abgetötet und wieder injiziert. Diese Therapie erstreckte sich über sechs Monate, ohne irgendeinen Erfolg. Überhaupt versagten der Reihe nach alle Osteotherapien.

Eines Tages hörte ich von der Silva-Methode. Ich beschloß, sie auszuprobieren und besuchte den Kurs. Sechs Monate später verschlimmerte sich der Zustand meines Knies zusehends. Es schwoll zur Größe eines Luftballons an, ich konnte mich nur noch mit Krücken mühsam fortbewegen. Um die Schmerzen einigermaßen in Schach zu halten, wendete ich die Silva-Schmerzkontrolltechnik an, aber weil das Knie so überaus dick angeschwollen war, stieß ich immer wieder igendwo an, meistens, wenn ich gerade einmal nicht daran dachte. Der Schmerz war jedesmal furchtbar.

Wieder suchte ich einen Arzt auf. Dieser wollte mich in die Klinik der University of Florida überweisen, wo er mir eine wahrhaft abenteuerliche Behandlung in Aussicht stellte. Man würde das ganze Kniegelenk entfernen, es vierundzwanzig Stunden lang kochen, dreißig Tage lang einfrieren und mir dann wieder einsetzen. Vielleicht, so meinte er, hätte diese Methode bei mir Erfolg.

Vielleicht, vielleicht auch nicht. Irgend etwas in mir sträubte sich, denn ich hatte von dieser Methode schon einmal gehört und wußte, daß sie nur bei aussichtslosen Fällen angewendet wird, dann nämlich, wenn die Gefahr besteht, daß der Patient sein Bein verliert. Verunsichert ließ ich mir ein Antibiotikum gegen die akute Entzündung verschreiben und erbat mir Bedenkzeit.

Zu Hause mußte ich mich hinlegen, das Knie war so dick wie ein Volleyball. Ich fragte mich ernsthaft, ob ich an die Wirksamkeit der Silva-Methode glaubte oder nicht. Wenn ja, warum wendete ich sie dann nicht an?

Das war Anfang 1978, ein halbes Jahr, nachdem ich den Grundkurs besucht hatte. Ich entspannte mich. Im Alphazustand erinnerte ich mich daran, daß der Arzt mir gesagt hatte, die weißen Blutkörperchen könnten die Osteomyelitis zerstören. Mit Hilfe der im Unterricht geübten Visualisie-

rungstechnik zog ich daher weiße Blutkörperchen aus den verschiedenen Körperbereichen ab und ließ sie sich im Knie versammeln. Ich rekrutierte eine ganze Armee und stellte mir vor, wie von überallher weiße Blutkörperchen zusammenströmten.

Dann ließ ich sie im Geiste auf weiße Pferde aufsteigen, gab ihnen weiße Schilde sowie schwere, weiße Schwerter und blies zum Angriff. Ich malte mir aus, wie mein übermächtiges Heer sich auf den Krankheitsherd stürzte und die feindlichen Erregerzellen tötete, die ich als schwarz, auf klapprigen, schwarzen Pferden reitend, mit leichten, schwarzen Schwertern und Schilden kämpfend, visualisierte. Von allen Seiten ließ ich Abteilung um Abteilung über den Feind herfallen. Ich identifizierte mich völlig mit meiner Visualisation. Nach einer Weile hatte ich deutlich das Gefühl, daß wir dem Sieg nicht so recht näherkamen. Was, so fragte ich mich, würden die Ärzte tun? Ausschaben, lautete die Antwort. Also brachte ich eine Laserkanone in Stellung, genauso, wie ich sie aus »Krieg der Sterne« kannte. Ich programmierte sie darauf, nur die schwarzen Erreger zu töten, die weißen Blutkörperchen aber in Ruhe zu lassen. Sodann zielte ich ins Kampfgetümmel, beziehungsweise auf den Krankheitsherd und feuerte. Ich hielt die Szene vor meinen Augen für so real, daß ich mit einem furchtbaren Schmerz rechnete, doch ich verspürte nichts weiter als ein Gefühl von Wärme. In kreisenden Bewegungen führte ich den Laser immer wieder über die befallene Stelle, so, wie die Ärzte es tun, wenn sie den Knochen ausschaben. Irgendwann spürte ich, daß meine Kräfte nachließen. Ich schaltete den Laser ab und fiel erschöpft in einen tiefen Schlaf.

Als ich am darauffolgenden Morgen erwachte, hatte sich am Knie ein Eiterbeutel entwickelt, so groß wie ein Golfball. Gegen Mittag brach er plötzlich auf, und der Eiter lief ab. Der Zustand meines Knies verbesserte sich stündlich. Seither hat es mir nie mehr Beschwerden verursacht.

Ein paar Wochen nach dieser »Geistoperation« oder wie immer Sie es nennen wollen, machte ich mit Freunden einen

Ausflug. Ich spielte das erste Mal seit meinem vierzehnten Lebensjahr wieder Volleyball, einen ganzen Tag lang. Früher wäre ich schon nach kurzer Zeit reif fürs Krankenhaus gewesen. In jener Nacht tat mir das Knie zwar weh, aber ich freute mich wie ein Kind, denn was ich verspürte war nichts anderes als ein saftiger Muskelkater von der vielen ungewohnten Bewegung.

Heute kann ich sogar im Lotussitz sitzen. Ich habe mir einen kleinen, roten Sportwagen gekauft und kann problemlos aus- und einsteigen. Und während eines Ägyptenurlaubs vergangenes Jahr konnte ich einmal mehr dankbar feststellen, wie effektiv, wie durchgreifend die Heilung tatsächlich ist, denn es machte mir überhaupt nichts aus, die Treppen der großen Pyramide hinauf- und hinabzusteigen. Das wäre früher völlig unmöglich gewesen. Ich war von der Anstrengung erschöpft wie alle anderen auch, aber am nächsten Tag ebenso wieder fit.

Die entscheidende Programmierung dauerte zwischen dreißig und fünfundvierzig Minuten, was ungewöhnlich lang ist. Aber ich befand mich in einer existentiellen Krise, daher war mein Wille stark und meine Erwartung hoch. Ich konnte mir kein weiteres Zögern leisten, oder sie hätten mir das Knie entfernt, später vielleicht sogar das ganze Bein. Ich glaube, daß ich deswegen auch nicht in meiner Anstrengung nachließ oder sie auf mehrere Visualisationen verteilte. Es gab nur ein »entweder jetzt oder nie«. Ich mußte es an einem Stück tun und durfte nicht versagen, deshalb mobilisierte ich all meine Kräfte. Wer solchermaßen entschlossen zu Werke geht, dem ist Erfolg beschieden, und der wird sein Ziel erreichen. Ich weiß es aus eigener Erfahrung.

Es gibt viele Menschen, die sich täglich auf dieselbe Weise helfen, so, wie Tag Powell es getan hat. Auch Ihre Fähigkeit wird in dem Maß zunehmen, wie Sie die morgendliche Entspannung üben.

Das menschliche Gehirn ist die Steuerzentrale für alle Körperfunktionen, somit ist es, wenn man richtig damit umgeht, auch ein Heilungsinstrument. Viel zu oft wird es freilich aus Unkenntnis heraus mißbraucht und verursacht Krankheit und Leid. Als genügten die schwierigen Alltagsbedingungen unserer hektischen Umwelt oder die größeren und kleineren existentiellen Krisen, die uns immer wieder treffen, noch nicht, bevölkern wir auch die Welt unserer Gedanken mit Streß und Krankheit verursachenden Bildern. Nun ist es nicht immer leicht, zu sagen, welches Ereignis oder innere Bild für ein bestimmtes, unerwünschtes Symptom verantwortlich ist, aber es wäre ein Trugschluß, anzunehmen, daß es sich deswegen nicht beseitigen ließe. Tag Powell erfuhr nie, was die Ursache für seine Osteomyelitis war, trotzdem war es ihm möglich, sich kraft der Fähigkeiten des Geistes zu heilen.

Gewissermaßen als »Nebenwirkung« der Entspannungsübung stellt sich eine gewisse Streßresistenz ein. Sobald Streß auftritt, werden Sie sich innerlich davon distanzieren, und durch die Anwendung innerer Vorstellungsbilder unterbrechen Sie die negative Konditionierung. So verschwinden im Lauf der Zeit eine ganze Reihe unerwünschter Begleiterscheinungen.

Das wertvollste Geschenk der Natur: Die Vorstellungskraft

Eine beliebige Person A sieht sich in ihren eigenen Augen als schwach und krankheitsanfällig, Furcht bestimmt ihr Leben. Sie fürchtet sich vor jeder Bakterie, jedem Virus, das gerade grassiert. Ständig rechnet sie damit, angesteckt zu werden. Sie fürchtet sich außerdem vor dem herannahenden Alter.

Person B hat ein positiveres Bild von sich selbst. Sie sieht sich als gesund und stark, als aktiv und attraktiv.

B wird aller Wahrscheinlichkeit nach ein erfüllteres, gesünderes Leben führen, während ein Hypochonder wie A, der seine von Furcht und Krankheit geprägten Vorstellungen ebenfalls auslebt, in realer, krankmachender Weise auf seinen Körper einwirkt.

Unser Vorstellungsvermögen ist eine schöpferische Kraft. Alles von Menschenhand Erschaffene begann als Gedanke, als Idee, als Bild, als Vorstellung im Geist eines oder mehrerer Individuen, bevor es seine sichtbare, materielle Umsetzung erfuhr. Ein schön angelegter Rosengarten wurde von einem Gärtner nach genauen Vorstellungen bepflanzt. Ein Maler hat eine Vorstellung von seinem Bild im Kopf. Der Stuhl, auf dem Sie sitzen, wurde entworfen, ehe er hergestellt werden konnte. Die Kleider, die Sie tragen, wurden von einem Modedesigner entworfen. Ein Haus existiert, lange bevor es Wirklichkeit wird, auf dem Papier, als Grundriß, als Bauplan, als Kostenkalkulation. Die Ideen und Vorstellungen vieler fließen in ihm zusammen, sonst könnte es nicht entstehen. Die Vorstellungskraft ist die schöpferische Triebfeder der Spezies Mensch. Es ist eine unsichtbare, innere Kraft, die sich auf verschiedenste Weise Ausdruck verschafft.

Der Physiker Nikola Tesla (1856–1943) war Anfang unseres Jahrhunderts seiner Zeit bereits weit voraus. Es fiel ihm nicht schwer, sich genaue Vorstellungen von seinen Erfindungen zu machen. In nur zwei Monaten entwickelte er den Prototyp des nach ihm benannten Transformators. Er schrieb:

»Die Teile des Apparats waren für mich absolut wirklich und faßbar, bis ins kleinste Detail und hin zu winzigsten Abnutzungserscheinungen.«

Für Tag Powell war seine Armee weißer Blutkörperchen so real, daß er mit furchtbaren Schmerzen rechnete, als er seinen imaginären Laserstrahl einsetzte. Ein Vorstellungsbild, das so intensiv erlebt wird, als sei es wirklich, ist das A und O erfolgreicher Programmierung. Wenn Sie morgens von hundert auf eins zurückgezählt haben und im Alphazustand das Bild von einem strahlenden, gesunden Selbst erzeugen, was tun Sie dann? Richtig, Sie *erschaffen*, was Sie sich vorstellen. Sie verleihen der Idee namens Gesundheit Energie, die sich alsbald sichtbaren Ausdruck verschaffen wird.

Ihr jetziges Befinden, in dem Sie weniger als die volle Gesundheit erfahren, ist weder Ihr natürlicher noch ein unabänderlicher Gesundheitszustand, es ist vielmehr ein unnatürlicher Zustand. Das Gegenteil dazu ist der starke Wunsch oder die Entschlossenheit, diesem unnatürlichen Zustand ein Ende zu bereiten, sowie die Zuversicht, daß Ihnen dieses Unterfangen auch gelingen wird. Sie brauchen weder Skizzen noch Diagramme anzufertigen, ehe Sie mit der Visualisation beginnen, denn um das zu tun, müßten Sie vorher wiederum visualisieren, das heißt, eine geistige Vorstellungsarbeit leisten! Die steht jedoch immer am Anfang einer Veränderung. Tesla berichtet, daß er sich mit großer Leichtigkeit Dinge vorstellen konnte und daß er dazu keine Modelle brauchte, keine Pläne, nicht einmal Experimente.

In jedem von uns schlummert ein unbegrenztes Potential an schöpferischen Energien. Die Kontrolle über unsere langsameren Gehirnwellen erlaubt es uns, dieses Potential direkt anzuzapfen, denn immer wenn die Gehirnwellen sich verlangsamen, wird die rechte Hemisphäre, der Bereich der Kreativität, aktiviert. Hier visualisieren wir, was wir erreichen wollen und setzen so die Ursache für Veränderungen.

4

Die Vorsorge

- Schließen Sie die Augen. Richten Sie sie leicht augenbrauenwärts.
- Zählen Sie langsam, ohne Hast, von hundert rückwärts bis eins. Tun Sie es in Gedanken, und lassen Sie sich nach jeder Zahl etwa eine Sekunde Zeit.
- Wenn Sie bei eins angelangt sind, erzeugen Sie in der Vorstellung ein attraktives Bild von sich selbst, Gesundheit und Kraft ausstrahlend.
- Wiederholen Sie innerlich: »Mein Körper und mein Geist werden in jeder Hinsicht stets vollkommen gesund sein.«
- Sagen Sie sich nun: »Ich zähle jetzt von eins bis fünf. Bei fünf werde ich die Augen öffnen. Ich werde mich gut und gesund fühlen, besser als vorher.«
- Beginnen Sie zu zählen. Bei drei wiederholen Sie die Affirmation.
- Zählen Sie weiter bis vier und fünf. Bei fünf öffnen Sie die Augen und bekräftigen innerlich: »Ich bin hellwach. Ich fühle mich besser und gesünder als vorher, und so wird es bleiben.«

Sie haben nun bereits wiederholt ein Vorstellungsbild erzeugt, das Bild von einem gesunden Selbst. Später werden Sie wie Tag Powell in der Lage sein, die kreativen Energien in der Vorstellung zu kanalisieren, um einer Erkrankung zu Leibe zu rücken. In der Zwischenzeit ist es allerdings erforderlich, die Entspannung zu üben und so zu vervollkommnen, daß der Alphazustand tatsächlich erreicht ist, wenn Sie mit der Visualisation beginnen. Schon allein durch das

Praktizieren der Entspannung tragen Sie zur Verbesserung Ihres Gesundheitszustandes bei. Das täglich programmierte geistige Bild von einem gesunden Selbst wird sich immer mehr durchsetzen und seine heilsamen Eigenschaften werden wie Medizin zu wirken beginnen, wie im Fall von Mrs. L. W., einer Mutter von zwei heranwachsenden Söhnen. Sie berichtet:

Das ganze letzte Jahr war mehr als schwierig. Eins kam zum anderen, ich veränderte mich völlig, wurde depressiv und sah nur noch die negativen Seiten des Lebens. Nach außen hin versuchte ich, so wie immer zu sein, um die Leute nicht vor den Kopf zu stoßen. Aber mein früheres Selbstbewußtsein erlitt zunehmend Schlagseite, ich begann, unmäßig zu essen und nahm in kurzer Zeit so bedenklich zu, daß ich bald darauf verzweifelt zu Diäten und Abführmitteln griff, um wieder abzunehmen, allerdings ohne großen Erfolg. Als wäre all dies nicht schon schlimm genug, verschlechterte sich mein Gehör, und zwar so rapide, daß ich binnen kürzester Zeit ein Hörgerät tragen mußte. Auch machte ich mir Vorwürfe, weil ich meinen Mann und den Kindern gegenüber ungeduldig und unbeherrscht war. Bei der geringsten Kleinigkeit schrie ich die Jungs an, und um den Zwölfjährigen, der wegen seiner Dyslexie (Dyslexie: Lesestörung. Störung der Fähigkeit, Geschriebenes zu erfassen, geistig aufzunehmen und zusammenhängend vorzulesen. Anm. d. Übs.) in der Schule Schwierigkeiten hatte, machte ich mir große Sorgen. Allmählich wußte ich nicht mehr ein noch aus.

Ich hatte eine Anzeige für die Silva-Kurse gelesen und zeigte sie meinem Mann, der kurzentschlossen den Informationsabend besuchte. Er kam begeistert zurück. Obwohl ich meine Skepsis nicht ganz überwinden konnte, erklärte ich mich damit einverstanden, an einem Kurs teilzunehmen.

Es war die Antwort auf meine Probleme. Ich habe mein inneres Gleichgewicht wiedergefunden, ebenso meine positive Lebenseinstellung. Ich brauche keine Beruhigungsmittel mehr, denn ich kann mit Streß besser umgehen. Außerdem bin ich achtsamer als früher. Zusätzlich zur Diät habe ich mir körperliche Bewegung verordnet, mit dem Erfolg, daß ich abnehme und mich wunderbar fühle. Sogar mein Gehör kehrt allmählich zurück. Es ist mir wieder möglich, meinen Söhnen mit Geduld und Verständnis zu begegnen. In gewisser Weise geht es mir tatsächlich besser als früher.

Als L. M. sich dazu entschloß, die Methode der Geisteskontrolle zu erlernen, steuerte sie auf einen völligen Kollaps zu. Offensichtlich ließ sie sich gehen. Sie kompensierte Kummer und Sorgen mit übermäßigem Essen, was nicht nur der Magen übelnahm, auch die Verschlechterung ihres Gehörs war eine Folge des schwer gestörten, inneren Gleichgewichts. Die Systeme waren überlastet, die Entstehung weiterer Probleme vorprogrammiert. Als sie lernte, den Geist wie ein Werkzeug zu benützen, verschwand der Streß zusehends, die entlasteten Systeme konnten ihre Funktion wieder erfüllen.

Mit Hilfe der morgendlichen Entspannungsübung bekommen Sie Streß in den Griff und legen damit den Grundstein für eine verbesserte Lebensqualität und Gesundheit.

Das Gehirn ist der Sitz von etwa dreißig Milliarden Neuronen, die man sich wie die Bausteine eines Computers vorstellen kann. Tatsächlich funktioniert das Gehirn ähnlich wie ein Computer, weswegen man auch vom Biocomputer Gehirn spricht. Es ist darauf programmiert, sämtliche Körperfunktionen zu steuern, Erfahrungen und Lerninhalte zu speichern und bei Bedarf abzurufen beziehungsweise zur Verfügung zu stellen. Es wird geschätzt, daß das Gehirn bei der Geburt mit annähernd zweitausend einzelnen Programmen ausgestattet ist, die ihre Aufgaben in vollkommener Weise erfüllen. Defekte treten nur bei dauernder Überlastung, sprich Streß, auf, und der wiederum beginnt spätestens im Augenblick der Geburt. Die Mutter braucht nur einmal außer Sichtweite zu sein, schon erlebt das Körper-Geist-System den ersten Anfall von Streß in Form panischer Angst. Oder es hat zu ungewohnter Stunde Hunger, nur ist leider die Mutter gerade nicht da. Erneute Aufregung. Zu langes Liegen auf Bauch oder Rücken verursacht ihm Unbehagen, aber niemand dreht sich um. Schon wieder Streß. Furcht und Aufregung sind die am meisten gefürchteten Streßauslöser. Streß ist ein massiver, sämtliche Programme unterbrechender Störfaktor, und je länger er andauert, um so schwerwiegender ist die Schädigung der lebenswichtigen Organe und Körpersysteme, deren Funktionen er nachhaltig durcheinanderbringt.

Sündenbock Streß

Verzichten Sie nicht darauf, einen Arzt zu Rate zu ziehen, wenn Sie krank sind. Nur, Sie brauchen es nicht dabei bewenden zu lassen. Nichts reduziert Streß, egal in welcher Form Sie ihn erleben, so wirksam wie die Kontrolle über unsere Gedanken. Sie erst macht eine die Gesundheit wiederherstellende Neuprogrammierung möglich.

Vor fünfzig Jahren entdeckten Ärzte, daß Wut die Farbe der Magenauskleidung verändert. Heute weiß man, daß Streß unter anderem auch die Aktivität der weißen Blutkörperchen behindert. Die Tatsache, daß Wut und Ärger Magengeschwüre verursachen und dauernde Sorgen Krebs, legte die Vermutung nahe, daß Streß an anderen Krankheiten ebenfalls beteiligt ist.

Bekommen Sie oft Schnupfen? Haben Sie häufig Kopfschmerzen? Andere Schmerzen? Hatten Sie schon einmal Mumps, Masern, Keuchhusten oder eine andere der sogenannten Ansteckungskrankheiten? Wie steht es mit Nierensteinen, Herzkranzgefäßerkrankungen oder gar Krebs? Alle diese Erkrankungen lassen sich in irgendeiner Form auf Streß zurückführen.

Nun hört keiner gern, daß er für seine Beschwerden oder gar eine unheilbare Krankheit selbst verantwortlich ist. Trotzdem ist es so. Allein, dies ist kein Grund zum Verzweifeln, begehen wir doch alle den gleichen Fehler. Wir sind nie darin unterwiesen worden, wie wir die Kraft unserer Gedanken anwenden können, um Streß zu reduzieren, die Krankheitsabwehr unseres Körpers zu unterstützen und unsere lebenswichtigen Organe und Systeme gesund zu erhalten.

Innere Schranken beseitigen

Während Sie sich entspannen und das Vorstellungsbild von einem gesunden Selbst erzeugen, ist die alte Programmierung natürlich noch in Kraft. Die neue Programmierung wird sie über kurz oder lang ersetzen, aber der Prozeß der Eliminierung läßt sich beschleunigen, wenn Sie die alte genauer benennen können. Die Identifizierung führt außerdem zu einem neuen Verständnis der Krankheit und ihrer Ursache.

Hier nun die Vorgehensweise, die sich bei der Eliminierung von Streß bewährt hat: Als erstes nach dem Aufwachen, noch bevor Sie mit der Visualisierung beginnen, fragen Sie sich, warum Sie diese spezielle Krankheit haben. Lassen Sie Ihren Gedanken freien Lauf. Vielleicht kommt Ihnen ein Familienangehöriger in den Sinn, die Schwiegermutter, der Partner oder der Anwalt. In vielen Fällen liegt die Hauptursache für Streß in schwierigen oder gestörten zwischenmenschlichen Beziehungen. Vielleicht ist das auch bei Ihnen der Fall. Gibt es einen Menschen, der Ihnen besonders im Magen liegt? Wenn ja, sind Sie schon einen Schritt weiter, denn nun können Sie gezielt auf eine Lösung hinarbeiten.

Stellen Sie sich vor, daß Sie dieser Person die Hand reichen oder sie in die Arme schließen. Lassen Sie dabei ein Gefühl gegenseitigen Vergebens entstehen, auch wenn sich in Ihnen zunächst Widerstand regt, weil Sie diesem Menschen gegenüber ja Ressentiments haben. Aber die Anstrengung lohnt sich. Sie überwinden auf diese Weise eine innere

Schranke, die zwischen Ihnen und Ihrer Gesundheit steht. Sie lösen eine geistige Spannung durch ein geistiges Vorstellungsbild auf und gleichzeitig auch deren körperlich sichtbare beziehungsweise spürbare Auswirkung.

Erzeugen Sie als nächstes ein attraktives Bild von sich selbst, Gesundheit und Kraft ausstrahlend. Bekräftigen Sie diese Vorstellung mit dem Satz: »Mein Körper und mein Geist werden in jeder Hinsicht stets vollkommen gesund sein.« Dann zählen Sie wie gewohnt von eins bis fünf und öffnen die Augen.

Hier noch einmal die Schritte, um die ich die morgendliche Entspannungsübung erweitert habe. Ich nenne sie im folgenden 3A, 3B und 3C.

3A. Fragen Sie sich, warum Sie diese spezielle Krankheit haben. Lassen Sie Ihre Gedanken umherschweifen.

3B. Wenn Sie hauptsächlich an eine bestimmte Person denken, stellen Sie sich diese Person vor.

3C. Vergeben Sie einander in Ihrer Vorstellung. Stellen Sie sich vor, wie Sie sich die Hände schütteln oder umarmen. Lächeln Sie sich an. Nicken Sie sich in beidseitigem Einverständnis zu. Freuen Sie sich darüber.

Sie werden feststellen, daß die Beziehung zu dieser Person sich verbessert. Im Geiste haben Sie die Ursache dafür gelegt, eine Veränderung bewirkt und eine innere Schranke beseitigt, die Ihrer Gesundheit im Weg stand.

Vertiefung des Alphazustandes

Die Alpha-Gehirnwellenfrequenz liegt zwischen sieben und vierzehn Schwingungen pro Sekunde. Wenn Sie sich morgens mit leicht augenbrauenwärts gerichteten Augen zu entspannen beginnen und von hundert langsam auf eins zurückzählen, verlangsamen sich die Gehirnwellen auf diese

Frequenz. Sie ist charakteristisch für den Zustand entspannten Wachseins. Wenn Sie einschlafen, verlangsamt sich die meßbare Gehirntätigkeit noch weiter.

Manche Menschen erreichen die Alphafrequenz schon nach wenigen Sitzungen, bei anderen dauert es etwas länger. Es schadet übrigens kein bißchen, wenn man Alpha schnell erreicht, denn je länger man braucht, um so länger muß man auf die Erfolge der Heilvisualisation warten. Wenn Sie sich schwertun, können Sie die allmorgendliche Entspannung um eine zusätzliche Übung erweitern. Sie wird vor dem Countdown, dem Rückwärtszählen von hundert auf eins, eingeschoben. Dabei lenken Sie Ihre ganze Aufmerksamkeit auf die verschiedenen Muskelgruppen des Körpers und entspannen diese der Reihe nach von Kopf bis Fuß. Selbst jetzt, wo Sie noch das Buch vor Augen haben und die Instruktionen lesen, können Sie die Anweisungen ausführen und sich entsprechend entspannen. Morgen früh brauchen Sie dann bereits kein Buch mehr.

Richten Sie Ihre Aufmerksamkeit auf die Kopfhaut. Machen Sie sich bewußt, wie sie sich anfühlt, entspannen Sie sie. Wenn dabei ein leichtes Kribbeln oder ein Gefühl von Wärme entsteht, so rührt dies von der verbesserten Durchblutung her, die die Konzentration auf diesen Bereich des Kopfes verursacht. Wenn Sie sich einen Teil des Körpers bewußt machen, lenken Sie durch diesen Vorgang Ihre Energien dorthin. Die bewußte Entspannung der Kopfhaut fördert ihre Durchblutung.

Als nächstes richten Sie Ihre Aufmerksamkeit auf die Stirn. Entspannen Sie sie. Es folgen die Augen. Machen Sie sich bewußt, wie überaus beweglich die Augäpfel sind. Entspannen Sie als nächstes Mund, Kiefer und Zunge, dann den Nackenbereich, die Schultern, die Arme.

Nun machen Sie sich eventuelle Anspannungen im Brust- und oberen Bauchbereich bewußt. Lassen Sie sie los. Entspannen Sie auf dieselbe Weise den oberen und unteren Rückenbereich, sprich Kreuz, Lenden und Steißbein.

Nach und nach werden Sie sich so Ihres Körpers bewußt.

Entspannen Sie Hüften, Schenkel, Knie, Waden, Fesseln, Füße und Zehen in dieser Reihenfolge.

Obwohl Sie noch immer lesen, also geistig aktiv sind, sollten Sie, falls Sie der Übung gefolgt sind, Anzeichen körperlicher Entspannung spüren. Morgen früh wissen Sie bereits, was Sie tun müssen, um dieselbe, tiefe Entspannung herbeizuführen. Nach dieser zusätzlichen Übung, die ich 2A nenne, beginnen Sie mit dem Countdown. Es bleibt Ihnen überlassen, ob Sie 2A üben wollen oder nicht, da dieser Schritt natürlich einige Minuten länger in Anspruch nimmt. Ich schlage vor, daß Sie ihn morgen üben und danach nur dann, wenn Sie Lust darauf haben. Vergessen Sie nicht, daß Sie mit jedem Mal Üben die Fähigkeit, sich selbst und andere zu heilen, entwickeln.

Hier die Zusammenfassung von Schritt 2A:

2A. Mit der Kopfhaut beginnend, richten Sie Ihre Aufmerksamkeit auf die verschiedenen Körperteile und Muskeln und entspannen sie von oben nach unten.

5

So helfen Sie Ihrem Arzt

1. Schließen Sie die Augen. Richten Sie sie leicht augenbrauenwärts.
2. Zählen Sie langsam, ohne Hast, von hundert rückwärts auf eins. Tun Sie es in Gedanken, und lassen Sie sich nach jeder Zahl eine Sekunde Zeit.
   A. Richten Sie Ihre Aufmerksamkeit, bei der Kopfhaut beginnend, auf die verschiedenen Körperteile und Muskelgruppen, und entspannen Sie diese in Abwärtsrichtung.
3. Wenn Sie bei eins angelangt sind, erzeugen Sie in der Vorstellung ein attraktives Bild von sich selbst, Gesundheit und Kraft ausstrahlend.
   A. Fragen Sie sich, warum Sie diese spezielle Krankheit haben. Lassen Sie die Gedanken umherschweifen.
   B. Wenn Sie hauptsächlich an eine bestimmte Person denken, stellen Sie sich diesen Menschen vor.
   C. Vergeben Sie einander in Ihrer Vorstellung. Stellen Sie sich vor, wie Sie sich die Hände schütteln oder umarmen. Lächeln Sie sich an, nicken Sie sich in gegenseitigem Einverständnis zu. Freuen Sie sich darüber.
4. Wiederholen Sie innerlich: »Mein Körper und mein Geist werden in jeder Hinsicht stets vollkommen gesund sein.«
5. Sagen Sie sich nun: »Ich zähle jetzt von eins bis fünf. Bei fünf werde ich die Augen öffnen. Ich werde mich gut und gesund fühlen, besser als vorher.«
6. Beginnen Sie zu zählen. Bei drei wiederholen Sie die Affirmation.
7. Zählen Sie weiter. Bei fünf öffnen Sie die Augen und be-

kräftigen innerlich: »Ich bin hellwach. Ich fühle mich besser und gesünder als vorher, und so wird es auch bleiben.«

Vertrauen in den Arzt, eine entspannte Einstellung sowie Optimismus, was die Wiederherstellung der Gesundheit angeht, das sind die drei für eine Genesung wesentlichen Faktoren. Die folgenden Kapitel erörtern einige äußerst wirksame Techniken, die jedoch keineswegs als Ersatz für ärztliche Maßnahmen gedacht sind. Ich empfehle, die Silva-Methode, wenn möglich, unter der Aufsicht des behandelnden Arztes durchzuführen, der sich von der äußeren, objektiven Warte aus um Heilung bemüht. Sie begeben sich dazu auf eine andere Ebene, nämlich auf die subjektive oder innere.

Wenn eine unspezifische oder nicht greifbare Ursache ein Ungleichgewicht in der Körperchemie verursacht, vermag eine Symptombehandlung dieses Mißverhältnis auf Dauer nicht zu korrigieren. Unter »unspezifisch« oder »nicht greifbar« verstehe ich die bereits diskutierten Ursachen, nämlich belastende Gefühle und innere Einstellungen. Eine derart tiefsitzende Ursache erfordert tiefgreifende Maßnahmen – Entspannung sowie gezielte, auf Heilung ausgerichtete Visualisationen. Solange Sie nicht in der Lage sind, unheilsame Emotionen und Gedanken in einer geistig-entspannten Verfassung durch heilsame zu ersetzen, kann Ihr Arzt nichts weiter für Sie tun, als die sichtbaren Symptome zu lindern. Ein Geschäftsmann, der dauernd unter Druck steht und sich deswegen ein Magengeschwür zuzieht, kann natürlich behandelt werden und Erleichterung erfahren. Wenn er allerdings die krankmachenden Gewohnheiten beibehält, wird die Verbesserung seines Zustandes nicht von Dauer sein. Diese Feststellung schmälert keinesfalls die erfahrene ärztliche Hilfe, sie verdeutlicht aber die wenig beachtete Tatsache, daß unsere Gesundheit beziehungsweise Krankheit in unseren Händen liegt. Deswegen müssen Sie Ihrem Arzt entgegenkommen, Sie sind, wenn Sie so wollen, ein fähiges Team.

Arbeiten Sie mit Ihrem Arzt zusammen!

Medikamente spielen bei der Behandlung von Krankheiten eine objektive Rolle, da sie von außen nach innen wirksam werden, während dem Geist, der genau umgekehrt wirkt, nämlich von innen nach außen, folglich eine subjektive Bedeutung beigemessen wird. Sobald Sie ein Medikament eingenommen haben, sollten Sie in den Alphazustand gehen. Visualisieren Sie die Krankheit, und stellen Sie sich vor, wie die Wirkstoffe vom Körper aufgenommen werden und an Ort und Stelle gelangen, wo sie ihre heilende Wirkung entfalten. Innere und äußere Ebene werden so in Einklang gebracht, der Heilungsprozeß wird beschleunigt.

Für einen kranken Menschen gibt es nichts Heilsameres, als Alpha zu erzeugen und darin zu verweilen, möglichst dreimal am Tag wenigstens fünfzehn Minuten. Dafür eignet sich besonders die Zeit morgens nach dem Aufwachen, mittags nach dem Mittagessen und abends vor dem Einschlafen, einfach deswegen, weil Sie in einer, die Entspannung und Visualisation begünstigenden Verfassung sind. Jeder Arzt träumt von einem geistig und körperlich entspannten Patienten, in dem die Medikamente ihre Wirkung optimal entfalten können.

Erste Fortschritte

Sie sind dabei zu lernen, wie Sie bewußt eine bestimmte Gehirnwellenfrequenz – Alpha – erzeugen und Ihre Körperfunktionen gezielt steuern können. Sie entdecken die Macht der Gedanken und der inneren Bilder. Sie erfahren einen höheren Bewußtseinszustand und üben sich im Umgang mit den kreativen Energien der rechten Gehirnhälfte, um Probleme zu lösen, auch gesundheitliche. Wenn Sie krank sind, ist der Alphazustand das geeignete Mittel, um die Krankheit von der körperlich sichtbaren Ebene auf die geistige zu projizieren, wo die Kraft heilender Gedanken und Bilder das Problem beseitigen und in Form von Gesundheit wieder auf die sichtbare Ebene des Körpers zurücktransferieren kann.

Die erforderliche Gedankenkontrolle erwerben Sie durch regelmäßiges Entspannen und Visualisieren. Nach und nach werden Sie in der Lage sein, sich körperlich und geistig so tief zu entspannen, daß Sie problemlos die Mitte des Spektrums der Gehirnwellentätigkeit finden, jenen Ort, wo Geist und Bewußtsein auf die rechte Hemisphäre eingestimmt werden. Die rechte Hemisphäre ist der Sitz der Imagination, unserer schöpferischen Energien. Hier legen wir die Ursache für Veränderungen, das heißt, Veränderungen nehmen ihren Anfang im Geist, in der subjektiven inneren Welt und wirken nach außen, bis sie letztlich ihren sichtbaren Ausdruck auf der physischen Ebene finden.

Wenn Sie morgen früh mit leicht augenbrauenwärts gerichteten Augen rückwärts zu zählen beginnen, lösen Sie folgende Vorgänge aus:

- Der Körper entspannt sich.
- Der Geist entspannt sich.
- Die Gehirnwellen verlangsamen sich.
- Die rechte Hemisphäre wird angeregt.

Als nächstes begeben Sie sich auf eine imaginäre Reise durch Ihren Körper und stellen sich das perfekte Zusammenspiel aller Organe und Systeme vor. Dann erzeugen Sie in der Vorstellung ein Bild von sich selbst als vollkommen gesund. Dieser gedankliche Prozeß setzt weitere Ereignisse in Gang:

- Das Vorstellungsbild wird als Handlungsanweisung erkannt.
- Der Geist reagiert darauf mit Veränderungen am feinstofflichen Energiekörper.
- Die Veränderung am feinstofflichen Energiekörper manifestiert sich auf der physisch-materiellen Ebene.
- Was Sie sich im Geist vorstellen, wird zur sichtbaren Wirklichkeit.

Alpha – das ist ein entspannter Geisteszustand, für den

eine Gehirnwellenfrequenz von sieben bis vierzehn Schwingungen pro Sekunde charakteristisch ist. Es ist auch der Zustand, in dem wir Zugang zu beiden Hemisphären haben, was im normalen Wach- oder Betazustand nicht der Fall ist.

Im Alphazustand ist der Geist ein machtvolles, steuerhaftes Instrument. Pathogene Veränderungen können erkannt werden, noch ehe sie sich auf physischer Ebene manifestiert haben. Oft läßt sich intuitiv erkennen, wo eine Überbelastung vorliegt, weil die rechte Hemisphäre, wie eingangs erwähnt, auf der Ebene der *Ursachen* operiert, wohingegen die linke auf der Ebene der *Wirkungen* oder Resultate agiert.

Sie können also auch vorbeugend tätig werden, selbst wenn Ihr Arzt keine Notwendigkeit für eine präventive Maßnahme sieht.

6

Streß beseitigen

1. Schließen Sie die Augen. Richten Sie sie leicht augenbrauenwärts.
2. Zählen Sie langsam, ohne Hast, von hundert rückwärts auf eins. Tun Sie es in Gedanken, und lassen Sie sich nach jeder Zahl eine Sekunde Zeit.
   A. Richten Sie Ihre Aufmerksamkeit, bei der Kopfhaut beginnend, auf die verschiedenen Körperteile und Muskelgruppen, und entspannen Sie diese in Abwärtsrichtung.
3. Wenn Sie bei eins angelangt sind, erzeugen Sie in der Vorstellung ein attraktives Bild von sich selbst, Gesundheit und Kraft ausstrahlend.
   A. Fragen Sie sich, warum Sie diese spezielle Krankheit haben. Lassen Sie die Gedanken umherschweifen.
   B. Wenn Sie hauptsächlich an eine bestimmte Person denken, stellen Sie sich diesen Menschen vor.
   C. Vergeben Sie einander in Ihrer Vorstellung. Stellen Sie sich vor, wie Sie sich die Hände schütteln oder umarmen. Lächeln Sie sich an, nicken Sie sich in gegenseitigem Einverständnis zu. Freuen Sie sich darüber.
4. Wiederholen Sie innerlich: »Mein Körper und mein Geist werden in jeder Hinsicht stets vollkommen gesund sein.«
5. Sagen Sie sich nun: »Ich zähle jetzt von eins bis fünf. Bei fünf werde ich die Augen öffnen. Ich werde mich gut und gesund fühlen, besser als vorher.«
6. Beginnen Sie zu zählen. Bei drei wiederholen Sie die Affirmation.
7. Zählen Sie weiter. Bei fünf öffnen Sie die Augen und be-

kräftigen Sie innerlich: »Ich bin hellwach. Ich fühle mich besser und gesünder als vorher, und so wird es auch bleiben.«

Die rechte Hemisphäre ist unser Zugang zum Bereich des Ursächlichen. Sie bietet uns somit die einzigartige Möglichkeit, mit Streß probat umzugehen.

Kürzlich gab die Nationale Bischofskonferenz eine Untersuchung über die Gesundheit von Priestern in den Vereinigten Staaten in Auftrag. Viertausendsechshundert Priester nahmen an der ersten ausführlichen Umfrage dieser Art teil und füllten sogenannte Selbstbeurteilungsbögen aus. Demnach leiden Priester unter den gleichen Unpäßlichkeiten wie der Rest der Bevölkerung. Sie haben in der Regel sogar längere Arbeitszeiten, sind aber dennoch auffallend weniger krank. Meist arbeiten sie über die Pensionierung hinaus und erreichen ein höheres Alter als die ihnen Anbefohlenen. Im Alter entwickeln sie eine große Gemütsruhe, eine Art heitere Gelassenheit. Einer der Hauptunterschiede war, daß Geistliche die innere Betrachtung oder Meditation pflegen, was nichts anderes bedeutet als das Verweilen in einem gesammelten, nach innen gerichteten Bewußtseinszustand, in dem Streß abgebaut wird.

Streß und Unfallhäufigkeit

Streß ist unbestritten die Hauptursache für Krankheiten und Unfälle. Streß ist ein Killer. Auf die eine oder andere Art und Weise macht er jedem von uns zu schaffen, und haben wir uns erst einmal mit ihm eingelassen, ist es unmöglich, in friedlicher Koexistenz mit ihm zu leben. Menschen, die in einer sie schwer belastenden Situation stecken oder unter chronischem Streß leiden, werden häufig in Unfälle oder andere Mißgeschicke verwickelt. Sie sind eindeutig unfallgefährdeter.

Eine unter Zeitdruck stehende Hausfrau schneidet sich beim Kochen in den Finger.

Der Jugendliche, dem Rasenmähen ein Greuel ist, verletzt sich am Schneidemesser.

Der Ehemann, der sich über seine Frau aufregt, fährt gegen den Laternenpfahl.

Streß wirft uns aus dem Gleichgewicht und verringert die Aufmerksamkeit. Alpha bewirkt das Gegenteil, es macht uns aufmerksamer und beherrschter. Das Messer rutscht nicht aus. Eine Situation wird gar nicht erst schwierig.

Organstörungen beseitigen

Streß ist die Ursache für Krankheiten, egal, hinter welch beeindruckenden Namen er sich versteckt. Ohne Zweifel ist es vernünftiger, sich mit Ängsten auseinanderzusetzen als mit einem akuten Nierenversagen, weil es immer vernünftiger ist, ein Problem im Anfangsstadium an der Wurzel zu pakken, als es zu einem Monster heranwachsen zu lassen. Spätestens dann müssen wir uns nämlich doch damit auseinandersetzen, und zwar in der Regel unter wesentlich schwierigeren, ungünstigeren Bedingungen.

Menschen, die existentielle Entscheidungen zu treffen haben, die über das Schicksal anderer entscheiden, wie Politiker, Richter, Polizisten oder Fluglotsen, stehen unter massivem Druck. Sie erkranken häufiger und leiden häufiger an Depressionen. Die Dauerbelastung beeinträchtigt ihr Entscheidungsvermögen und ihre Leistungsfähigkeit. Auch ihre Familien spüren die Belastung, und nicht selten erleidet das Selbstbewußtsein einen Einbruch.

Es ist also beileibe nicht ausreichend, sich in einer Feuerprobe ein wenig entspannen zu können – man wird sich trotzdem verbrennen. Wir müssen vielmehr den richtigen Umgang mit Alpha erlernen, um erlittene Wunden zu heilen, und damit meine ich die Beschwerden und Krankheiten, denen sich so viele Menschen hilflos ausgeliefert sehen. Wir werden uns also im folgenden damit befassen, wie man die Aufmerksamkeit gezielt auf ein bestimmtes Problem lenkt, um geeignete Lösungen zu finden. Eine solche Übung hat nichts mit einem geistigen Kraftakt zu tun. Sie brauchen weder den Kopf auf die Hand zu stützen noch die Stirn in tiefe Falten zu legen, weit gefehlt. Die Silva-Methode macht Gebrauch von der Art konzentrierten Wachseins, das als Ergebnis einer bewußten Entspannung entsteht, und in dem wir uns die Fähigkeiten des Geistes in erhöhtem Maße zunutze machen können. In diesem Zustand entspannter Achtsamkeit finden subjektives Erleben, Gefühle, Vorstellungen, Träume und andere Informationskanäle, die der Geist benutzt, um sich uns verständlich zu machen, größere Beachtung und Akzeptanz.

Die wahre Tragödie im Leben des modernen Menschen ist der Verlust der Innenschau, denn er ist zu beschäftigt, um sich Zeit für Entspannung und Reflexion zu nehmen. Als Dr. Carl Simonton seiner ersten Gruppe von Krebspatienten in einem einführenden Gespräch erklärte, daß sie zunächst lernen müßten, sich zu entspannen und ihre Vorstellungskraft zu gebrauchen, fuhren die meisten von ihnen enttäuscht wieder nach Hause. Sie wollten, aus welchen Gründen auch immer, an ihrer eigenen Heilung nicht mitwirken.

Sie hingegen scheinen aus anderem Holz geschnitzt zu sein, denn sonst hätten Sie das Buch zweifelsohne schon längst beiseite gelegt. Immerhin sind Sie bereit, täglich einige Minuten Zeit für Ihre Gesundheit aufzuwenden.

Würden wir unsere rechte Gehirnhälfte öfter bewußt aktivieren, das heißt Alpha erzeugen, wie Geistliche es durch Gebet, Besinnung, Meditation und Dienst am Nächsten tun, wir wären alle länger leistungsfähig und würden uns eines erfüllten Lebens erfreuen. In gewisser Weise vollzieht sich ein Wandel in dieser Richtung, denn immer mehr Menschen erkennen die heilsamen Wirkungen des »Nach-innen-Gehens beziehungsweise Schauens« und die Potentiale innerer, schöpferischer Energien, die zunehmend Anerkennung finden. Dennoch braucht die rechte Hemisphäre auch weiterhin einen guten Public-Relations-Agenten.

Seit einigen Jahren schon stehen Streß-Management-Seminare hoch im Kurs. Sie werden von Konzernen angeboten, von öffentlichen Bildungsstätten, Berufsverbänden und privaten Organisationen. Ihre leicht verständliche Botschaft lautet: »Ein bißchen Streß tut gut, doch allzuviel ist ungesund.«

Die Teilnehmer solcher Seminare füllen Selbstbewertungsbögen aus, die mit computerisierten Streßprofilen verglichen werden. All dies ist, wenn auch nicht von großem therapeutischem Wert, so doch für die linke Gehirnhälfte von Interesse. Der therapeutische Wert dieser Seminare liegt in dem Angebot an Entspannungs- und Atemtechniken. Einige wenige Anbieter haben bereits Visualisationstechniken in das Kursprogramm aufgenommen, in denen die Teilnehmer sich als heiter und gelassen visualisieren und die Vorstellung im entspannten Zustand durch Affirmationssätze bekräftigen.

In der langen Kette von Ereignissen, die zur Entwicklung solcher Seminare führten, taucht irgendwo die Silva-Methode der Geisteskontrolle auf, deren Anwender man geradezu als Streß-Management-Experten bezeichnen könnte. Bleibt zu hoffen, daß es schon bald Seminare gibt, in denen Menschen den Umgang mit den kreativen, streßreduzierenden Energien der rechten Hemisphäre erlernen können, um sich und andere zu heilen.

Streßprophylaxe

Eine allgemeine Schwächung des Immunsystems begünstigt das Auftreten von heute noch unheilbaren Krankheiten wie Krebs, AIDS, Leukämie und anderen. Aber was schwächt nun eigentlich das Immunsystem? Einen Teil der Antwort kennen wir bereits. Sie lautet Streß!

Unter den streßauslösenden Faktoren sind drei besonders hervorzuheben:

1. Schuldgefühle

Wenn Sie etwas tun, das verpönt ist oder Sie selbst als falsch empfinden, es aber nicht lassen, dann schaffen Sie einen inneren Zwiespalt, der Sie unterschwellig belastet und die Abwehrkräfte des Körpers hemmt.

2. Schmerzliche Verluste

Der Verlust eines geliebten Menschen oder einer Sache, die einem viel bedeutet hat und auch nicht ersetzt werden kann, ist eine immense Belastung, die das Abwehrsystem des Körpers empfindlich schwächt.

3. Eine verhaßte Umgebung

Wer in einer solchen Umgebung leben oder arbeiten muß, steht unter dauerndem Streß, der das Immunsystem angreift.

Es gibt unzählige andere Momente, die Streß auslösen. Ihr Einfluß auf das Immunsystem kann kritische Ausmaße annehmen oder nicht, je nach Art und Dauer der Belastung und der Wichtigkeit, die wir ihr beimessen. Wenn Sie ungeduldig auf den Bus warten, weil Sie fürchten, zu spät zur Arbeit zu kommen, kann jede Sekunde im höchsten Maße stressig sein. Doch einige Minuten später taucht der Bus dann meistens auf, und der Druck fällt von Ihnen ab. Die vorübergehende Belastung wird vermutlich keinen großen Schaden anrichten.

Bei uns gibt es eine Lebensregel, die folgendermaßen heißt: »Wenn dir jemand hundert Dollar schuldet, dann ist das sein Problem. (Wir können auch Streß dazu sagen.) Wenn jemand dir aber eine Million schuldet, dann ist es dein Problem.« Je größer das Problem, um so größer die Belastung. Es ist also ratsam, sich so zu verhalten, daß man kein schlechtes Gewissen haben muß, persönliche Verluste mit einem Schuß Philosophie zu betrachten, sich um ein harmonisches Klima zu Hause und bei der Arbeit zu bemühen und kleine Probleme anzugehen, bevor sie übermächtig werden. Natürlich ist so etwas leichter gesagt als getan. Lebensumstände lassen sich häufig gar nicht so leicht manipulieren, dennoch sollten wir darum bemüht sein, unseren Geist unter Kontrolle zu bekommen. Beginnen wir damit, ihn entsprechend zu programmieren, und fangen wir mit der Umprogrammierung schlechter Gewohnheiten an. Begeben Sie sich auf die höhere Warte des Alphazustandes, von der aus Sie beispielsweise einen erlittenen Verlust neu betrachten und zu einem neuen Verständnis der Situation finden können, oder auch auf Lösungen für anstehende Probleme stoßen. Bis sich erste Ergebnisse einstellen, gehen Sie mehrmals täglich, am besten dreimal für circa fünfzehn Minuten, in den entspannten Alphazustand, um Gelassenheit und Ruhe zu erfahren und eine gewisse Distanz zu den belastenden Ereignissen herzustellen. So stärken Sie gleichzeitig Ihr Immunsystem.

Die Wirkung negativer Vorstellungsbilder

Wenn Sie einmal von einer Giftschlange bedroht worden sind, genügt bereits die Erinnerung an die gefährliche Begegnung, um den Adrenalinspiegel im Blut zu erhöhen. Sie brechen in Schweiß aus, das Herz klopft zum Zerspringen, als stünden Sie der Giftschlange tatsächlich Aug' in Aug' gegenüber. Unliebsame Konfrontationen mit eifersüchtigen Partnern, wütenden Vorgesetzten oder Polizisten, beziehungsweise die Erinnerung daran oder die Angst vor einer Wiederholung solcher Begegnungen, können ebenfalls zur vermehrten Ausschüttung von Streßhormonen führen, die die Körperfunktionen beschleunigen, als befänden Sie sich wirklich in einer akuten Notlage. Sie atmen schneller, der Puls fliegt, das Herz rast, und die weißen Blutkörperchen, unsere Verteidigungsspezialisten im Kampf gegen Eindringlinge, werden in ihrer Aktivität gehemmt.

Sie schaden Ihrer Gesundheit in dem Maß, wie Sie sich auf Ihre Ängste und Sorgen konzentrieren. Dr. Dean Ornish vom Medizinischen Institut der Harvard Universität hat jahrelang mit herzkranken Menschen gearbeitet. In seinem Buch »Stress, Diet And Your Heart« heißt es:

»Wut, Sorgen oder Angst können Puls- und Herzfrequenz dramatisch beschleunigen. Dann besteht die Gefahr eines Arterienkrampfes, und es kommt vermehrt zur Bildung von Blutgerinnseln, die die Gefäße verstopfen.«

Es gibt eine Unmenge von Vorstellungen, die unerwünschte körperliche Symptome hervorrufen. Die nachfolgend aufgeführten gehören zu den am häufigsten vorkommenden:

- Verlust des Arbeitsplatzes und des geregelten Einkommens
- Angst vor einem Herzanfall oder einer unheilbaren Krankheit
- Angst, nachts auf der Straße überfallen zu werden
- Angst vor Einbrechern
- Zweifel an der Treue des Partners
- Perspektivelosigkeit
- Angst vor einem Atomkrieg
- Angst vor dem Alleinsein im Alter
- Angst um Menschen, die man liebt
- Angst vor Geldentwertung

Falls Sie zu den Menschen gehören, die sich ständig um etwas Sorgen machen, können Sie die Liste sicher noch um einige Punkte erweitern. Die Heftigkeit, mit der der Körper auf Ihre Vorstellungen reagiert, hängt von der Intensität des Gefühls ab, das die vergangene Erfahrung in Ihnen auslöst.

Ihre gesammelten Erfahrungen bilden die Grundlage der Programmierung, welche augenblicklich die Reaktionen Ihres Körpers auf bewußte wie unbewußte Ängste steuert. Die Unfähigkeit mit Streß umzugehen, der durch den bloßen Gedanken an eine bestimmte Gefahr oder Situation ausgelöst wird, sowie das Gefühl der eigenen Unzulänglichkeit, können zu Depressionen führen, zu einer Schwächung des Immunsystems oder zur Entwicklung eines krankhaften Syndroms.

Dr. Richard E. McKenzie, einer unserer wissenschaftlichen Mitarbeiter, beschreibt, wie sich dieser Mechanismus mit Hilfe der Geisteskontrolle unterbrechen läßt:

»Die Geisteskontrolle stärkt unser Frühwarnsystem, so daß Streß und Spannungen früher identifiziert werden. Sie ermöglicht uns durch die Anwendung kognitiver und perzeptiver Kontrollen, die das Gefühl der Hilflosigkeit abbauen, zum Beispiel Depressionen vorzubeugen. Im Fall einer ärztlichen Intervention schließlich erhöht sie die Wirkung der Behandlung.«

Sie werden krank, weil Sie damit rechnen

Menschen, die aus irgendwelchen Gründen der Meinung sind, sie könnten für eine bestimmte Krankheit anfällig sein, laufen Gefahr, eben jene Krankheit selbst zu verursachen.

Vielleicht hat man Sie als Kind auch ermahnt, nicht in der Zugluft zu sitzen, weil Sie sich eine Erkältung holen könnten, und wahrscheinlich haben Sie es als eine unvermeidliche Tatsache akzeptiert. Auf diese oder ähnliche Weise haben Sie sich ein Repertoire an persönlichen Glaubenssätzen zugelegt, bestehend aus als wahr angenommenen Behauptungen. Jedesmal, wenn Sie der Zugluft ausgesetzt sind, wird Ihr Glaube an die bestehende Gefahr einer Erkältung dieselbe hervorrufen, immer und immer wieder. Wir wissen, wie die Geschichte ausgeht. Sie brauchen nur an einer zugigen Stelle zu sitzen, schon macht sich die Erkältung breit, wohl gestärkt durch Ihre Erwartung. Sie sind sicher, sich eine Erkältung einzufangen, und schon haben Sie eine.

Viren und Bakterien sind allgegenwärtig, werden aber

von unserem Immunsystem in der Regel in Schach gehalten. Geistige Aktivitäten können allerdings in diesen natürlichen Regelmechanismus eingreifen, zum Guten wie zum Schlechten. Ärzte und Mediziner wissen zwar seit langem, daß unsere Gedanken uns krankmachen können, erkennen aber nur langsam, daß auch der umgekehrte Vorgang möglich ist. Eine negative Erwartungshaltung macht uns krank, eine positive gesund. Beide Möglichkeiten stehen uns offen, es kommt nur darauf an, welche Erwartungshaltung wir einnehmen oder von Mal zu Mal verstärken. Jede neuerliche Erfahrung, die unsere Erwartung bestätigt, verstärkt logischerweise wieder die eingenommene Erwartungshaltung. Dieselbe Wirkung haben auch innere Vorstellungsbilder.

Ein Mensch geht zum Arzt. Dieser hört ihm zu, untersucht ihn und stellt ein Rezept aus. Der Kranke besorgt sich die Medizin und nimmt sie nach Vorschrift ein. Es geht ihm besser. Was er nicht weiß ist, daß der Arzt nichts feststellen konnte. Die Medizin ist eine harmlose Zuckertablette, und doch fühlt er sich besser, denn die Überzeugung, daß es sich bei der Tablette um ein wirksames Präparat handelt, der Glaube, beziehungsweise das Vertrauen, daß der Arzt die richtige Medizin verschrieben hat, und die Erwartung einer Verbesserung des Gesundheitszustandes setzen die Selbstheilungskräfte des Körpers in Gang, ein Phänomen, das als Placeboeffekt bekannt ist. Der Arzt weiß, daß der Geist des Patienten so reagieren wird. Und genau das ist auch der Fall.

Sie können sich diese Selbstheilungskräfte ebenfalls zunutze machen. Tun Sie es so bald wie möglich.

7
Andere heilen

1. Schließen Sie die Augen. Richten Sie sie leicht augenbrauenwärts.
2. Zählen Sie langsam, ohne Hast, von hundert rückwärts auf eins. Tun Sie es in Gedanken, und lassen Sie sich nach jeder Zahl eine Sekunde Zeit.
   A. Richten Sie Ihre Aufmerksamkeit, bei der Kopfhaut beginnend, auf die verschiedenen Körperteile und Muskelgruppen, und entspannen Sie diese in Abwärtsrichtung.
3. Wenn Sie bei eins angelangt sind, erzeugen Sie in der Vorstellung ein attraktives Bild von sich selbst, Gesundheit und Kraft ausstrahlend.
   A. Fragen Sie sich, warum Sie diese spezielle Krankheit haben. Lassen Sie die Gedanken umherschweifen.
   B. Wenn Sie hauptsächlich an eine bestimmte Person denken, stellen Sie sich diesen Menschen vor.
   C. Vergeben Sie einander in Ihrer Vorstellung. Stellen Sie sich vor, wie Sie sich die Hände schütteln oder umarmen. Lächeln Sie sich an, nicken Sie sich in gegenseitigem Einverständnis zu. Freuen Sie sich darüber.
4. Wiederholen Sie innerlich: »Mein Körper und mein Geist werden in jeder Hinsicht stets vollkommen gesund sein.«
5. Sagen Sie sich nun: »Ich zähle jetzt von eins bis fünf. Bei fünf werde ich die Augen öffnen. Ich werde mich gut und gesund fühlen, besser als vorher.«
6. Beginnen Sie zu zählen. Bei drei wiederholen Sie die Affirmation.
7. Zählen Sie weiter. Bei fünf öffnen Sie die Augen und be-

kräftigen innerlich: »Ich bin hellwach. Ich fühle mich besser und gesünder als vorher, und so wird es auch bleiben.«

Der Wissenschaftler Dr. Rupert Sheldrake spricht von einem »Intelligenzfeld«, an dem wir alle teilhaben, einem Phänomen, das er auch als »morphogenetisches Feld« bezeichnet. Es erinnert ein wenig an C. G. Jungs »kollektives Unbewußtes«, aber auch an das, was anderenorts »Höheres Selbst« oder »Höhere Intelligenz« genannt wird. Die Existenz eines solchen Feldes gilt in der Zwischenzeit als gesichert, man nimmt sogar an, daß es durch bestimmte Erfahrungen einer kritischen Anzahl von Mitgliedern einer Spezies, zum Beispiel der Spezies Mensch, programmierbar ist, andererseits wiederum auf uns einwirkt. Dieser zuletzt genannte Aspekt läßt sich mit der geistigen Aktivität vergleichen, die am Selbstheilungsprozeß beteiligt ist und die sich auf eine relativ einfache Anwendungsformel bringen läßt:

1. *Erzeugen Sie Alpha.*
2. *Bekräftigen Sie in Gedanken die Erwartung, helfen zu können.*
3. *Unterstützen Sie die Affirmation durch eine entsprechende Visualisation.*

Betrachten wir die einzelnen Schritte noch einmal genauer.

Sie erzeugen Alpha, indem Sie die Augen schließen, sie leicht augenbrauenwärts richten und von hundert rückwärts auf eins zählen.

Sie bekräftigen sich selbst gegenüber den Wunsch, helfen zu können. Sind Sie es, der krank ist und Hilfe braucht, bekräftigen Sie in Gedanken den Wunsch, gesund zu werden. Wenn ein Freund oder Verwandter erkrankt ist, bekräftigen Sie in Gedanken den Wunsch, daß er oder sie gesund wird. Als nächstes untermauern Sie diese positive Erwartung in Gedanken.

Unterstreichen Sie Wunsch und Überzeugung durch ein

inneres Vorstellungsbild und zwar folgendermaßen: (1) Visualisieren Sie die erkrankte Stelle des Körpers. (2) Stellen Sie sich vor, wie die Erkrankung verschwindet und der normale Zustand wieder eintritt. Beenden Sie die Sitzung.

Können Sie sich etwas Einfacheres vorstellen? Sie erzeugen Alpha. Sie bekräftigen Ihren Wunsch zu helfen durch die Überzeugung, daß dies möglich ist und durch die Erwartung, daß es geschehen wird. Sie visualisieren die Krankheit und stellen sich vor, daß sie verschwindet. Der ganze Vorgang kostet Sie eine Viertelstunde, nicht mehr. Eigentlich sollten wir dies alle schon im Kindergarten lernen.

Zusammenfassung der wichtigsten Schritte

Es ist seit langem bekannt, daß zur Gewohnheit gewordene, negative oder pessimistische Einstellungen ihren Ausdruck in unliebsamen, physischen Symptomen finden. Wir wissen aber auch, daß positiv eingestellte Menschen, Optimisten also, seltener erkranken.

Und was, bitte schön, macht eine positive oder optimistische Einstellung aus? Auf diese Frage gibt es sehr viele Antworten. Menschen, die andere zum Lachen bringen können, haben beispielsweise eine positive Grundeinstellung. Andere sehen die Welt durch die berühmte »rosa Brille«, ebenfalls ein Indiz für vorhandenen Optimismus. Jede optimistische Einstellung ist begrüßenswert, wenngleich die Silva-Methode eine ganz bestimmte Art von Optimismus fördert, bei der drei Aspekte positiven Denkens in den Vordergrund gestellt werden, nämlich eine positive Motivation, eine positive Überzeugung und eine positive Erwartung. Dies sind die tragenden Elemente einer neuen Gesundheit. Sie bestimmen das geistige Klima, in dem wir erfolgreich die weiteren Schritte der Methode anwenden können.

Standard-Methode und Handauflegung

Bei Erkrankungen allgemeiner Natur und hartnäckigen Symptomen findet die Silva-Standard-Methode Anwendung, es gibt aber auch noch die sogenannte Handauflegung. Damit befinden wir uns in der Gesellschaft einer ganzen Reihe von schulmedizinisch nicht sanktionierten, sogenannten unorthodoxen Behandlungsmethoden, zu denen schon seit dem Mittelalter die Volksheilkunst zählt, sowie in unseren Tagen die holistische oder ganzheitlich orientierte Medizin, die nichtsdestotrotz unaufhaltsam an Popularität gewinnt. Es hat sich herumgesprochen, daß Krankheiten, die auf der Basis allopathischer Behandlungsmethoden nicht geheilt werden konnten, auf eine holistische Behandlung ansprechen. Erschwert wird diese nur durch international unterschiedlich geregelte Gesetze, die in Übereinstimmung mit dem jeweiligen Glaubenssystem festlegen, ob und in welcher Form ganzheitliche Therapien zulässig sind. Bevor Sie also die Hände auflegen, informieren Sie sich über die herrschenden Bestimmungen, sonst laufen Sie Gefahr, wegen unerlaubter Berufsausübung belangt zu werden.

Ich erwähne dies, weil mir eines Tages in Buenos Aires folgendes passierte. Im Rahmen eines Seminars wollte ich die Technik des Handauflegens an einer Versuchsperson demonstrieren. Da informierte mich ein Teilnehmer, daß in Argentinien das Auflegen von Händen eine illegale Handlung sei. Wegen des starken Interesses erbot ich mich aber, die Technik nach dem Unterricht inoffiziell vorzuführen. Siebenundzwanzig Ärzte blieben, um sie zu erlernen. Am Ende der Unterweisungen meldete sich einer von ihnen mit der Bitte, die Technik an ihm auszuprobieren. Seit einem Autounfall, der schon neun Monate zurücklag, hatte er Schmerzen. Tabletten verschafften ihm keine Erleichterung.

Ein anderer Arzt meldete sich freiwillig. Er wendete die zuvor geübte Kurzform der Handauflegung an, und als er fertig war, bat ich den Arzt, sich gründlich zu überprüfen.

Zögernd kam dieser der Aufforderung nach. Er bewegte und streckte sich, dann rief er ungläubig: »Die Schmerzen sind fast völlig verschwunden. Ich kann es kaum fassen, aber es funktioniert wirklich!«

Am Vormittag hatten wir über die Tatsache gesprochen, daß die Energie, die wir uns beim Handauflegen zunutze machen, dieselbe ist, mittels derer Uri Geller Gabeln verbiegt. Die Gabel verbiegt sich sogar noch, nachdem Uri Geller sie wieder hingelegt hat. Ich versicherte dem Arzt, daß er damit rechnen könne, bis zum folgenden Morgen völlig schmerzfrei zu sein, weil dieselbe Energie auch nach der Handauflegung weiterwirken und vollständige Heilung bewirken würde. Am nächsten Tag verkündete unser Arzt vor dem Beginn des Unterrichts überglücklich, daß er keine Schmerzen mehr habe.

In der Tat sind weder akute noch chronische Schmerzen, noch Krankheiten unabänderliches Schicksal, mit dem wir uns eben abfinden müssen. Gesundheit, und zwar vollkommene Gesundheit, ist unser natürlicher Zustand, wir müssen sie nur verwirklichen. Statt dessen haben wir die Fähigkeit, uns krankzumachen zu einem Wirtschaftsfaktor gemacht. Die Pharmaindustrie blüht, Krankenhäuser haben Hochkonjunktur. Der Kostenaufwand für den Staat wie auch für den einzelnen ist immens, aber wir tragen ihn genauso tapfer und widerspruchslos wie unsere Krankheiten. Die Fähigkeit der Selbstheilung fristet noch immer ein Schattendasein, und der Weg ist noch weit, bis alle Menschen sich ihrer bewußt werden, aber immerhin sind wir dorthin unterwegs.

8

Heilen ist eine natürliche Fähigkeit

1. Schließen Sie die Augen. Richten Sie sie leicht augenbrauenwärts.
2. Zählen Sie langsam, ohne Hast, von hundert rückwärts auf eins. Tun Sie es in Gedanken, und lassen Sie sich nach jeder Zahl eine Sekunde Zeit.
   A. Richten Sie Ihre Aufmerksamkeit, bei der Kopfhaut beginnend, auf die verschiedenen Körperteile und Muskelgruppen, und entspannen Sie diese in Abwärtsrichtung.
3. Wenn Sie bei eins angelangt sind, erzeugen Sie in der Vorstellung ein attraktives Bild von sich selbst, Gesundheit und Kraft ausstrahlend.
   A. Fragen Sie sich, warum Sie diese spezielle Krankheit haben. Lassen Sie die Gedanken umherschweifen.
   B. Wenn Sie hauptsächlich an eine bestimmte Person denken, stellen Sie sich diesen Menschen vor.
   C. Vergeben Sie einander in Ihrer Vorstellung. Stellen Sie sich vor, wie Sie sich die Hände schütteln oder umarmen. Lächeln Sie sich an, nicken Sie sich in gegenseitigem Einverständnis zu. Freuen Sie sich darüber.
4. Wiederholen Sie innerlich: »Mein Körper und mein Geist werden in jeder Hinsicht stets vollkommen gesund sein.«
5. Sagen Sie sich: »Ich zähle jetzt von eins bis fünf. Bei fünf werde ich die Augen öffnen. Ich werde mich gut und gesund fühlen, besser als vorher.«
6. Beginnen Sie zu zählen. Bei drei wiederholen Sie die Affirmation.
7. Zählen Sie weiter. Bei fünf öffnen Sie die Augen und be-

kräftigen Sie innerlich: »Ich bin hellwach. Ich fühle mich besser und gesünder als vorher, und so wird es auch bleiben.«

Im Verlauf der vierzig morgendlichen Countdown-Sitzungen erlangen Sie die Kontrolle üer eine Gehirnwellenfrequenz, die bei zehn Schwingungen pro Sekunde liegt und bislang unbewußten Vorgängen zugeordnet wurde. Mit anderen Worten, Sie lernen, Unbewußtes bewußt zu steuern. Die rechte Hemisphäre, die für die intuitive, kreative Dimension verantwortlich ist, operiert auf dieser Frequenz. Zu ihren Funktionen gehören auch die sogenannten paranormalen Fähigkeiten, wie zum Beispiel die Hellsichtigkeit.

Hellsichtigkeit ist eine natürliche Fähigkeit, aber sie tritt nicht allzu häufig auf, denn das wirklich Besondere an einer hellsichtigen Person ist, daß ihr Denken von beiden Hemisphären gleichstark bestimmt wird. In der Vergangenheit nannte man sie Propheten und Weise, Menschen, die »Kranke heilten, Tote zum Leben erweckten, Aussätzige vom Aussatz befreiten und Teufel austrieben.«

Wir wollen uns einstweilen mit kleineren Schritten bescheiden. Wenn wir lernen, anderen Menschen zu helfen, können wir letztendlich uns selbst besser helfen. Auch wenn Sie noch am Anfang des Trainings stehen, können Sie sich doch bereits genug entspannen, um in der Lage zu sein, Ihre heilenden Kräfte mit denen eines kranken Menschen zu verbinden, was für diesen einen »Zuwachs« an Heilkraft bedeutet, der sehr wohl das Pendel zwischen krank und gesund zugunsten der Gesundheit ausschlagen lassen kann.

Handauflegen

Die vorhin erwähnte, in Argentinien verbotene Technik des Handauflegens darf in Brasilien ausgeübt werden.

In Puerto Alegre wurde sie an einer Frau demonstriert,

die aufgrund eines schweren Sturztraumas ihren Kopf auch nach eineinhalb Jahren nur mit Hilfe einer Manschette aufrecht halten konnte. Nachdem die Technik des Handauflegens bei ihr angewendet worden war, wurde der Kragen entfernt. Vorsichtig drehte und wendete sie den Kopf hin und her, vor und zurück, dann rief sie: »Jetzt kann ich wieder Auto fahren!«

In Guayaquil, Ekuador, bat einer der Seminarteilnehmer um eine Handauflegung. Er hatte sich bei einem Unfall drei Rückenwirbel in Hüfthöhe verletzt und konnte sich nur wenige Zentimeter nach vorne neigen. Nach Anwendung der Technik bückte er sich bis zum Boden!

Die im folgenden beschriebene Methode der Handauflegung wird angewendet, wenn eine Krankheit oder Erkrankung sich auf ein relativ kleines Körpergebiet konzentriert. Bei Problemen allgemeiner Natur, aber auch in besonders hartnäckigen Fällen, kommt, wie bereits erwähnt, die Standardmethode zur Anwendung.

Vibrationsfrequenz heilender Hände

Es mag ein wenig befremdlich klingen, aber bevor Sie die Hände auflegen, müssen Sie zunächst etwas über Vibrationen lernen. Sie sollten mit der Hand etwa zehn Vibrationen pro Sekunde aufrechterhalten können. Um dies zu bewerkstelligen, halten Sie die Hand zum Beispiel über den Schreibtisch, gerade so weit, daß die Fingerspitzen die Oberfläche berühren. Nun lassen Sie die Hand ungefähr zehnmal pro Sekunde vibrieren, wobei die Fingerspitzen den Kontakt mit der Oberfläche nicht verlieren dürfen.

Auf diese Weise kann der Heiler bewußt auf der Gehirnwellenfrequenz von zehn Hertz operieren. Indem er seine Hände dergestalt vibrieren läßt, bewirkt er eine starke Rückmeldung an das Gehirn, welche dieses dazu anregt, auf derselben Frequenz zu arbeiten. Liegt die Gehirnwellenfrequenz des Heilers bei zehn Hertz, wird das den Körper des Menschen umgebende Energiefeld dazu angeregt, sich auf die gleiche Frequenz einzustimmen. Befindet sich eine andere Person in Reichweite dieses Energiefeldes, das auch als Aura bezeichnet wird, kann deren Aura oder Energiefeld auf dieselbe Schwingungsfrequenz »gebracht« werden.

Erst wenn Sie in der Lage sind, Ihre Hände mit zehn Hertz vibrieren zu lassen, sind Sie soweit, daß Sie die Methode des Handauflegens anwenden können.

Vorgehensweise bei der Handauflegung

Legen Sie die Fingerspitzen der rechten Hand auf die linke Kopfhälfte des Patienten. Spreizen Sie die Finger so, daß sie den Bereich der linken Gehirnhälfte des Patienten abdekken. Plazieren Sie dann die linke Hand in gleicher Weise auf der rechten Kopfhälfte des Patienten, mit gespreizten Fingern, um den Bereich der rechten Hemisphäre abzudecken. Das Spreizen der Finger bewirkt, daß ein größerer Bereich abgedeckt wird und die Energien sich überallhin verteilen, anstatt wieder in Ihren Körper zurückgeführt zu werden.

Heiler und Patient sollten beide die Augen schließen, wenn die Hände den Kopf berühren. Der Heiler atmet tief ein, hält den Atem an, neigt den Kopf nach vorn und beginnt, die Hände mit zehn Hertz vibrieren zu lassen. Gleichzeitig macht er sich das Gefühl der Entspannung im Alphazustand bewußt, vergißt aber nicht, daß das Vibrieren der Hände dazu dient, im Patienten die Krankheitsursache zu beseitigen.

Der Heiler tut dies, bis er Luft holen muß. Kurz vor dem Einatmen entfernt er die Hände vom Kopf des Patienten. Er öffnet die Augen und reibt die Handflächen leicht aneinander, bis die Atmung sich wieder normalisiert hat. Die Augen des Patienten bleiben geschlossen.

Wenn sich der Atem wieder normalisiert hat, wird der

Vorgang wiederholt. Diesmal werden die Fingerspitzen der linken Hand auf eine Seite des erkrankten Organs beziehungsweise der betroffenen Stelle gelegt, die der rechten Hand auf die andere Seite. Der Heiler beginnt mit der Vibration der Hände. Wenn er atmen muß, entfernt er die Hände von der erkrankten Stelle und reibt die Handflächen leicht aneinander, bis die Atmung sich normalisiert hat. Zum Schluß wird das Handauflegen noch einmal auf dem Kopf durchgeführt.

Bei Beschwerden, die ausschließlich im Kopfbereich angesiedelt sind, gibt der Heiler die erste Anwendung vor dem Patienten stehend. Er atmet tief ein, hält den Atem an und geht vor wie beschrieben. Die zweite Anwendung erfolgt hinter dem Patienten stehend. Diesmal hält der Heiler die Luft nach dem Ausatmen an, alle weiteren Schritte bleiben gleich. Die letzte Anwendung erfolgt wieder vor dem Patienten stehend, die Luft wird nach dem Einatmen angehalten.

Je nachdem, ob die Luft nach dem Ein- oder nach dem Ausatmen angehalten wird, spricht man *von positiver* beziehungsweise *negativer* Anwendung. Negative Anwendungen erfolgen nur bei Schmerzen im Kopfbereich und werden stets hinter dem Kopf des Patienten stehend verabreicht. Für alle anderen Beschwerden werden ausschließlich positive Anwendungen verabreicht.

Der Heiler sollte sich bei jeder Art der Anwendung stets in einem entspannten Zustand befinden und darf nicht vergessen, daß es darum geht, in seiner Vorstellung die Krankheitsursache im Patienten zu beseitigen. Wenn er seine Hände mit zehn Hertz vibrieren läßt, hat dies eine schmerzstillende, keimabtötende Wirkung. Im Fall einer offenen oder blutenden Wunde stellt der Heiler sich während der Vibration vor, daß die Blutung aufhört und der Heilungsprozeß in Gang gesetzt wird. Zur Bekräftigung dieser Vorstellung kann der Heiler mehrmals laut »kein Schmerz, kein Blut« wiederholen. In der Regel hört die Blutung sofort auf.

Fassen wir also kurz zusammen:

Die Technik des Handauflegens ist besonders für lokale Behandlungen geeignet. Wiewohl die Fähigkeit, Alpha zu erzeugen, keine unbedingte Voraussetzung darstellt, ist sie doch äußerst hilfreich. Daher gilt:

1. Entspannen Sie sich. Bekräftigen Sie den Wunsch, zu heilen, und die Zuversicht, ja Erwartung, daß Heilung stattfinden wird.
2. Legen Sie die Hände auf den Kopf des Patienten – die linke Hand über den Bereich der rechten Hemisphäre, die rechte über den der linken – und spreizen Sie die Finger. Lassen Sie die Hände mit zehn Hertz vibrieren.
3. Wenn Sie Atem holen müssen, entfernen Sie die Hände und reiben Sie die Handflächen leicht aneinander, bis der Atem sich normalisiert hat.
4. Wiederholen Sie die Anwendung auf der betroffenen, erkrankten Stelle. Legen Sie die rechte Hand auf die eine Hälfte der Stelle, die linke auf die andere.
5. Wiederholen Sie die Anwendung auf dem Kopf des Patienten wie in 2. beschrieben.
6. Ende der Handauflegung.

Reiben Sie die Handflächen vor und nach jeder Vibrationsanwendung leicht aneinander. Im Fall einer Blutung oder bei Hämorrhoiden nehmen Sie die Vibration etwa zehn Zentimeter über der betroffenen Stelle vor. Stellen Sie sich dabei vor, daß die Blutung aufhört, und wiederholen Sie laut »keine Schmerzen, kein Blut«.

Ethik des Heilens

Gelegentlich stoße ich auf scharfe Kritik aus den Reihen der Vertreter von Religion und Moral. Krankheiten, so die einen, beinhalten Lektionen, die die davon Betroffenen zu lernen haben, und wenn wir uns durch selbstinduzierte Heilung in diesen Prozeß einmischen, berauben wir uns der Möglichkeit, eine wichtige Lernerfahrung zu machen. Dasselbe gilt selbstverständlich, wenn wir eine andere Person heilen. Weiter heißt es, daß wir uns auf verbotenem Terrain bewegen und daß die Heilungskräfte, von denen wir sprechen, des Teufels sind.

Nun, solches wurde bereits einer der größten Heilerpersönlichkeiten der Geschichte vorgeworfen. Die Wunderheilungen des Jesus von Nazareth brachten ihm seitens der religiösen Führer seiner Zeit den Vorwurf ein, daß er mit dem Teufel im Bunde stünde. Jahrzehnte später mußte der Apostel Paulus in den christlichen Gemeinden gegen diejenigen ins Feld ziehen, die vor lauter Konkurrenzdenken, Machtstreben und Wichtigtuerei die eigentliche Botschaft des Christentums vergessen hatten, die da lautet, Kranke zu heilen, Tote von den Toten aufzuerwecken, Dämonen auszutreiben und andere zu lehren.

Krankheiten entstehen überall da, wo der einzelne wie auch die Menschheit als Ganzes wider die Natur handelt. Wir können aber von ihnen genesen, wenn wir unser Verhalten ändern und lernen, das Potential unseres Geistes besser zu verstehen und Gebrauch davon zu machen. Dies ist richtig und vernünftig, auch von einem moralischen, ethischen und religiösen Standpunkt aus. Genau dieses und nichts anderes versuchen wir in den Kursen und Seminaren zu vermitteln. Wir sind weder eine Sekte, noch gibt es geheime Rituale. Wir können nicht einmal mit einer Mitgliedschaft aufwarten. Unser Bestreben geht dahin, im einzelnen ein Verständnis für das Zusammenwirken von Körper und Geist zu erwecken und zu fördern. Wir zeigen ihm, wie er Zugang zu den geistigen Energien findet und sich dadurch von den engen Grenzen seines Denkens, aber auch von unproduktiven Gewohnheiten befreien, seine Kreativität steigern und Zufriedenheit und Erfolg genießen kann.

9

Heilende Energien

1. Schließen Sie die Augen. Richten Sie sie leicht augenbrauenwärts.
2. Zählen Sie langsam, ohne Hast, von hundert rückwärts auf eins. Tun Sie es in Gedanken, und lassen Sie sich nach jeder Zahl eine Sekunde Zeit.
   A. Richten Sie Ihre Aufmerksamkeit, bei der Kopfhaut beginnend, auf die verschiedenen Körperteile und Muskelgruppen, und entspannen Sie diese in Abwärtsrichtung.
3. Wenn Sie bei eins angelangt sind, erzeugen Sie in der Vorstellung ein attraktives Bild von sich selbst, Gesundheit und Kraft ausstrahlend.
   A. Fragen Sie sich, warum Sie diese spezielle Krankheit haben. Lassen Sie die Gedanken umherschweifen.
   B. Wenn Sie hauptsächlich an eine bestimmte Person denken, stellen Sie sich diesen Menschen vor.
   C. Vergeben Sie einander in Ihrer Vorstellung. Stellen Sie sich vor, wie Sie sich die Hände schütteln oder umarmen. Lächeln Sie sich an, nicken Sie sich in gegenseitigem Einverständnis zu. Freuen Sie sich darüber.
4. Wiederholen Sie innerlich: »Mein Körper und mein Geist werden in jeder Hinsicht stets vollkommen gesund sein.«
5. Sagen Sie sich nun: »Ich zähle jetzt von eins bis fünf. Bei fünf werde ich die Augen öffnen. Ich werde mich gut und gesund fühlen, besser als vorher.«
6. Beginnen Sie zu zählen. Bei drei wiederholen Sie die Affirmation.
7. Zählen Sie weiter. Bei fünf öffnen Sie die Augen und be-

kräftigen Sie innerlich: »Ich bin hellwach. Ich fühle mich besser und gesünder als vorher, und so wird es auch bleiben.«

Erläuterungen zur Standard-Methode

Im 18. Jahrhundert machte Mesmer*, ein deutscher Arzt, mit seiner Lehre vom Heilmagnetismus von sich reden. Er heilte mit über den Körper hinwegstreichenden Handbewegungen.

Bei der sogenannten *Kahuna*-Magie der Hawaianischen Urbevölkerung werden von den Heilern, den *Kahunas*, ähnlich streichende Handbewegungen angewendet, um das menschliche Energiefeld von Verunreinigungen zu reinigen. Ihre Wirksamkeit beruht auf einem Energietransfer, der über die Hände stattfindet, aber vom Geist, beziehungsweise dem inneren Vorstellungsbild, gelenkt wird.

Richten Sie die Finger der rechten Hand in einem Abstand von dreißig Zentimetern gegen die Handinnenfläche der linken, so daß sie die Wärmeenergie nicht spüren. Dann bewegen Sie die Finger langsam, um keine noch so leichte Luftbewegung zu verursachen, auf und ab. Sie spüren etwas Sanftes, das sich an der Handfläche entlang auf- und abbewegt, wie Wärme oder Luft. Es ist freilich weder das eine noch das andere, sondern Energie, und zwar dieselbe Energie, die auch am Heilungsprozeß beteiligt ist. Die Wissenschaftler sprechen in diesem Zusammenhang von psychotronischer Energie.

In der Standard-Methode wird diese Energie ebenfalls

* Anm. d. Übs.: Franz Anton Mesmer, 1734–1815. Nach Mesmer gibt es eine das Weltall durchdringende, alles verbindende Kraft. Krankheiten sind eine Folge von unharmonischer Verteilung dieser Kraft im Körper. Heilen bedeutet die Wiederherstellung des gestörten Gleichgewichts und erfolgt durch einen, auch Magnetiseur, genannten Arzt, der die Technik des Magnetisierens beherrscht und mit der Möglichkeit, diese Kraft durch sie hindurch und in den Patienten zu lenken, um sie zu verstärken oder zu schwächen, vertraut ist.

durch die Hände gelenkt. Da sie jedoch durch gedankliche Prozesse gesteuert wird, muß sich der Geist des Heilers in einem entspannten, auf Heilung ausgerichteten Zustand befinden.

Es tritt eine sofortige Wirkung ein, die zugleich anästhesierend und desinfizierend ist. So hat man beobachtet, daß solchermaßen behandelte offene Wunden sich nicht entzünden.

Der Vorgang sieht folgendermaßen aus:

Der Patient sitzt oder steht aufrecht, mit geschlossenen Augen. Der Heiler erzeugt Alpha und bekräftigt den Wunsch, zu heilen. Dann streicht er mit den Händen über den Körper des Patienten hinweg, von Kopf bis Fuß. Anschließend hält er die Hände an den Kopf des Patienten, eine Hand nahe der Stirn, die andere nahe dem Hinterkopf. Nach einer Weile verändert er die Position der Hände, legt sie seitlich an den Kopf des Patienten, dann an Brustkorb und Rükken, wobei er ein das Immunsystem unterstützendes Vorstellungsbild erzeugt und aufrechterhält. Auch das Vorstellungsbild wird im Geiste zusätzlich bekräftigt. Liegt eine lokale Erkrankung vor, werden die Hände zum Schluß auf diese Stelle gelegt, und die Heilkraft wird dorthin gelenkt.

Der wissenschaftliche Standpunkt

Im April 1984 veröffentlichte der *Science Digest* einen Artikel mit der Überschrift »Der Geist als Arzt«. Darin wurde die Frage gestellt, ob Gedanken den Körper wirklich heilend beeinflussen können. Wissenschaftler und Forscher des National Institute of Health, des Institute for the Advancement of Health, der George Washington Universität und der Medizinischen Fakultät der Harvard-Universität kamen darin zu Wort. Der Artikel vermittelte ein Verständnis des Zusammenhangs zwischen Streß und geschwächter Krankheitsabwehr und beschäftigte sich außerdem mit der Bedeutung positiver Vorstellungsbilder bei der Aktivierung des Immunsystems, kam jedoch zu keiner einhelligen Bewertung. Nun bedeutet dies nicht, daß wir warten müssen, bis die Wissenschaftler eine genaue Analyse über deren Wirkungsweise erarbeitet haben, denn daß sie funktionieren ist erwiesen. Einzig die Frage nach dem Wie und Warum bedarf weiterer Klärung, aber auch ohne die vorläufigen Antworten der Wissenschaftler können wir uns der Kraft innerer Vorstellungsbilder bedienen und ein gesünderes Leben führen.

Andererseits heißt dies nun keineswegs, daß es keine Erklärung für das Funktionieren von Vorstellungsbildern gäbe. Alle Objekte, auch der menschliche Körper, geben Energie ab und übertragen sie. Materielle Phänomene, das heißt, die Erscheinungen der objektiven äußeren Welt und die ihnen zugehörigen Energiefelder, haben ihre Entsprechungen auf geistiger Ebene beziehungsweise im inneren, subjektiven Bereich. Die Energiefelder beider Ebenen stehen miteinander in Wechselwirkung.

Eine Person mit normalem Wachbewußtsein weist eine Gehirnwellenfrequenz von etwa zwanzig Hertz auf. Auf dieser Frequenz beeinflussen Gedanken lediglich das zu materiellen Phänomenen gehörige Energiefeld. In einem veränderten Bewußtseinszustand, wie zum Beispiel dem Alphazustand mit einer Gehirnwellenfrequenz von durchschnittlich zehn Hertz, wirken Gedanken auf die Energiefelder beider Dimensionen, auch der subjektiven, ein.

Unbelebte Materie oder Objekte weisen ein relativ statisches Energiefeld auf, das durch menschliche Auren, sprich Energiefelder, verändert werden kann. Dies bedeutet, daß das Wesen der verändernden Energie in einem veränderten Feld enthalten sein muß. Das gleiche gilt für belebte Materie mit sich verändernden Energiefeldern. Diese lassen sich auf dieselbe Weise beeinflussen wie die unbelebter Materie.

Alpha wirkt auch auf Distanz

Im objektiven oder normalen Wachbewußtsein ist es möglich, innerhalb geringer Reichweite auf belebte und unbelebte Materie Einfluß zu nehmen. Im subjektiven, beziehungsweise dem veränderten, hellseherischen Bewußtseinszustand ist es möglich, unbelebte Materie auf geringe Entfernung zu beeinflussen, belebte Materie hingegen über unbegrenzte Entfernungen hinweg.

Der menschliche Körper ist sowohl ein Frequenzteiler als auch Multiplikator. Ungeachtet der jeweiligen Gehirnwellenfrequenz und Hemisphäre, die wir für einen Denkvorgang gerade verbrauchen, produziert er Subharmonien dieser Grundschwingung, während er sie gleichzeitig auch vervielfacht. Eine dieser Schwingungen fällt beispielsweise in den infraroten Bereich. Menschen registrieren und speichern, meist unbewußt, fortwährend Informationen über belebte und unbelebte Materie in ihrer Umgebung.

Hellsichtige haben gelernt, willentlich auf der subjektiven Ebene zu agieren, das heißt, sie können unter anderem willentlich Informationen über belebte Materie nah und fern registrieren. Informationen über unbelebte Materie können *direkt* nur aus der Nähe gewonnen werden, *indirekt* jedoch auch aus der Ferne, wenn sich eine Person in unmittelbarer Nähe aufhält. In diesem Fall spricht man vom »Übermittler-Effekt«.

Der Geist als Wunderdoktor

Die Bewohner einer der Fidschi-Inseln rühmten sich einst, als einzige über glühende Kohlen laufen zu können. Heute wird die Kunst des Feuerlaufens im Westen von Menschen jeden Alters erlernt, in vereinzelten Fällen, wie zum Beispiel bei persönlichkeitsbildenden Schulungen, mittels Hypnose sogar in ein, zwei Tagen.

Was geschieht nun eigentlich beim Feuerlaufen? Was für ein Bewußtseinszustand oder welche Konzentrationsübung soll das sein, die verhindert, daß der Feuerläufer sich bei seiner gefährlichen Vorstellung schwerste Verbrennungen zuzieht? Physikalische Gesetze scheinen hierbei außer Kraft gesetzt, eine wissenschaftliche Erklärung gibt es nicht. Die einzige plausible Antwort würde lauten, daß der Geist in der Lage sein muß beziehungsweise ist, die Molekularstruktur des Körpers zu verändern.

Olga Worrall, eine renommierte Heilerpersönlichkeit, veränderte die Molekularstruktur von Wasser, indem sie eine Probe eine halbe Stunde lang in Händen hielt. Dies ergab das spektroskopische Profil, wie man die Farbanalyse auf molekularer Ebene nennt. Robert B. Stone besuchte 1975 die 2. Weltkonferenz über Psychotronie in Monte Carlo, wo die Ergebnisse dieser Versuche diskutiert wurden. Da der menschliche Körper zu siebzig bis achtzig Prozent aus Wasser besteht, drängt sich die Schlußfolgerung fast auf, daß eine erkrankte Zelle durch molekulare Veränderungen tatsächlich in eine gesunde verwandelt werden kann.

Auf viele Fragen gibt es keine Antwort, so zum Beispiel, wie bei einer solchen Umwandlung Energien geleitet werden, welche Rolle Glaube und Zuversicht spielen und ob nicht möglicherweise noch eine ganze Reihe anderer Faktoren beteiligt sind, deren wir uns einfach nicht bewußt sind. Und schließlich, sollten wir nicht einfach damit zufrieden sein, daß es Dinge gibt, die funktionieren, auch ohne daß wir verstehen, wie, und den Menschen ihren Glauben an Wunder lassen?

Vor vielen Jahren erhielt ich Besuch von einem Freund, der mir erzählte, daß sein Bruder, mit dem ich gerade zwei Tage vorher gesprochen hatte, im Sterben lag. Ich erfuhr, daß er in derselben Nacht wegen akutem Nierenversagen ins Krankenhaus hatte eingeliefert werden müssen. Fatalerweise konnte er dort nicht sofort an ein Dialysegerät angeschlossen werden, da das einzige verfügbare Gerät von einem anderen Patienten in der Nachbarstadt gebraucht wurde. Er war daraufhin, ausgelöst durch eine Harnsäurevergiftung des Gehirns, ins Koma gefallen.

Ohne lange zu überlegen, fuhr ich ins Krankenhaus, das nur wenige Straßen von meinem Büro entfernt liegt. Ich schlich mich durch den Noteingang, weil ich vermeiden wollte, gesehen zu werden. Die Ärzte hielten von meiner Arbeit nicht allzuviel und hätten mich wahrscheinlich gar nicht zu dem Patienten gelassen.

Als ich in dessen Zimmer ankam, waren Mutter und Schwester bei ihm. Um sie nicht zu beunruhigen, erzählte ich ihnen, ich käme von einer christlichen Vereinigung, um für ihn zu beten. (Tatsächlich hatte ich früher einmal zu dieser Vereinigung gehört.) Von der Mutter erfuhr ich, daß die Ärzte den ganzen Tag über versucht hatten, ihren Sohn aus dem Koma zurückzuholen. Mittlerweile hatte sie so gut wie keine Hoffnung mehr für ihn.

Ich erklärte den beiden, daß ich nun meine Gebete verrichten wolle, stellte mich an die rechte Seite des Krankenbetts und erzeugte den meditativen Alphazustand. Dann sprach ich mit einem imaginären Gegenüber: »Dieser Mann ist erst vierunddreißig Jahre alt. Sein Körper ist stark, er kann noch viel Gutes tun. Nur weil seine Nieren versagt haben, braucht er noch lange nicht zu sterben. Alle anderen Organe und Drüsen sind gesund und funktionieren bestens. Warum sollten seine Nieren nicht ebenfalls wieder funktionieren?«

Noch während ich diesen inneren Dialog führte, setzte sich der Bruder meines Freundes in seinem Bett auf und starrte mich mit glasigen, von der Harnsäurevergiftung gelbunterlaufenen Augen an. Er erkannte mich wieder und sagte: »Hallo, José. Was tust du hier?«

»Was tust du hier?« gab ich zurück.

»Wo bin ich?« fragte er irritiert.

»Da, wo du im Augenblick hingehörst«, antwortete ich. »Leg dich wieder hin, und schlaf noch ein wenig. Es wird alles wieder gut werden.«

Er schloß die Augen und sank zurück aufs Kissen. Es hatte den Anschein, als ob er wieder ins Koma fiele.

Die Mutter hatte die Szene sprachlos verfolgt. Nun schickte sie die Schwester überglücklich nach den Ärzten, und ich dachte, daß es wohl besser sei, zu gehen.

Zwei Stunden später nahmen die Nieren des Patienten ihre Funktion wieder auf. Er genas vollständig und hatte nie wieder irgendwelche Probleme damit.

Fassen wir die einzelnen Schritte der Standard-Methode noch einmal zusammen:

1. Erzeugen Sie Alpha.
2. Bekräftigen Sie den Wunsch zu heilen sowie die Überzeugung und die Erwartung, daß Heilung stattfinden wird.
3. Streichen Sie mit den Händen von Kopf bis Fuß über den Körper der kranken Person, die mit geschlossenen Augen auf dem Bauch liegen sollte.
4. Halten Sie die Hände über den Scheitel des Kranken, nach einer Weile über die Stirn, dann den Hinterkopf und die Schläfen. Als nächstes wenden Sie sich Brustkorb und Rücken zu, wobei Sie in Gedanken das Immunsystem stärken, und schließlich widmen Sie jeder erkrankten Stelle Ihre Aufmerksamkeit. Dabei erzeugen Sie in der Vorstellung ein Bild des Problems und beseitigen es.
5. Ende der Sitzung.

10

Wunsch, Glaube, Erwartung: Drei Wundertäter

1. Schließen Sie die Augen. Richten Sie sie leicht augenbrauenwärts.
2. Zählen Sie langsam, ohne Hast, von hundert zurück auf eins. Tun Sie es in Gedanken. Lassen Sie sich nach jeder Zahl eine Sekunde Zeit.
   A. Richten Sie Ihre Aufmerksamkeit, bei der Kopfhaut beginnend, auf die verschiedenen Körperteile und Muskelgruppen, und entspannen Sie diese in Abwärtsrichtung.
3. Wenn Sie bei eins angelangt sind, erzeugen Sie in der Vorstellung ein attraktives Bild von sich selbst, Gesundheit und Kraft ausstrahlend.
   A. Fragen Sie sich, warum Sie diese spezielle Krankheit haben. Lassen Sie die Gedanken umherschweifen.
   B. Wenn Sie hauptsächlich an eine bestimmte Person denken, stellen Sie sich diesen Menschen vor.
   C. Vergeben Sie einander in Ihrer Vorstellung. Stellen Sie sich vor, wie Sie sich die Hände schütteln oder umarmen. Lächeln Sie sich an, nicken Sie sich in gegenseitigem Einverständnis zu. Freuen Sie sich darüber.
4. Wiederholen Sie innerlich: »Mein Körper und mein Geist werden in jeder Hinsicht stets vollkommen gesund sein.«
5. Sagen Sie sich nun: »Ich zähle jetzt von eins bis fünf. Bei fünf werde ich die Augen öffnen. Ich werde mich gut und gesund fühlen, besser als vorher.«
6. Beginnen Sie zu zählen. Bei drei wiederholen Sie die Affirmation.

7. Zählen Sie weiter. Bei fünf öffnen Sie die Augen und bekräftigen Sie innerlich: »Ich bin hellwach. Ich fühle mich besser und gesünder als vorher, und so wird es auch bleiben.«

Jeder Mensch kann sein Leben verändern, egal, wie hoffnungslos es aussehen mag. Ed Thiessen, ein ehemaliger Kursteilnehmer, schreibt dazu folgendes:

Wenn mir vor sechs Jahren jemand prophezeit hätte, daß ich wieder gesund und glücklich sein würde, hätte ich darüber nicht einmal mehr lachen können, so schlecht ging es mir. Das war, bevor ich von der Silva-Methode der Geisteskontrolle hörte.

Ich wurde 1962 geboren, aber niemand rechnete ernsthaft damit, daß ich lange am Leben bleiben würde. Für den Fall, daß ich aber doch nicht gleich starb, sagten die Ärzte mir einen schweren Gehirnschaden aufgrund einer zerebralen Lähmung voraus. Weitere Untersuchungen ergaben, daß ich auch an Muskeldystrophie litt. Ich war halbtaub, so gut wie blind und außerdem schielte ich.

Die Ärzte machten meinen Eltern klar, daß ich niemals ein normales Leben würde führen können und schon gar nicht ein Leben zu Hause. Im Alter von zwei Jahren wurde ich erstmals an den Augen operiert. In den Jahren von 1967 bis 1979 lebte ich in staatlichen Anstalten, besuchte Sonderschulen und unterzog mich weiterer Operationen an Augen und Beinen, die die schlimmsten Schäden beheben sollten. Trotzdem verschlechterten sich meine Sehfähigkeit, mein Hörvermögen und die Sprache zusehends.

Anfangs 1978 gab mir eine Sozialarbeiterin ein Buch, das sie gelesen hatte. Ich schaute mir oft Bücher an, neugierig, wie viele Worte ich kannte. So kam es, daß ich »The Silva Mind Control Method« mehrere Male hintereinander las, und im Lauf der Zeit erlernte ich durch häufiges Wiederholen die darin erklärten Übungen und Techniken. Ich legte es selten aus der Hand, oft schlief ich sogar damit ein.

Als mein Gesundheitszustand sich ohne ersichtlichen Grund stetig besserte, standen die Ärzte vor einem Rätsel, aber ich behielt mein Geheimnis für mich. Bald begann ich zu laufen. Nach einiger Zeit benötigte ich keine Arm- und Beinstützen mehr, auch hörte ich besser und überwand meine Sprechstörungen. Nachdem ich drei- bis viermal täglich in den Alphazustand ging, verbesserte sich auch mein Sehvermögen. Anfang 1980 wurde ich als geheilt aus der Anstalt entlassen.

Einige Monate darauf hörte meine Tante von der Silva-Geisteskontrolle und erzählte mir davon, weil sie meinte, daß es mir vielleicht helfen würde. Die Gute konnte ja nicht ahnen, wie sehr die Methode mir bereits geholfen hatte. Im Dezember 1980 besuchten wir den Kurs.

Die Übungen unter der Anleitung des Lehrers halfen mir enorm. Wieder verbesserte sich mein Gesundheitszustand deutlich. 1981 konnte ich ganz auf meine Brille verzichten.

1982 bestand ich die Eignungsprüfung für die Highschool mit nur einer falschen Antwort in Trigonometrie. Ich hatte vergessen, mich für dieses Problem zu programmieren.

In der Vergangenheit mußte ich wegen ungleich langer Füße beim Schuhkauf stets zwei Paar desselben Schuhs kaufen. Anfang 1983 programmierte ich eine Lösung für dieses Problem. Innerhalb eines Jahres wuchs der kleinere Fuß um fast drei Schuhgrößen. Heute haben beide Füße die gleiche Größe. An die Vergangenheit erinnert nur noch ein leichtes Hinken, aber auch das wird verschwinden. Es ist eines meiner Projekte für 1984.

Die Geschichte meiner Heilung ist kein Wunder, und ich bin auch kein Mensch mit außergewöhnlichen Fähigkeiten. Was ich zu tun gelernt habe, um mir selbst zu helfen, kann jeder lernen. Man braucht dazu nur die entsprechende Motivation und Überzeugung, eine Methode, wie die Silva-Geisteskontrolle und die Bereitschaft, hart und viel an sich zu arbeiten.

Eines Tages wird Geisteskontrolle so zur Selbstverständlichkeit werden, daß der bloße Gedanke ausreicht, um ein erwünschtes Resultat hervorzurufen. Für eine Methode wird es dann keine Notwendigkeit mehr geben.

Wissenschaftler tun sich schwer mit solchen Konzepten, denn herkömmliche, wissenschaftliche Untersuchungsmethoden sind wenig geeignet, um Gedanken, Gefühle und andere Formen geistiger Aktivität zu erforschen. Wie läßt sich zum Beispiel das zweifellos wirksame Phänomen *Wunsch* messen und erklären? Ich vergleiche es oft mit dem Einschalten eines Computers. Läuft der Computer erst einmal, wird mit dem Befehl »Erwartung« das problemlösende Programm aufgerufen, und der Glaube schließlich erzeugt, basierend auf der Summe aller früher vom Computer erarbeiteten Lösungen, das gewünschte Ergebnis. Ich bin sogar der Ansicht, daß diese drei Faktoren – Wunsch, Erwartung und Glaube – dem Geist programmgemäßes Funktionieren überhaupt erst ermöglichen, und daß ohne sie geistige Vorgänge gar nicht stattfinden könnten.

Das morgendliche Rückwärtszählen ist ein wirkungsvolles Instrument, um schnell und unkompliziert die kreative Ebene des Bewußtseins zu erreichen, wo Neuprogrammierungen vorgenommen werden können. Seit einigen Tagen arbeiten Sie gezielt darauf hin. Sie möchten Ihr geistiges Potential besser ausschöpfen und glauben, ja erwarten, daß Sie davon profitieren werden. Man könnte die Entspannungsübung selbst auch schon als eine Programmierung betrachten. Sie schalten den Computer ein (Wunsch). Er verfügt über die nötigen Programme (Erwartung). Er hat in der Vergangenheit Lösungen erarbeitet und wird es wieder tun (Glaube). Sie werden die Lösung finden. Wünschen Sie es sich. Glauben Sie daran, daß es funktioniert. Erwarten Sie es.

Im Alphazustand ist Heilung ein natürlicher Vorgang

Wenn Sie Alpha erzeugen können, sind Sie in der Lage, einem kranken Menschen zu helfen. Nennen wir die kranke Person A, die gesunde, die Alpha erzeugen kann, B. Nehmen wir an, daß B in die Reichweite des Energiefeldes von A kommt.

B erzeugt Alpha, legt die Hände auf die erkrankte Stelle und visualisiert die Heilung. Während dieses Vorgangs findet ein Energietransfer statt. Heilende Kräfte strömen durch die Hände von B in A und beheben die Störung.

Der Russe Kirlian hat mittels der nach ihm benannten Photographie solche Energien sichtbar gemacht. Das Verfahren ist denkbar einfach. In einem verdunkelten Raum legt man die Hand auf lichtempfindliches Papier, dann wird kurzzeitig ein Hochspannungsfeld aktiviert. Beim Entwickeln wird ein die Hand und die Finger umgebendes Energiefeld sichtbar. Unmittelbar nach einer Handauflegung erscheint dieses Energiefeld übrigens deutlich schwächer, doch schon nach wenigen Sekunden stabilisiert es sich in der Regel wieder.

Beim Handauflegen ist darauf zu achten, daß Hände und Finger sich nicht berühren, es käme in der Wirkung einem Kurzschluß gleich.

Alphasuggestionen

Der Alphazustand aktiviert die Energien der rechten Hemisphäre, was unseren Vorstellungsbildern mehr Durchschlagskraft verleiht. Wenn Sie gezielt und beharrlich visualisieren, bewirken Sie Heilung, das heißt, Sie stellen den Normalzustand wieder her.

Mesmer, Braid, Freud, Jung, Adler, Coué, sie alle glaubten an die Macht der Suggestion. Mesmer verstand sie als Magnetismus, Braid als Hypnose. Der französische Psychologie Emile Coué arbeitete jedoch als erster mit direkter Suggestion. Er wies seine Patienten an, sich täglich im Spiegel zu betrachten und dabei den Satz: »Jeden Tag geht es mir in jeder Hinsicht besser« viele Male zu wiederholen.

Die Suggestion ist ein die Erwartung und den Glauben unterstützendes, ja intensivierendes Hilfsmittel. Wenn Sie im Alphazustand eine Suggestion anwenden, machen Sie von beiden Hemisphären Gebrauch. In Alpha hinterlassen Bilder und Suggestionen einen sehr viel stärkeren Eindruck, so daß ein größeres Maß an kreativer Energie frei wird.

Coué wußte nichts von Alpha-Gehirnwellen, bediente sich ihrer jedoch indirekt, obwohl er den Suggestivsatz im normalen Wachzustand sprechen ließ. Doch auch in Beta nähern sich die Gehirnwellen etwa dreißigmal pro Minute der Alphafrequenz. Jede dieser Annäherungen dauert zwar nur Mikrosekunden, zusammengenommen ergeben sie aber bei einem Menschen, der beispielsweise die Coué-Affirmation mehrere hundert Male am Tag spricht, eine ausreichend lange Zeit im Grenzbereich von Alpha, um gewisse Wirkungen zu erzielen.

Unser erklärtes Ziel ist allerdings die bewußte Kontrolle des Alphazustandes, keine »Zufallstreffer«. Wenn Sie Alpha bewußt erzeugen und aufrechterhalten können, können Sie so lange wie nötig darin verweilen, während Sie ein Maximum an Heilungsenergie auf sich selbst oder eine andere Person richten. Erzeugen Sie Alpha mit dem Wunsch, zu heilen, mit dem Glauben, daß dies möglich ist und in der Erwartung, daß Heilung stattfinden wird. Visualisieren Sie die Krankheit durch ein entsprechendes Vorstellungsbild, führen Sie die Heilbehandlung durch, und beenden Sie die Alpha-Sitzung.

Coués Suggestivsätze sind auf der Beta-Ebene wirksam, der Ebene der Wirkungen, während innere Vorstellungsbilder die Alpha-Ebene beeinflussen, die Ebene der Ursache.

So führt Ihre Vorstellungsarbeit auf der Alpha-Ebene zu sichtbaren Veränderungen in der materiellen Welt.

11

Machen Sie sich keine Feinde

1. Schließen Sie die Augen. Richten Sie sie leicht augenbrauenwärts.
2. Sie sind jetzt in der Lage, den Countdown bei fünfzig zu beginnen. Die Schritte 2A, 3A, 3B und 3C sind Ihnen freigestellt. Zählen Sie langsam, ohne Hast, von fünfzig rückwärts bis eins. Tun Sie es in Gedanken und lassen Sie sich nach jeder Zahl eine Sekunde Zeit.
   A. Richten Sie Ihre Aufmerksamkeit, bei der Kopfhaut beginnend, auf die verschiedenen Körperteile und Muskelgruppen, und entspannen sie diese in Abwärtsrichtung.
3. Wenn Sie bei eins angelangt sind, erzeugen Sie in der Vorstellung ein attraktives Bild von sich selbst, Gesundheit und Kraft ausstrahlend.
   A. Fragen Sie sich, warum Sie diese spezielle Krankheit haben. Lassen Sie die Gedanken umherschweifen.
   B. Wenn Sie hauptsächlich an eine bestimmte Person denken, stellen Sie sich diesen Menschen vor.
   C. Vergeben Sie einander in Ihrer Vorstellung. Stellen Sie sich vor, wie Sie sich die Hände schütteln oder umarmen. Lächeln Sie sich an, nicken Sie sich in gegenseitigem Einverständnis zu. Freuen Sie sich darüber.
4. Wiederholen Sie innerlich: »Mein Körper und mein Geist werden in jeder Hinsicht stets vollkommen gesund sein.«
5. Sagen Sie sich nun: »Ich zähle jetzt von eins bis fünf. Bei fünf werde ich die Augen öffnen. Ich werde mich gut und gesund fühlen, besser als vorher.«
6. Beginnen Sie zu zählen. Bei drei wiederholen Sie die Affirmation.

7. Zählen Sie weiter auf fünf. Öffnen Sie die Augen und bekräftigen Sie innerlich: »Ich bin hellwach. Ich fühle mich besser und gesünder als vorher, und so wird es auch bleiben.«

Nach dem Physiker Eugene Wigner »führte das Studium der äußeren Welt zu der Erkenntnis, daß der Inhalt des Bewußtseins eine absolute Wahrheit ist.«

Wir wissen heute, daß der Inhalt unseres Bewußtseins für unseren Gesundheitszustand verantwortlich ist, und der ist für die meisten von uns eine absolute Wahrheit. Kommt sie uns nämlich abhanden, können wir das Leben mit all seinen Facetten – Arbeit, Familie, Reisen, Hobbies – nicht mehr genießen. Im Angesicht einer schweren Krankheit verblassen andere Wirklichkeiten.

Die Wissenschaft hat die Rolle, die dem Geist für die Art des Erscheinens der Wirklichkeit zukommt, nur widerstrebend anerkannt. Dennoch hat diese Erkenntnis in jüngster Zeit ungeheuer an Popularität gewonnen. Unter den Ärzten waren es die Psychiater, die den Geist als Gesundheitsfaktor als erste ernst nahmen, bis sich nach und nach auch andere Fachbereiche dieser Einsicht öffneten.

Ein relativ junger, faszinierender Forschungszweig, die Psychoneuroimmunologie, veröffentlicht in ihrer eigenen Fachzeitschrift *Advances* wissenschaftliche Studien über Beobachtungen und Erkenntnisse, die früher unter den Tisch gekehrt werden mußten, weil sie im Rahmen der vorherrschenden Lehrmeinung keinen Platz fanden oder diese in Frage gestellt hätten. Hier werden sie genau überprüft und offen betrachtet, wie beispielsweise das Phänomen, das schon früh von Mutter und Sippe getrennte Affenkinder sich in ihrem späteren Leben krankheitsanfälliger zeigen. Sobald man sie wieder mit ihren Artgenossen zusammenbringt, läßt sich eine augenfällige Stärkung des Immunsystems feststellen. Als zweites Beispiel möge eine Studie dienen, bei der Ehemänner von an Krebs verstorbenen Frauen ebenfalls eine geschwächte Krankheitsabwehr aufwiesen, wohingegen ein Krebspatient durch Visualisationen im entspannten Zustand das Wachstum seines Tumors zum Stillstand brachte. Sobald er die Übung aber einstellte, wuchs der Tumor wieder.

John Maddox, der Herausgeber der Zeitschrift *Nature,* schreibt, einige Psychoneuroimmunologen seien der Auffassung, daß jeder wie auch immer geartete Bewußtseinszustand die Effektivität der Krankheitsabwehr entweder steigert oder sie beeinträchtigt. »Brain/Mind Bulletin, Ausgabe 10, No. 2) In dem Bericht heißt es unter anderem, daß Asthmatiker, die bei einer Versuchsreihe am Medizinischen Institut der Universität von Kalifornien in San Francisco teilnahmen, weniger Medikamente benötigten und seltener an Atembeschwerden litten, nachdem sie eine imaginäre Reise durch ihren Körper unternommen hatten, um den in Bedrängnis geratenen Zellen zu Hilfe zu kommen.

Widerstand der Ärzteschaft

Viele Ärzte, die die Bedeutung des Geistes für Gesundheit und Krankheit anerkannten, gerieten wegen dieser Überzeugung ins Kreuzfeuer der Kritik örtlicher Gesundheitsbehörden sowie der American Medical Association, des Dachverbandes der amerikanischen Ärzteschaft. Pioniere der neuen Richtung wie Dr. Carl Simonton hatten es damals besonders schwer, aber auch heute noch läuft man Gefahr, sich eine Klage wegen unerlaubter Berufsausübung einzuhandeln, wenn man einem kranken Menschen in dessen Gegenwart durch eine Heilvisualisation helfen möchte.

Ich habe mich immer bemüht, die Anwender meiner Methode vor solchen Vorwürfen zu bewahren. Es würde niemandem einfallen, einen Menschen, der für die Gesundheit eines anderen betet, derart zu bezichtigen. Eine Heilvisualisation, heilende Gedanken und Energien... was sind sie anderes als eine Form von Gebet?

Eines Tages bat mich der Staatsanwalt um ein Gespräch. Ich kannte ihn noch aus gemeinsamen Schultagen, deshalb duzten wir uns auch. Seine Sekretärin empfing mich und führte mich in sein Büro. Er begrüßte mich höflich, aber distanziert.

»José«, begann er, »einer der Ärzte hat eine Klage gegen dich erhoben. Er behauptet, daß du einen seiner Patienten geheilt hättest und dich unerlaubterweise als Arzt betätigst. Kannst du mir bitte erklären, was du genau treibst?«

Ich erklärte ihm, daß ich in gewisser Weise für die Gesundheit der Menschen betete. Nachdem er mich zu Ende angehört hatte, versicherte er mir, daß in diesem Fall für eine Klage kein Grund vorlag. Hätte der Patient sich beschwert, die Sache hätte anders ausgesehen, doch der war glücklich über seine Heilung. Nichts lag ihm ferner, als gegen mich zu klagen.

Als ich der Sache nachging, stellte sich heraus, daß ich von dieser speziellen Heilung gar nichts wußte, bis zu dem Zeitpunkt, als der Staatsanwalt mich darauf aufmerksam machte. Besagter Arzt hatte dem Patienten eine Reihe von Spritzen verschrieben, die über einen längeren Zeitraum hinweg verabreicht werden mußten. In der Zwischenzeit besuchte der Patient meine Freitagsveranstaltungen und probierte die Entspannungs- und Vorstellungstechniken aus. Sein Gesundheitszustand besserte sich. Ich hatte weder von seinen Beschwerden noch von deren Besserung eine Ahnung.

Unser Patient stellte daraufhin die Arztbesuche ein. Eines Tages begegneten sich die beiden auf der Straße, und der Arzt erkundigte sich nach der Gesundheit des Mannes. »Sie hätten noch eine Reihe von Spritzen bekommen müssen. Warum sind Sie nicht mehr zu mir gekommen?«

»Weil die dort drüben mich geheilt haben«, erhielt er zur Antwort, womit meine Veranstaltungen gemeint waren. Daraufhin reichte der Arzt seine Klage ein.

Nun besuchten auch ein paar Verwandte des Staatsanwalts regelmäßig meine Veranstaltungen. Dieser kleine

»Zufall« erwies sich natürlich als außerordentlich nützlich. Ich erhielt einige Ratschläge, die mir ermöglichten, meine Arbeit fortzuführen, ohne in dergleichen Ärger zu geraten. Aus dieser Unterredung entstand auch die Idee, eine ökumenische Gesellschaft zu gründen.

Widerstand des Klerus

Nicht nur die Ärzte, auch Vertreter der Kirche wendeten sich massiv gegen die Silva-Methode. Die Seelenhirten der örtlichen Gemeinden weigerten sich sogar, Menschen Glauben zu schenken, denen ich geholfen hatte, so sehr waren sie gegen meine Arbeit eingenommen. Erst als sie sich aus nächster Nähe davon überzeugten, daß wir nichts *Unrechtes* taten, besserte sich das Klima etwas.

Eines Tages suchte mich ein Priester auf, dem ich zu einem früheren Zeitpunkt einmal geholfen hatte. Er bat mich, einem schwerkranken Amtsbruder zu helfen, der wegen Magen- und Darmkrebs bereits dreimal operiert worden war und trotzdem unter hohem Fieber und Durchfällen litt. Man hatte ihn von seinen Amtspflichten befreit und in ein Priesterpflegeheim verlegt. Mein geistlicher Freund bat mich um Hilfe, obwohl seine Kollegen ihre Gemeindemitglieder davor warnten, Kontakt zu mir aufzunehmen oder etwa meine Versammlungen zu besuchen, ja, er wollte sogar dafür sorgen, daß ich das Pflegeheim ungehindert betreten konnte und daß niemand mich stören würde.

Er hielt Wort. Sobald ich das Zimmer betrat, erhoben sich die anderen Priester und gingen hinaus. Ich fühlte den Puls des Mannes, Gesicht und Stimme machten einen zufriedenstellenden Eindruck. Ich empfahl ihm, morgens und abends ein halbes Glas Wasser zu trinken, und versprach, in drei Tagen wieder nach ihm zu sehen.

In jener Nacht führte ich eine Fernheilung durch. Als ich den Priester drei Tage später besuchte, bestätigte er, daß er sich entschieden besser fühle. Das Fieber war gesunken, die Durchfälle hatten aufgehört. Trotzdem waren bis zu seiner endgültigen Heilung noch zwei weitere Behandlungen nötig. Am deutlichsten war jedoch seine veränderte Einstellung spürbar, wie übrigens auch die seiner Amtskollegen. Bei jedem Besuch wurde ich ein klein wenig höflicher, ein kleines bißchen weniger reserviert empfangen.

Einen Monat später reiste der nunmehr gesunde Priester nach Spanien, um dort wieder zu Kräften zu kommen. Kurz nach seiner Rückkehr wurde ihm eine neue Gemeinde zugeteilt. Er erfreut sich seither guter Gesundheit.

Der Widerstand schwindet

Eine Generation später hat sich an der Skepsis zwar generell nichts geändert, aber immerhin werden seitens des Klerus und in so mancher Gemeinde von Gläubigen mittlerweile Stimmen laut, die zu bedenken geben, daß Jesus ebenfalls Wunderheilungen vollbrachte, und man erinnert sich vereinzelt sogar an seine Aussagen über gewisse Fähigkeiten, die dem Menschen gegeben sein sollen. Was, so fragen sie, wenn das, was Jesus predigte, wirklich stimmt?

Ärzte und Mediziner beharren nach wie vor auf der Vorrangstellung der Allopathie, aber auch hier tut sich in manchen Kreisen die Frage auf, was wäre, wenn man in dem einen oder anderen hoffnungslosen Fall eine Geist-Körper-Therapie anwenden würde?

Mit Hilfe der allmorgendlichen Übung bauen Sie ein festes Fundament, in dem Ihre Erwartungen an die Wirksamkeit der Methode und Ihr Glaube, die gewünschten Erfolge damit zu erzielen, fest verankert sind. Je stärker Ihre Überzeugung, um so weniger stehen Sie sich selbst im Weg, und um so sichtbarer wird das Ergebnis sein.

Walter Russel, der erst kürzlich verstorbene Mitentdekker des sogenannten schweren Wassers, einer Entdeckung, die das Atomzeitalter einleitete, erwiderte auf die Bemerkung eines Bewunderers, er müsse wohl über einen ungewöhnlich großen, starken Glauben verfügen: »Ich glaube überhaupt nicht, ich *weiß!*«

Auch Sie werden bald *wissen*. Im Augenblick erlernen Sie die bewußte Kontrolle über Alpha, die Sie in die Lage versetzt, sich selbst und andere zu heilen. Von da zur Lösung anderer Probleme ist es nur ein kleiner Schritt.

Ärzte und Krankenschwestern haben sich gleichermaßen in der Methode der Geisteskontrolle schulen lassen. Konzerne haben ihre Spitzenkräfte zu uns geschickt. Buchhalter, Ingenieure, Arbeiter, Lehrer, Eltern und Kinder haben gelernt, sich selbst zu helfen.

Das Silva-Geistestraining wird auch Ihnen helfen, Schwierigkeiten aller Art zu überwinden. Von den vielen Problemen aber, mit denen wir uns konfrontiert sehen, bieten sich Krankheiten deshalb als guter Einstieg in die Methode an, weil die Gehirnneutronen auf Gesundheit programmiert sind. Wenn Sie die Gesundheit anregen, werden sie unverzüglich mit Gesundheit reagieren.

12

Das Klima, in dem Heilung stattfindet

1. Schließen Sie die Augen, und richten Sie sie leicht augenbrauenwärts.
2. Zählen Sie langsam, ohne Hast, von fünfzig auf eins. Tun Sie es in Gedanken, und lassen Sie sich nach jeder Zahl eine Sekunde Zeit.
   A. Richten Sie Ihre Aufmerksamkeit, bei der Kopfhaut beginnend, auf die verschiedenen Körperteile und Muskelgruppen, und entspannen Sie diese in Abwärtsrichtung.
3. Wenn Sie bei eins angelangt sind, erzeugen Sie in der Vorstellung ein attraktives Bild von sich selbst, Gesundheit und Kraft ausstrahlend.
   A. Fragen Sie sich, warum Sie diese spezielle Krankheit haben. Lassen Sie die Gedanken umherschweifen.
   B. Wenn Sie hauptsächlich an eine bestimmte Person denken, stellen Sie sich diesen Menschen vor.
   C. Vergeben Sie einander in Ihrer Vorstellung. Stellen Sie sich vor, wie Sie sich die Hände schütteln oder umarmen. Lächeln Sie sich an, nicken Sie sich in gegenseitigem Einverständnis zu. Freuen Sie sich darüber.
4. Wiederholen Sie innerlich: »Mein Körper und mein Geist werden stets in jeder Hinsicht vollkommen gesund sein.«
5. Sagen Sie sich nun: »Ich zähle jetzt von eins bis fünf. Bei fünf werde ich die Augen öffnen. Ich werde mich gut und gesund fühlen, besser als vorher.«
6. Beginnen Sie zu zählen. Bei drei wiederholen Sie die Affirmation.
7. Zählen Sie weiter auf fünf. Öffnen Sie die Augen und be-

kräftigen Sie innerlich: »Ich bin hellwach. Ich fühle mich besser und gesünder als vorher, und so wird es auch bleiben.«

Diabetes

Der fünfundzwanzigjährige T. S. war Diabetiker und litt jahrelang an den vielen, mit dieser Krankheit verbundenen Komplikationen. Dann entschloß er sich dazu, es mit dem Silva-Geistestraining zu versuchen. Er berichtet:

Das ausschlaggebende Moment für den Besuch des Kurses war mein sich verschlechternder Gesundheitszustand. Nach zwanzig Jahren täglicher Insulininjektionen kam es plötzlich zu einer Häufung von Nebenwirkungen. Als erstes wurde eine Retinopathie festgestellt. Blutungen in den Augen führten zur vollständigen Erblindung des rechten Auges und einer starken Einschränkung der Sehfähigkeit des linken. Ich wurde dann an beiden Augen mit Laserstrahlen operiert, worauf sich im rechten Auge wieder ein gewisses Sehvermögen einstellte, das mit wirklichem Sehen allerdings nicht viel zu tun hat.*

Die Ärzte verboten mir jede Art von sportlicher Betätigung mit Ausnahme von Spazierengehen. Kein Laufen mehr, kein Turnen, kein Gewichtheben. Es traf mich härter als alles, was mir bisher widerfahren war. Ein Leben ohne Sport, das konnte ich mir nicht vorstellen. Immer und immer wieder dachte ich, warum nur, warum ich? Ich bin doch erst einundzwanzig Jahre alt.

Kurz darauf stellte sich Hypertonie ein. Die Ärzte versuchten, ihr mit hohen Dosen eines blutdrucksenkenden Medikaments sowie einem Diuretikum, einem harntreibenden Mittel, beizukommen. Sie erklärten mir, daß ich das blutdrucksenkende Medikament mit Rücksicht auf meine Augen nun

* Anm. d. Übs.: Bezeichnung für eine nicht entzündliche, degenerative Netzhaut-Erkrankung.

immer nehmen müsse. Hoher Blutdruck ist nicht nur ein Risikofaktor für die Herzkranzgefäße, in meinem Fall bedeutete es auch ein erhöhtes Risiko für meine Augen.

Als nächstes, ich war knapp dreiundzwanzig Jahre alt, begannen meine Nieren unter der dauernden, medikamentösen Belastung zu versagen. Eine Untersuchung ergab, daß sie nur noch zu fünfzig Prozent funktionierten, Tendenz fallend.

Mittlerweile bin ich fünfundzwanzig. Seit ich den Silva-Kurs besucht habe, geht mein Insulinbedarf Woche um Woche zurück, so, wie ich es programmiert habe. Ich verwende eine sogenannte Insulimpumpe, bei der dreimal täglich eine andere Dosis verabreicht wird. Nach einiger Zeit ging ich sogar dazu über, die Tageszeit für das Absinken des Insulinbedarfs zu programmieren, und auch das funktioniert! Zwischenzeitlich haben meine Ärzte die Dosis des blutdrucksenkenden Medikaments von selbst herabgesetzt. Außerdem programmiere ich nun eine Verbesserung meiner Sehkraft, ganz besonders, daß die Blutungen aufhören, denn bisher brauchte ich mich nur über etwas aufzuregen, um sie hervorzurufen.

Ich spiele wieder Tennis und fahre Rad, wenn auch mit Einschränkungen. Die Ärzte haben keine Erklärung für meine gesundheitlichen Fortschritte, aber sie sagen, was immer es auch sein mag, ich solle nur nicht damit aufhören.

T. S. ist ein gutes Beispiel für positives Denken. Er hätte wahrhaftig allen Grund, verbittert und verunsichert, ja von Ängsten geplagt zu sein, aber er ist es nicht, weil er entdeckt hat, daß der materiellen Welt eine geistige, ihm zugängliche Dimension zugrundeliegt. Angesichts seines alarmierenden Gesundheitszustandes war er im höchsten Maße sowohl motiviert als auch überzeugt davon, daß er seinen Insulinbedarf durch eine entsprechende Programmierung senken konnte. Er erwartete, daß die Programmierung das gewünschte Ergebnis erzeugen würde, und es geschah. Er hatte das bestmögliche Klima für einen Heilerfolg geschaffen.

Negatives Denken überwinden

Negative Gedanken erzeugen Probleme.

Positive Gedanken erzeugen Lösungen.

Negative Gedanken erzeugen ein vergiftetes geistiges Klima, das Krankheiten begünstigt.

Positives Denken erzeugt ein für die Wiederherstellung und Erhaltung der Gesundheit zuträgliches Klima.

Hinter negativem Denken verbergen sich Schuldgefühle, Sorgen, Unsicherheit, Angst, Eifersucht, Mißtrauen, Haß, Feindseligkeit, Wut, Verzweiflung, Hilflosigkeit, Trauer und nagende Selbstzweifel. Negativ zu denken bedeutet, aus dem Gleichgewicht zu sein und mit sich und der Welt im Argen zu liegen.

Positives Denken, das ist Liebe, Mitgefühl, Wertschätzung, Optimismus, Sicherheit, Courage, Hilfsbereitschaft, Großmut, Großzügigkeit, Wohlwollen, Geduld, Zielgerichtetsein. Positiv zu denken bedeutet, die Welt zu mögen, in Harmonie zu leben.

Die Liste der erwähnten Attribute ist keineswegs vollständig, aber das braucht sie auch gar nicht zu sein. Wirklich nötig ist nur, daß Sie sich negativer, innerer Faktoren bewußt werden. Unterdrücken Sie Schuldgefühle? Sie sind eine Ursache für Streß, wie alle anderen negativen, inneren Faktoren ebenfalls. Wenn wir sie zur Gewohnheit werden lassen, wird der Streß, den sie erzeugen, chronisch, und chronischer Streß hat schon viele Menschen auf dem Gewissen. Verantwortlich für Gewissensbisse ist in vielen Fällen das Gefühl, versagt zu haben, eine falsche Entscheidung getroffen zu haben oder sich nicht genug angestrengt zu haben. Sie aber zur (oft lieben) Gewohnheit werden zu lassen, bedeutet, fortwährend inneren Streß zu erzeugen. Aufgrund der körperchemischen Reaktionen, die Streß immer auslöst, werden schon bald die Abwehrkräfte des Körpers beeinträchtigt, das heißt, die physiologischen Reaktionen des Programms »Streß« intervenieren mit denen des Immunprogramms. Wenn die Körperabwehr in dieser Situation keine Verstärkung oder Verschnaufpause erhält, um sich neu zu formieren, kommt es unvermeidlich zum Kollaps des Systems.

Ein Mensch, der über einen längeren Zeitraum hinweg negative Gedanken und Einstellungen hegt und pflegt, veranlaßt, daß Streßhormone ausgeschüttet werden, die sich über die Blutbahn verteilen und die Abwehrtätigkeit der weißen Blutkörperchen hemmen, was zu erhöhter Krankheitsanfälligkeit führt. Im Gegensatz hierzu sind positive Einstellungen dem Leben gegenüber sowie ein positives Selbstverständnis stabilisierende Gesundheitsfaktoren. Man tut sich selbst und seiner Gesundheit also einen weitaus größeren Gefallen, wenn man in Übereinstimmung mit seinen inneren Überzeugungen handelt und nicht gegen sie. Nennen Sie es getrost ein Belohnungssystem der Natur. Wenn Sie richtig handeln, das heißt, im Einklang mit Ihren innersten Überzeugungen, ersparen Sie sich Selbstzweifel und Schuldgefühle und stärken Ihre Gesundheit. Handeln Sie in entgegengesetzter Weise, nimmt Ihre Gesundheit Schaden.

Immer wenn Ihr Gewissen Sie plagt, nehmen Sie sich Zeit, um zu entspannen.

Erzeugen Sie Alpha.

Analysieren Sie die Situation, die Ihnen Kopfschmerzen und Schuldgefühle bereitet. Beschließen Sie, es nicht wieder so weit kommen zu lassen. Zählen Sie von eins bis fünf, öffnen Sie die Augen. Sie werden sich garantiert besser fühlen.

Bereits die bloße Vorstellung einer Ungerechtigkeit, der Gedanke an unmoralisches oder ungesetzliches Handeln, die Versuchung, eine solche Tat auszuführen, kann einen Menschen krank machen.

Wenn Ihnen derartige Gedanken durch den Kopf gehen, werden Sie sich ihrer bewußt, und halten Sie inne. Schließen Sie die Augen, atmen Sie tief aus, richten Sie hinter geschlossenen Lidern die Augen leicht augenbrauenwärts, und erklären Sie sie mit dem innerlichen Befehl »ungültig, ungültig« für unwirksam. So unterbrechen Sie die belastende Gedankenkette, Streß braucht gar nicht erst zu entstehen.

Wenden Sie diese einfache Technik jedesmal an, wenn Sie in solche oder ähnliche Situationen geraten. Sie ist äußerst effektiv.

13

Die Notwendigkeit von Zuversicht und Glauben

1. Schließen Sie die Augen, und richten Sie sie leicht augenbrauenwärts.
2. Zählen Sie langsam, ohne Hast, von fünfzig auf eins. Tun Sie es in Gedanken, und lassen Sie sich nach jeder Zahl eine Sekunde Zeit.
   A. Richten Sie Ihre Aufmerksamkeit, bei der Kopfhaut beginnend, auf die verschiedenen Körperteile und Muskelgruppen, und entspannen Sie diese in Abwärtsrichtung.
3. Wenn Sie bei eins angelangt sind, erzeugen Sie in der Vorstellung ein attraktives Bild von sich selbst, Gesundheit und Kraft ausstrahlend.
   A. Fragen Sie sich, warum Sie diese spezielle Krankheit haben. Lassen Sie die Gedanken umherschweifen.
   B. Wenn Sie hauptsächlich an eine bestimmte Person denken, stellen Sie sich diesen Menschen vor.
   C. Vergeben Sie einander in Ihrer Vorstellung. Stellen Sie sich vor, wie Sie sich die Hände schütteln oder umarmen. Lächeln Sie sich an, nicken Sie sich in gegenseitigem Einverständnis zu. Freuen Sie sich darüber.
4. Wiederholen Sie innerlich: »Mein Körper und mein Geist werden stets in jeder Hinsicht vollkommen gesund sein.«
5. Sagen Sie sich nun: »Ich zähle jetzt von eins bis fünf. Bei fünf werde ich die Augen öffnen. Ich werde mich gut und gesund fühlen, besser als vorher.«
6. Beginnen Sie zu zählen. Bei drei wiederholen Sie die Affirmation.

7. Zählen Sie weiter auf fünf. Öffnen Sie die Augen und bekräftigen Sie innerlich: »Ich bin hellwach. Ich fühle mich besser und gesünder als vorher, und so wird es auch bleiben.«

Krank zu werden ist nicht schwer...

Man kann Krankheiten, wie Multiple Sklerose, Diabetes oder das Guillain-Barré-Syndrom nur schwer bestimmten Problemstellungen oder inneren Einstellungen zuordnen, wohingegen sich mit einiger Sicherheit sagen läßt, daß ein Mensch, der beispielsweise Gehör oder Augenlicht verliert, eine starke Abwehrhaltung aufrechterhält, das heißt, etwas Bestimmtes nicht mehr hören oder sehen will. Wir handeln uns Krankheiten auf ganz verschiedene Weise ein. Erbliche Belastung, Ansteckung durch Kontakt mit einem Kranken, Übertragung durch die Luft, verunreinigtes Wasser, Reaktion auf Lebensmittelzusätze oder die Umwelt belastende Schadstoffe können auslösende Momente sein, aber auch Mangel an gesundem Schlaf, körperlicher Bewegung, Vitaminmangel und andere Mangelerscheinungen.

Es gibt Menschen, die der Meinung sind, daß eine Krankheit für den Betroffenen durchaus nützlich sei, da sie eine Lektion beinhalte, die, wenn sie gelernt wird, zu einer segensreichen Erfahrung wird. Dem möchte ich widersprechen. Unser natürlicher Zustand ist Gesundheit, nicht Krankheit. Abweichungen, das heißt Krankheiten, sind weder schicksalhaft noch von einer äußeren, höheren Instanz geschickt, um uns etwas beizubringen, sondern unser eigenes Machwerk, von dem wir uns folgerichtig wieder befreien können. Wir sind für unsere Krankheiten, egal auf welchem Weg sie zu uns kommen, selbst verantwortlich, sogar mehr als uns lieb ist. Ich will jedoch an dieser Stelle jemanden zu Wort kommen lassen, der die entgegengesetzte Meinung vertritt. Schwester Elizabeth Reis unterrichtet die

Silva-Methode nun schon seit vielen Jahren und glaubt, daß Krankheiten in der Tat wichtige Lektionen sind. Sie berichtet:

Das Guillain-Barré-Syndrom ist eine wenig bekannte Krankheit und eine seltsame, einmalige Erfahrung, wenn man daran erkrankt. Was man durch Gebet, durch eine Methode wie dem Silva-Geistestraining, durch positives Denken, durch Überwinden von Angst und durch Glauben dagegen ausrichten kann, möchte ich hier schildern.

Am 23. August erhielt ich eine Einladung ins Kloster der Hl. Maria in Port Huron, Michigan, um dort mein Buch »Biblical Reflections« zu Ende zu schreiben. Die ersten beiden Kapitel waren bereits abgeschlossen, und ich stand, die Fortsetzung betreffend, an einer Art Scheideweg. Sollte ich mich auf die biblische Wahrheit beschränken oder einen Übergang zu universellen Wahrheiten wagen? Die zu treffende Entscheidung lastete mir auf der Seele, denn als christliche Ordensschwester, die zudem eine Methode der Geistesschulung unterrichtet, war ich oft angegriffen worden, weil in den Augen vieler Menschen beides sich nicht miteinander vereinbaren läßt.

Am Mittwoch, dem 25. August, beteten wir abends um eine Antwort. Als ich tags darauf aufwachte, mußte ich feststellen, daß ich doppelt sah. Am späten Vormittag konnte ich bereits nicht mehr gehen, und um Mitternacht desselben Tages war ich vollständig gelähmt. Sah so die Antwort auf unsere Gebete aus? »Bittet, so wird euch gegeben«, heißt es doch, »suchet, und ihr werdet finden.«

Ich wurde ins Mercy Krankenhaus in Port Huron eingeliefert. Den ganzen Tag über wurde ich untersucht, sogar Computertomographien wurden erstellt. Bis zum Abend lagen mehrere Diagnosen vor, die alle auf das Guillain-Barré-Syndrom hindeuteten, einer Viruserkrankung, die über die Wirbelsäule das Nervensystem angreift. Ich konnte keinen einzigen Muskel mehr bewegen, nicht einmal die Augen. Ob ich durch eine innere Vision Klarheit erhalten sollte?

Sechs Ordensschwestern wachten und beteten rund um

die Uhr an meinem Krankenbett, unterstützt von Freunden und ehemaligen Silva-Kursteilnehmern. Ihre Energie und Gegenwart gaben mir Kraft. Ich empfand weder Angst, noch litt ich unter unerträglichen Schmerzen. Jahre des Gebets und der Übung in der Silva-Methode hatten mich gelehrt, mich ganz selbstverständlich zu entspannen und machten sich nun durch einen regelmäßigen Puls, Blutdruck und normale Temperatur bemerkbar. Ich brauchte nicht eigens darauf hinzuarbeiten, ich hatte mir die Übung zur täglichen Routine gemacht und sie in den verschiedensten Situationen angewendet. Als eines Tages eine Krankenschwester meinen Puls maß, bemerkte sie, daß er schwächer als sonst sei. Ich bat sie, mir einen Augenblick Zeit zu geben und dann ein zweites Mal zu messen, entspannte mich und siehe da, sogleich hatte er sich stabilisiert.

Da die Halsmuskulatur gelähmt war, bestand die Gefahr einer Lungeninfektion. Meine Freunde spülten und pinselten mir rund um die Uhr Mund und Rachen aus, wodurch das Schlimmste verhindert wurde. Der Schleim mußte abgesaugt werden, aber ich benötigte kein Atemgerät. All dies war ungewöhnlich für den Verlauf dieser Krankheit, die zwischen sechs Monaten und mehreren Jahren dauern kann. Nach dreißig Tagen wurde ich, begleitet von den Glückwünschen meiner Ärzte, entlassen. Ich konnte gehen, sprechen, sogar fliegen, Beweis genug für die Wirksamkeit dessen, was José Silva heilende Energie nennt, ein Christ wie ich die Kraft glaubenden Gebets. Die Zeit meiner Krankheit war eine so einmalige Erfahrung, daß ich sie meine »Dreißig-Tage-Klausur« nenne. Die ersten zehn Tage war ich vollständig gelähmt und konnte nicht einmal die Augen bewegen. Danach wurde ich nach Borgess verlegt, dem Schwesternkrankenhaus in Kalamzoo, wo ich zehn Tage lang eine gezielte Physiotherapie erhielt. Wir trafen dort am Sonntag nachmittag, dem 5. September, ein. Am Montag früh begann die Therapie, am Abend konnte ich bereits die Arme wieder bewegen und aufrechtstehen. Wer den eher zäh verlaufenden, langwierigen Genesungsprozeß dieser Krankheit kennt, weiß um so mehr die Kraft der Entspannung und des Gebets zu schätzen.

Noch während der Physiotherapie bereitete ich meine Rückkehr nach Nazareth vor, wo ich mich in die Obhut der Ärzte auf der Pflegestation unseres Schwesternheims begab.

Es folgten weitere zehn Tage voller Liebe, aufmerksamer Pflege und Physiotherapie. Jetzt habe ich fast die volle Kontrolle über meinen Körper wiedergewonnen, einzig die Koordination der Augen läßt noch zu wünschen übrig. Bisweilen fühle ich mich wie jener Mann im Evangelium, der Menschen »wie wankende Bäume« einhergehen sah. Aber mit ein wenig Geduld wird sich auch das Sehvermögen wieder normalisieren.

Die Frage, die sich mir nun stellte, lautete: Was habe ich aus meiner Krankheit gelernt, und wie kann ich diese Erfahrung, wenn überhaupt, mitteilen? Ich hatte mich verändert, und auch mein Buch würde mit Sicherheit einen neuen Kurs nehmen.

Ich betrachte die Krankheit weder als von Gott auferlegte Prüfung noch als teuflische Versuchung. Ich hatte darum gebeten, physischen Schmerz verstehen zu können. Emotionelles Leid und geistiger Schmerz waren mir nicht fremd, es fiel mir nicht schwer, Menschen zu helfen, die sich mir mit derartigen Problemen anvertrauten. Krankheiten jedoch waren mir, der ich in meinem Leben von Beschwerden jeglicher Art verschont geblieben war, unverständlich. Ich bin Gott dankbar für diese einmalige Erfahrung, die mir gezeigt hat, daß jeder Mensch auf seine Weise lernt.

Heilung ist kein Zufall, sondern der natürliche Lauf der Dinge. Wenn man nicht in ihn eingreift, »funktioniert« es in wunderbarer Weise. Heilung ist auch ein universelles Prinzip, das durch Gebet und die heilenden Gedanken vieler Menschen verstärkt werden kann, und vielleicht verdeutlicht diese Geschichte, wie sehr die Leben aller miteinander verwoben sind. Keiner ist allein, wir sind einer des anderen »Hüter«, mehr noch, wir sind die anderen. Ihre Energie und meine sind nicht verschieden voneinander, denn wir schöp-

fen alle aus derselben Quelle. Das ist nach meinem Verständnis als Christ der Inhalt des Evangeliums.

Die Erfahrung von Schwester Elizabeth, die in der Zwischenzeit ihre Lehrtätigkeit wieder aufgenommen hat, hat vielen Menschen als wegweisendes Beispiel gedient. Der Glaube an Gott ist sicherlich ein starker Gesundheitsfaktor, wie auch eine liebevolle Umgebung. Fühlen wir uns allein, empfinden wir Belastungen und Krankheiten als besonders bedrückend und erfahren Schmerz und Streß in viel größerem Maß. Eine Lebensanschauung oder Religion, die ein höheres Selbst, eine höhere Intelligenz, ein höheres Prinzip, oder wie immer Sie es nennen wollen, erkennt, mindert Streß; Liebe und Geborgenheit in einer Familie ebenfalls. Aus diesem Grund sind beide Faktoren für die Genesung von einer Krankheit von unschätzbarem Wert.

14

Innere Ruhe finden

1. Schließen Sie die Augen, und richten Sie sie leicht augenbrauenwärts.
2. 2A, 3A, 3B und 3C sind Ihnen freigestellt. Zählen Sie langsam, ohne Hast, von fünfzig auf eins. Tun Sie es in Gedanken, und lassen Sie sich nach jeder Zahl eine Sekunde Zeit.
   A. Richten Sie Ihre Aufmerksamkeit, bei der Kopfhaut beginnend, auf die verschiedenen Körperteile und Muskelgruppen, und entspannen Sie diese in Abwärtsrichtung.
3. Wenn Sie bei eins angelangt sind, erzeugen Sie in der Vorstellung ein attraktives Bild von sich selbst, Gesundheit und Kraft ausstrahlend.
   A. Fragen Sie sich, warum Sie diese spezielle Krankheit haben. Lassen Sie die Gedanken umherschweifen.
   B. Wenn Sie hauptsächlich an eine bestimmte Person denken, stellen Sie sich diesen Menschen vor.
   C. Vergeben Sie einander in Ihrer Vorstellung. Stellen Sie sich vor, wie Sie sich die Hände schütteln oder umarmen. Lächeln Sie sich an, nicken Sie sich in gegenseitigem Einverständnis zu. Freuen Sie sich darüber.
4. Wiederholen Sie innerlich: »Mein Körper und mein Geist werden in jeder Hinsicht stets vollkommen gesund sein.«
5. Sagen Sie sich nun: »Ich zähle jetzt von eins bis fünf. Bei fünf werde ich die Augen öffnen. Ich werde mich gut und gesund fühlen, besser als vorher.«
6. Beginnen Sie zu zählen. Bei drei wiederholen Sie die Affirmation.

7. Zählen Sie weiter auf fünf. Öffnen Sie die Augen und bekräftigen Sie innerlich: »Ich bin hellwach. Ich fühle mich besser und gesünder als vorher, und so wird es auch bleiben.«

In unseren Tagen sind wir Zeugen eines Bewußtseinswandels, der sich in der wachsenden Anerkennung der Tatsache äußert, daß wir uns nicht nur krankmachen, sondern auch heilen können. Noch vor wenigen Jahren wäre es undenkbar gewesen, beispielsweise Krebsforschung anders als mit den Methoden der Schulmedizin zu betreiben. Ende 1984 jedoch veröffentlichte der American Cancer Research Fund eine Zusammenfassung der bisher bekannten Auswirkungen von Streß auf Krebs, »weil«, so hieß es einleitend, »eine ganze Reihe von Untersuchungen ergeben haben, daß ein starker Zusammenhang zwischen verschiedenen Formen von Streß und dem Auftreten von Krebs besteht.« Im besonderen wurde auf drei Studien Bezug genommen:

1. Dr. William H. Green von der Universität in Rochester, New York, beobachtete und untersuchte das Leben dreier Zwillingspaare. Jeweils einer der Zwillinge aus jedem Paar durchlebte große, innere Nöte und erkrankte in relativ kurzer Zeit an Leukämie, während der »streßfreie« Zwilling gesund blieb.
2. Dr. H. J. F. Baltrush berichtete vor dem 3. Internationalen Symposium zur Erkennung und Vermeidung von Krebserkrankungen, er sei nach genauer Auswertung von achttausend Krebsfällen zu dem Ergebnis gekommen, daß die meisten Patienten zu einem Zeitpunkt schwerer, existentieller Krisen an Krebs erkrankten, wie etwa durch den Verlust eines geliebten Menschen, eine schmerzliche Trennung und andere schmerzliche Erfahrungen.
3. Unabhängig voneinander durchgeführte Studien von Dr. Caroline B. Thomas, John Hopkins Krebszentrum, und Dr. René C. Mastrovito, Memorial Sloan Kettering

Krebszentrum, ergaben, daß Menschen, die ihre Emotionen »in sich hineinfressen«, besonders krebsgefährdet sind.

Es ist eine ermutigende Entwicklung, die nun auch die heilenden Fähigkeiten des Geistes in das Bewußtsein der Ärzte rückt, wenngleich der Weg bis zu einer völligen Akzeptanz mit all ihren Konsequenzen noch sehr weit sein dürfte. Gleichviel ist das neue Bewußtsein nicht auf die Medizin beschränkt. Es findet zunehmend Eingang in all jene Bereiche, in denen man Wert auf Kreativität, Erkenntnisfähigkeit und Intuition legt, unter anderem auch in die Erziehung.

Wie Sie das innere Gleichgewicht wiederherstellen

N. B. und ihr Mann waren auf dem Weg zur Arbeit, als der Wagen vor ihnen plötzlich bremste. Sie berichtet:

Um Zeit zu sparen, frühstückte ich im Auto. Da mußte mein Mann unversehens scharf bremsen. Mein Kopf wurde gegen das Armaturenbrett geschleudert, Cornflakes und Milch landeten auf meinem Kleid, dem Sitz…«

Glücklicherweise konnte ein Unfall vermieden werden, dennoch mußte das Ehepaar nach Hause zurückfahren, um sich umzuziehen. N. B. rief im Büro an, daß sie sich verspäten würde. Trotz des glimpflichen Ausgangs stand sie unter leichtem Schock, ihre Nerven waren zum Zerreißen gespannt. Mit Hilfe der Silva-Methode gelang es ihr, sich zu entspannen. Sie erzeugte Alpha, löste ihre negativen Gefühle auf und ersetzte sie durch positive Affirmationen:

Ich bin dankbar dafür, daß ich nicht verletzt bin. Es entsteht mir keinerlei Schaden daraus. Ich kann meinen Pflichten nachgehen so wie immer, mein Mann ebenfalls. Meine Nerven beruhigen sich, ich werde ruhiger und fühle mich besser. Wenn ich bei fünf die Augen öffne, werde ich mich besser fühlen als vorher.

Noch während des Zählens verspürte ich eine positive Veränderung. Auch mein Mann sah es mir an. Er mußte mir weder die Tasche tragen noch mich bemitleiden. Anstatt über den Vorfall zu jammern, ließ ich ihn los. Er war richtig stolz auf mich.

Sie können ebenso wie N. B. handeln, wenn Sie unter Druck geraten. Erzeugen Sie Alpha, und geben Sie der Situation einen positiven Impuls. Betrachten Sie das Glas Ihres Lebens nicht als halb leer, sondern als halb voll. Stellen Sie durch eine entsprechende Programmierung Ihr inneres Gleichgewicht wieder her, und nehmen Sie sich vor, Nutzen aus der Erfahrung zu ziehen.

Machen Sie es sich zur Gewohnheit, Streß aufzulösen, sobald er auftritt, und das innere Gleichgewicht wiederherzustellen. Überdenken Sie abends den zurückliegenden Tag, und machen Sie sich die Augenblicke bewußt, in denen Sie Streß empfunden haben, besonders jene, in denen Sie sich Ihren Mitmenschen gegenüber kleinlich, ungerecht oder teilnahmslos verhalten haben. Fassen Sie den Entschluß, Ihr Verhalten zu ändern. Wenn Sie jemandem Ihre Hilfe versagt haben, nehmen Sie sich vor, dieser Person am nächsten Tag konkret zu helfen. Ziehen Sie auf diese Weise regelmäßig Bilanz. Sie werden davon profitieren.

Biofeedback und Streßkontrolle

Mit Hilfe von Biofeedbackgeräten gemessene, physiologische Zustände sind Indikatoren unserer geistigen Verfassung, weswegen Biofeedback* hervorragend geeignet ist,

* Anm. d. Übs.: Biofeedback heißt wörtlich biologische Rückmeldung und bezieht sich auf mit Hilfe elektronischer Geräte verstärkte, meßbare physiologische Funktionen, die dadurch unter willentliche Kontrolle gebracht werden können.

um innere Zustände zu beeinflussen und gleichzeitig festzustellen, ob die gewünschte Veränderung auch tatsächlich eingetreten ist. Beispielsweise läßt sich sofort klären, ob man tatsächlich Alpha erreicht hat, ehe man zu visualisieren beginnt, und ob die Entspannung tief genug ist, um Streß abzubauen.

Ein einfaches Biofeedbackinstrument ist das Fieberthermometer. Es mißt zwar nicht den Grad der Entspannung, liefert aber eine wertvolle Information über die augenblickliche Körpertemperatur. Um den Grad der Entspannung zu messen, bedarf es zweier Biofeedbackgeräte: ein Hautwiderstandsmeßgerät, auch Galvanometer genannt, und ein Elektroenzephalograph, der die Gehirnströme mißt.

Den Silva-Kursteilnehmern stehen beide Geräte zur Verfügung. Mit Hilfe des galvanischen Hautwiderstandsmessers, bei dem die Gehirnströme unberücksichtigt bleiben, läßt sich der tatsächliche Entspannungszustand feststellen. Ich habe unser Gerät so geeicht, daß die Audiosignale dann am langsamsten sind, wenn die Person eine tiefe Entspannung erreicht. Es ist den Studenten also möglich, ihre Übung, falls nötig, zu korrigieren oder zu wiederholen, um sich wirklich zu entspannen, da sie eine hörbare Rückmeldung erhalten.

Um die Alphafrequenz sichtbar zu machen, ist ein Elektroenzephalograph vonnöten, ein genaueres, aber auch aufwendigeres und kostspieligeres Biofeedbackgerät. Die Elektroden werden hier direkt am Kopf angebracht, und ein visuelles oder hörbares Signal meldet das Erreichen der Alphafrequenz. Wiederum haben die Teilnehmer die Möglichkeit, festzustellen, wann sie in der gewünschten Art und Weise entspannt sind. Beim Rückwärtszählen können sie beispielsweise entscheiden, ob es wirkungsvoller ist, die Zahlen im Geiste aufzusagen oder sie sich bildlich vorzustellen. Sie können sofort entscheiden, welche Szenerie in ihrem speziellen Fall wirkungsvoller ist, ein verwunschener See oder die Hängematte im Garten. Zudem finden sie relativ schnell heraus, welche Methode der progressiven Entspannung bei ihnen »greift«: ob es ausreicht, den inneren Befehl zum Entspannen der Schulterpartie zu geben, oder ob es wirkungsvoller ist, die Schulter wirklich hin und her zu bewegen, um sie zu entspannen. Diese Fragen werden durch die Audiosignale bzw. durch das visuelle Signal rasch beantwortet.

Der größte Vorteil dieser Methode liegt darin, daß man sieht und hört, wie sich während des Rückwärtszählens, Entspannens und Visualisierens tatsächlich etwas verändert. Wenn Sie sich dauernd fragen, ob oder wie entspannt Sie sind, bewirken Sie das genaue Gegenteil von Entspannung. Biofeedbackgeräte sind eine objektive Rückversicherung für jeden Anwender von Entspannungstechniken und leisten somit einen wichtigen Beitrag bei deren Erlernung. Nun bedeutet Entspannung Streßkontrolle, nicht aber Streßfreiheit. Biofeedback ist zwar geeignet, um Streß, nachdem er aufgetreten ist, wieder abzubauen, nicht aber um zu verhindern, daß Streß entsteht. Um dies zu bewerkstelligen, ist es nötig, in Alpha der Gesundheit dienliche Entscheidungen zu treffen und entsprechende Korrekturen vorzunehmen.

15

Negativität auflösen

1. Schließen Sie die Augen, und richten sie sie leicht augenbrauenwärts.
2. 2A, 3A, 3B und 3C sind Ihnen freigestellt. Zählen Sie langsam, ohne Hast, von fünfzig auf eins. Tun Sie es in Gedanken, und lassen Sie sich nach jeder Zahl eine Sekunde Zeit.
   A. Richten Sie Ihre Aufmerksamkeit, bei der Kopfhaut beginnend, auf die verschiedenen Körperteile und Muskelgruppen, und entspannen Sie diese in Abwärtsrichtung.
3. Wenn Sie bei eins angelangt sind, erzeugen Sie in der Vorstellung ein attraktives Bild von sich selbst, Gesundheit und Kraft ausstrahlend.
   A. Fragen Sie sich, warum Sie diese spezielle Krankheit haben. Lassen Sie die Gedanken umherschweifen.
   B. Wenn Sie hauptsächlich an eine bestimmte Person denken, stellen Sie sich diesen Menschen vor.
   C. Vergeben Sie sich in Ihrer Vorstellung. Stellen Sie sich vor, wie Sie sich die Hände schütteln oder sich umarmen. Lächeln Sie sich an, nicken Sie sich in gegenseitigem Einverständnis zu. Freuen Sie sich darüber.
4. Wiederholen Sie innerlich: »Mein Körper und mein Geist werden in jeder Hinsicht stets vollkommen gesund sein.«
5. Sagen Sie sich nun: »Ich zähle jetzt von eins bis fünf. Bei fünf werde ich die Augen öffnen. Ich werde mich gut und gesund fühlen, besser als vorher.«
6. Beginnen Sie zu zählen. Bei drei wiederholen Sie die Affirmation.

7. Zählen Sie weiter auf fünf. Öffnen Sie die Augen und bekräftigen Sie innerlich: »Ich bin hellwach. Ich fühle mich besser und gesünder als vorher, und so wird es auch bleiben.«

Untersuchungen haben ergeben, daß depressive Menschen in hohem Maß für Krebs und Viruserkrankungen, wie zum Beispiel Herpes, anfällig sind. Wenn die Depression vorüber ist, kann das befreite Immunsystem wieder normal arbeiten, und die Anfälligkeit geht zurück. Die genaue Funktionsweise solcher Mechanismen wird von Biochemikern und Immunologen erforscht, die heute in der Lage sind, aufgrund von beobachtbaren Kettenreaktionen Verbindungsbahnen zwischen Gehirn und Immunsystem aufzuzeigen.

Die Silva-Methode gründet sich nicht nur auf die Tatsache, daß es solche Verbindungswege gibt, sondern auch darauf, daß physiologische Funktionen steuerbar sind. Die Kontrolle über die Alpha-Gehirnwellenfrequenz ermöglicht es dem Anwender, das Immunsystem und alle anderen lebenswichtigen Systeme und Organe sowie Gemütsverfassungen günstig zu beeinflussen.

Es liegt ganz an uns, ob diese Welt für den Menschen und andere Lebensformen ein lebenswerter Ort bleibt oder nicht. Jeder Schritt in diese Richtung ist auch bereits ein Stück Verwirklichung, von der wir alle direkt profitieren. Denken wir also positiv statt negativ, konstruktiv statt destruktiv. Gegenteiliges Denken und Handeln resultiert immer in Leid. Leid aber schwächt unsere Abwehrkräfte, und schon bald erliegen wir winzigsten Bazillen. Eine Strafe, so heißt es, sei dem Vergehen angemessen. Wenn wir destruktiv denken, wird sich die Negativität über kurz oder lang Ausdruck verschaffen.

Das ganze Ausmaß negativen Denkens zeigt sich an der Natur der Störung, die es in unserem Körper verursacht. Da wird ein Gefühl in Worte gefaßt, und schon reagiert der Körper. Worte können umgangen werden, und in der Tat geben wir ebenso viele nicht-verbale Befehle wie verbale.

Ständige Reibung – zum Beispiel die einer Pfeife an den Lippen eines passionierten Rauchers – kann zu Krebs führen. Das gilt auch für ständige, zwischenmenschliche Reibung, zum Beispiel mit einem unnachgiebigen Chef oder einer »unmöglichen« Schwiegermutter. Und wer sich nach einem unerreichbaren Ziel verzehrt, erkrankt vielleicht an Schwindsucht oder Tuberkulose. Versteckter Frust kann sich als Psoriasis äußern, Enttäuschung über mangelndes Vorankommen als Fuß- oder Kniebeschwerden. Geschäftliche Sorgen oder chronischer Streß können Sie in Form von Geschwüren im wahrsten Sinne des Wortes empfindlich im Magen treffen.

Glücklichsein ist Medizin

Für gewöhnlich bereitet es uns keine allzugroßen Schwierigkeiten, den Zusammenhang zwischen negativen Gedanken oder Emotionen und ihren negativen physischen Auswirkungen zu erkennen. Ausgehend davon, daß die Strafe (Krankheit) dem Vergehen (Negativität) angemessen ist, kann jeder Betroffene, der sich ehrlich erforscht, zu wichtigen Hinweisen darüber gelangen, welche Gedanken sein bestimmtes Problem verursachen. Später, wenn Sie gelernt haben, in Alpha zu verweilen, werden Sie nicht nur die eigenen, für Ihre Krankheit mitverantwortlichen Gedanken und Emotionen direkt erkennen, sondern auch die anderer Menschen. Darauf werde ich noch zu sprechen kommen.

Musik kann wie Medizin wirken, Freude und Heiterkeit sind als Therapie unübertroffen. Tatsächlich gibt es »Lachseminare« für Schwerkranke. Spätestens seitdem Norman Cousins, der Herausgeber des *Saturday Review,* sich von einer unheilbaren Krankheit kurierte, indem er das Krankenhaus verließ und mit einem Stapel humoristischer Bücher, Comichefte, Lach-Schallplatten und anderen »Hilfsmitteln« in ein Hotel zog, wird Lachen als Medizin von uns

Amerikanern ernst genommen und seine Wirkung genau untersucht.

Glaube, Liebe, Harmonie und Humor haben eines gemeinsam – sie wurzeln im Geist. Wenn Sie in der Lage sind, Alpha zu erzeugen und mit dem Geist zu arbeiten, haben Sie alles in der Hand, was nötig ist, um Ihre Gesundheit wieder auf Vordermann zu bringen.

Fassen wir die bisher besprochenen Anwendungen noch einmal kurz zusammen, die ein der Gesundheit zuträgliches Klima schaffen:

Umgang mit negativen Gedanken und Emotionen

Halten Sie inne. Schließen Sie die Augen, richten Sie sie leicht augenbrauenwärts. Atmen Sie tief ein und aus. Erklären Sie sie mit dem inneren Befehl »ungültig, ungültig« für unwirksam. Öffnen Sie die Augen.

Wenn etwas, das Sie tun, Sie in Konflikte stürzt, halten Sie inne. Erzeugen Sie Alpha. Identifizieren und analysieren Sie die zweifelhafte Tätigkeit. Fassen Sie den Entschluß, den Schaden zu reparieren und es nicht wieder so weit kommen zu lassen. Zählen Sie von eins bis fünf, ganz so, wie Sie es am Ende der morgendlichen Entspannungsübung tun.

Umgang mit Alltagsstreß

Erzeugen Sie vor dem Einschlafen Alpha. Lassen Sie den Tag Revue passieren. Fragen Sie sich, wo Sie mit sich unzufrieden sind, weil Sie anders gehandelt haben als recht gewesen wäre, und wo Sie möglicherweise Schuldgefühle empfinden. Fassen Sie den Entschluß, gleich morgen etwas dagegen zu tun. Auch wenn Sie etwas unterlassen haben, fassen Sie den Entschluß, gleich am folgenden Tag die nötigen Schritte zu unternehmen. Schlafen Sie ein. Am Morgen wiederholen Sie die Übung. Zählen Sie in der gewohnten Weise von eins bis fünf.

Wirken Sie an Ihrer Heilung mit

Erzeugen Sie Alpha. Begeben Sie sich in der Vorstellung an die kranke Stelle. Führen Sie eine Heilbehandlung durch, beheben Sie das Problem vollständig. Sehen Sie sich bei bester Gesundheit. Zählen Sie von eins bis fünf, und bekräftigen Sie die Heilung.

16

Schmerz und Hypnose

1. Schließen Sie die Augen, und richten Sie sie leicht augenbrauenwärts.
2. 2A, 3A, 3B und 3C sind Ihnen freigestellt. Zählen Sie langsam, ohne Hast, von fünfzig auf eins. Tun Sie es in Gedanken, und lassen Sie sich nach jeder Zahl eine Sekunde Zeit.
   A. Richten Sie Ihre Aufmerksamkeit, bei der Kopfhaut beginnend, auf die verschiedenen Körperteile und Muskelgruppen, und entspannen Sie diese in Abwärtsrichtung.
3. Wenn Sie bei eins angelangt sind, erzeugen Sie in der Vorstellung ein attraktives Bild von sich selbst, Gesundheit und Kraft ausstrahlend.
   A. Fragen Sie sich, warum Sie diese spezielle Krankheit haben. Lassen Sie die Gedanken umherschweifen.
   B. Wenn Sie hauptsächlich an eine bestimmte Person denken, stellen Sie sich diesen Menschen vor.
   C. Vergeben Sie einander in Ihrer Vorstellung. Stellen Sie sich vor, wie Sie sich die Hände schütteln oder umarmen. Lächeln Sie sich an, nicken Sie sich in gegenseitigem Einverständnis zu. Freuen Sie sich darüber.
4. Wiederholen Sie innerlich: »Mein Körper und mein Geist werden in jeder Hinsicht stets vollkommen gesund sein.«
5. Sagen Sie sich nun: »Ich zähle jetzt von eins bis fünf. Bei fünf werde ich die Augen öffnen. Ich werde mich gut und gesund fühlen, besser als vorher.«
6. Beginnen Sie zu zählen. Bei drei wiederholen Sie die Affirmation.

7. Zählen Sie weiter auf fünf. Öffnen Sie die Augen und bekräftigen Sie innerlich: »Ich bin hellwach. Ich fühle mich besser und gesünder als vorher, und so wird es auch bleiben.«

Wenn Sie den Alphazustand bewußt erzeugen und aufrechterhalten können, sind Sie in der Lage, Schmerzen zu lindern, Blutungen zum Stillstand zu bringen und generell den Heilungsprozeß zu beschleunigen. Sie können sogar Einfluß auf die Wirksamkeit eines Medikaments nehmen. Sie können sich von chronischem Schmerz befreien. Und nicht zuletzt können Sie die Schmerzen einer anderen Person lindern und deren Heilung beschleunigen, selbst wenn diese Person sich nicht in Ihrer Nähe aufhält.

In dem Maß, wie Sie die Kontrolle über Alpha erlangen, lassen sich die eben genannten Fähigkeiten entwickeln, und genau das werden wir in diesem und den folgenden Kapiteln tun. Wir werden lernen, unsere Gedanken für uns arbeiten zu lassen, nicht gegen uns, und Gesundheit statt Krankheit bewirken.

Hypnose und Mesmerismus

Rezeptfreie Schmerzmittel sind in der heutigen Zeit eine Selbstverständlichkeit. Früher war das nicht der Fall. Da wurde mit einer Flasche hochprozentigen Alkohols und mit einigen kräftigen Männern operiert. Der Patient trank den Alkohol, und die Männer hielten ihn an Armen und Beinen fest, während der Arzt den Eingriff vornahm.

Anfang des 18. Jahrhunderts reiste ein englischer Arzt namens Esdaile mit einem Team von ausgebildeten Assistenten, sogenannten Magnetiseuren, nach Indien, um die von Mesmer begründete magnetische Heilweise in einer Reihe von Versuchen zu testen. Er demonstrierte, daß Versuchspersonen unter den Händen der Magnetiseure in eine

Art narkotisierten Zustand fielen, wenn diese mit den Händen ein paar Zentimeter über deren Körper hinwegstrichen. So waren operative Eingriffe möglich, ohne den Patienten vorher alkoholisieren und festhalten zu müssen. Auch die Verabreichung anderer Narkosemittel erübrigte sich. Esdaile machte aber noch eine weitere erstaunliche Beobachtung. Die streichenden Bewegungen der Magnetiseure schienen auch eine antiseptische Wirkung zu haben, denn bei den so behandelten Patienten traten weniger Wundinfektionen auf als bei Patienten, die auf die herkömmliche Weise narkotisiert und operiert worden waren. Tatsächlich verhält es sich so, daß die Gehirnwellen der Magnetiseure während der streichenden Bewegungen in einen langsameren Rhythmus übergehen, nämlich in die uns bekannte Alphafrequenz. Der durch die Hände der Magnetiseure stattfindende Energietransfer scheint im Körper des Patienten Veränderungen im subatomaren Bereich zu bewirken, wodurch die Gefühllosigkeit ausgelöst wird.

Ich habe selbst eine Reihe von Operationen, die nach der Mesmerschen Methode durchgeführt wurden, aufmerksam verfolgt. In einem Fall wurde dem Patienten, der nicht einmal eine Lokalanästhesie erhalten hatte, ein Geschwür am Arm entfernt. Er empfand keine Schmerzen, und obwohl die chirurgischen Instrumente nicht sterilisiert gewesen waren, kam es nicht zu einer Wundinfektion.

Mesmerismus und Hypnose haben manche Gemeinsamkeit. So läßt sich auch die Hypnose als Anästhesiemethode einsetzen. Schriftlich dokumentierte Versuche dieser Art sind uns von einem weiteren englischen Arzt aus Indien bekannt, der, nachdem er Fakire auf ihren Nagelbetten hatte liegen sehen, eine eigene Hypnosetechnik entwickelte und mit Erfolg anwendete. Als er sie jedoch einem Ärztegremium vorstellte, standen seine Kollegen, so wird berichtet, empört auf und behaupteten, so etwas wie Hypnose gäbe es gar nicht, seine Patienten täten nur, was er von ihnen verlange. Ihre innere Abwehr war so groß, daß er sie durch nichts vom Gegenteil überzeugen konnte.

Die Hypnose ist eine perfekte Anästhesiemethode. Sie verursacht keine der schädlichen Nebenwirkungen oder allergischen Reaktionen, wie sie bei chemischen Narkotika auftreten, und kann sowohl zur Lokalanästhesie wie auch zur Ganzanästhesie verwendet werden. Die Betäubung wird aufgrund eines verbalen Befehls erzeugt, der vom Gehirn empfangen und an den Körper weitergeleitet wird, der nun die körpereigenen, schmerzlindernden chemischen Stoffe, die Endorphine, an den bezeichneten Ort aussendet und dort die gewünschte Schmerzunempfindlichkeit erzeugt. Endorphine lindern aber nicht nur Schmerzen, sie sind auch für unsere natürlichen Gefühle wie Freude und Euphorie verantwortlich.

Im Verlauf des zweiunddreißigstündigen Trainingsprogramms üben sich die Teilnehmer unter anderem in einer einfachen Hypnosetechnik. Die Aufgabe besteht darin, ein taubes Gefühl in einer Hand zu erzeugen – bei Rechtshändern in der linken, bei Linkshändern in der rechten. Die betreffende Hand wird in der Vorstellung in einen Eimer mit eiskaltem Wasser gehalten. Nach einigen Minuten, so lange muß diese Vorstellung aufrechterhalten werden, wird die Hand aus dem imaginären Kübel gezogen und durch Zwikken auf ihre Gefühllosigkeit hin getestet. Den meisten gelingt es schon beim ersten Versuch, das Gefühl der Taubheit zu erzeugen. Wer nur wenig oder gar keine Veränderung verspürt, wiederholt den Versuch, um seine Visualisierung zu verbessern. Wenn die Hand sich taub anfühlt, wird sie auf eine schmerzende Stelle gelegt und das Gefühl der Schmerzunempfindlichkeit wird im Geiste auf diese Stelle übertragen. Der Körper reagiert darauf, indem er schmerzlindernde Endorphine eben dorthin schickt. Ergebnis: Der Schmerz verschwindet.

Bis jetzt haben Sie an Ihrer Tiefenentspannung gearbeitet und Ihre Fähigkeit, klar und realistisch zu visualisieren, geschult. Wie die Seminarteilnehmer auch, sollten Sie in der Lage sein, ein Gefühl der Taubheit in der Hand zu erzeugen. Hier sind die einzelnen Schritte:

1. Nehmen Sie auf einem Stuhl mit gerade Lehne Platz. Schließen Sie die Augen, richten Sie sie leicht augenbrauenwärts, und zählen Sie sich rückwärts in Alpha.
2. Vertiefen Sie die Entspannung durch einen zusätzlichen Countdown von hundert auf eins.
3. Wenn Sie Rechtshänder sind, lassen Sie die linke Hand seitlich in einen imaginären Eimer mit eiskaltem Wasser gleiten. Spüren Sie, wie die Finger durch eine dünne Eisschicht stoßen? Erinnern Sie sich an eine Situation, in der Sie vielleicht tatsächlich einmal eiskaltes Wasser gefühlt haben.
4. Lassen Sie die Hand in der Vorstellung fünf Minuten lang in dem Eiswasser. Sie wird immer kälter und tauber.
5. Ziehen Sie die Hand heraus, und testen Sie den Grad der Gefühllosigkeit durch Zwicken mit der anderen Hand.
6. Massieren Sie die taube Hand. Bekräftigen Sie innerlich, daß sie sich nun wieder normal anfühlt.
7. Denken Sie daran, daß Sie sich das eben erlebte taube Gefühl künftig nur in die Erinnerung zurückrufen brauchen, um es wieder zu erzeugen, und daß Sie die Gefühllosigkeit auf jeden anderen Körperteil übertragen können, indem Sie die taube Hand auf die betroffene Stelle legen.
8. Zählen Sie in der gewohnten Art und Weise von eins bis fünf, und beenden Sie die Visualisation.

Schmerzkontrolle in Beta

Die Silva-Standard-Methode ist in gewissem Sinn eine Adaption der eben beschriebenen Hypnosetechnik, mit dem Unterschied, daß sie in Alpha angewendet wird, während sich die Gehirnströme in der Hypnose bis auf Theta verlangsamen. Selbstverständlich kann man aber auch in Beta mit Schmerzen umgehen. Die Schmerzempfindung hat Signalwirkung, durch sie macht unser Körper uns darauf aufmerksam, daß etwas im Argen liegt. Die oben beschriebene Methode, bei der ein Gefühl der Schmerzunempfindlichkeit in der Hand erzeugt wird, ist eine Art Erste-Hilfe-Maßnahme, das heißt, sie eignet sich besonders dazu, Schmerzen unter Kontrolle zu halten, bis man in der Obhut eines Facharztes ist. Man kann sie auch anstelle von Medikamenten verwenden. Wenn die Schmerzen nach der Behandlung durch einen Arzt jedoch immer noch anhalten, machen Sie Gebrauch von einer Technik, die ich die Beta-Technik nenne:

1. Deuten Sie auf die schmerzende Stelle.
2. Wenn man den Schmerz in einen Behälter stecken könnte, bräuchten Sie einen kleinen, mittleren oder großen?
3. Wenn der Schmerz eine Farbe hätte, welche Farbe wäre es in Ihrem Fall?
4. Wenn der Schmerz einen Geschmack hätte, wie würde er schmecken?
5. Wenn er einen Geruch hätte, wie würde er riechen?
6. Wiederholen Sie Punkt eins bis fünf, und achten Sie auf eventuell auftauchende Unterschiede in der Beurteilung von Ort, Form, Farbe, Geschmack und Geruch.
7. Wenn der Schmerz nicht verschwunden ist, wiederholen Sie Punkt eins bis fünf noch einige Male, bis Sie ihn nicht mehr spüren können.

L. W. litt fünf Jahre lang an einer schmerzhaften Schleimbeutelentzündung. Nachdem sie die oben erwähnten Schritte viermal wiederholt hatte, konnte sie den Schmerz nicht mehr fühlen, sosehr sie ihre Schulter auch belastete und bewegte. Er kehrte nicht zurück.

R. B. wachte eines Morgens mit einem akuten Gichtanfall im Großzehengelenk auf. Gichtanfälle sind bekanntlich mit den heftigsten Schmerzen verbunden, die oft so beschrieben werden, als stecke das betroffene Glied fest in einem Schraubstock, der unerbittlich immer weiter angezogen wird. R. B. humpelte unter größten Schmerzen in ein Silva-Seminar, das in seiner Nähe stattfand und wo eben die Beta-Technik demonstriert wurde. Er meldete sich freiwillig als Versuchsperson. Fünf Minuten später ging er frei von Schmerzen und ohne zu humpeln auf seinen Platz zurück.

A. R. wurde von chronischen Schmerzen im unteren Rükken geplagt. Zweimal hintereinander wiederholte er die Schritte eins bis fünf. Als er zu Beginn der dritten Wiederholung gefragt wurde, wo der Schmerz säße, rief er aus, daß er fort sei!

C. D., ein Arzt, der ebenfalls am Kurs teilnahm, meldete sich wegen seines schmerzenden Tennisarms freiwillig als Versuchsperson. Nach mehreren Wiederholungen konnte er den Schmerz nicht mehr auffinden. Er war so überrascht, daß er sich weigerte, auf seinen Platz zurückzukehren. Erst nach ein paar Minuten, in denen er den Arm ungläubig hin- und herbewegte, stand er auf und verließ kopfschüttelnd das Podium.

Es hat nichts mit Zauberei zu tun. Schmerz ist eine subjektive Empfindung. Wenn Sie ein Objekt daraus machen, dem Sie einen Ort zuweisen, Form, Farbe, Geschmack und Geruch, wird er zu einer objektiven Angelegenheit. Das Gehirn trägt dem neuen Status Rechnung, indem es an die so bezeichnete Stelle Endorphine schickt, um den Schmerz zu lindern. Nun gibt es Schmerzen, die wir schon so lange mit uns herumtragen, daß sie quasi zu uns gehören. Wir sprechen sogar von »meinen Schmerzen«, und um noch besser an ihnen festhalten zu können, nennen wir sie beim Namen, »meine *Arthritis.*«

Chronische Schmerzen sind vor allem eine Gewohnheit. Aber wollen Sie wirklich unbedingt leiden? Lösen Sie sich von der Erwartungshaltung und der Überzeugung, daß Sie sie nun einmal haben und damit eben leben müssen. Unterbrechen Sie den Mechanismus, brechen Sie aus Ihrem gewohnten Denken und Verhalten aus. Wenn Sie in diesem Augenblick Schmerzen haben, wenden Sie die oben beschriebene Methode an. Schieben Sie es nicht auf die lange Bank.

17

Notfälle

1. Schließen Sie die Augen, und richten Sie sie leicht augenbrauenwärts.
2. 2A, 3A, 3B und 3C sind Ihnen freigestellt. Zählen Sie langsam, ohne Hast, von fünfzig auf eins. Tun Sie es in Gedanken, und lassen Sie sich nach jeder Zahl eine Sekunde Zeit.
   A. Richten Sie Ihre Aufmerksamkeit, bei der Kopfhaut beginnend, auf dic verschiedenen Körperteile und Muskelgruppen, und entspannen Sie diese in Abwärtsrichtung.
3. Wenn Sie bei eins angelangt sind, erzeugen Sie in der Vorstellung ein attraktives Bild von sich selbst, Gesundheit und Kraft ausstrahlend.
   A. Fragen Sie sich, warum Sie diese spezielle Krankheit haben. Lassen Sie die Gedanken umherschweifen.
   B. Wenn Sie hauptsächlich an eine bestimmte Person denken, stellen Sie sich diesen Menschen vor.
   C. Vergeben Sie einander in Ihrer Vorstellung. Stellen Sie sich vor, wie Sie sich die Hände schütteln oder umarmen. Lächeln Sie sich an, nicken Sie sich in gegenseitigem Einverständnis zu. Freuen Sie sich darüber.
4. Wiederholen Sie innerlich: »Mein Körper und mein Geist werden in jeder Hinsicht stets vollkommen gesund sein.«
5. Sagen Sie sich nun: »Ich zähle jetzt von eins bis fünf. Bei fünf werde ich die Augen öffnen. Ich werde mich gut und gesund fühlen, besser als vorher.«
6. Beginnen Sie zu zählen. Bei drei wiederholen Sie die Affirmation.

7. Zählen Sie weiter auf fünf. Öffnen Sie die Augen und bekräftigen Sie innerlich: »Ich bin hellwach. Ich fühle mich besser und gesünder als vorher, und so wird es auch bleiben.«

Der Gebrauch von Alpha bei einem Unfall

David Pelby aus Winnipeg, Kanada, erlebte einen extremen Notfall am eigenen Leib. Im März 1980, zwei Jahre, nachdem er an einem Silva-Seminar teilgenommen hatte, geschah folgendes:

Ich arbeitete auf einem Bohrturm nahe dem Wollaston-See in Saskatchewan, Kanada. In ungefähr sechs Metern Höhe war ich mit Arbeiten an der Bohrerführung beschäftigt, als ich die Anweisung erhielt, während eines Testlaufs an der Außenseite des Gerüsts zu warten.

Ich sicherte mich ab und wartete, außen am Gerüst hängend, auf den angekündigten Probelauf. Dabei bemerkte ich, daß meine Finger, mit denen ich mich festhielt, im Weg waren. Dann sauste der Bohrer herab, und ehe ich wußte, wie mir geschah, hatte ich die obere Hälfte der Finger meiner linken Hand verloren.

Augenblicklich schossen mir Gedanken wie »ruhigbleiben, keine Panik« und »tut nicht weh« durch den Kopf. Ich riß mich zusammen wie noch nie in meinem Leben und kletterte über die Leiter zur Erde, wobei ich immerfort wiederholte, »blutet nicht, tut nicht weh«. Sobald ich festen Boden unter den Füßen verspürte, wendete ich die Silva-Schmerzkontrolltechnik an. Ich weiß nicht, welche Schmerzen ich ohne die Anwendung dieser Technik gehabt hätte, Tatsache ist jedoch, daß ich mir bei geringeren Anlässen mehr weh getan und ebensoviel Blut verloren habe. Ich erzeugte Alpha und programmierte, daß ich keine Schmerzen haben und daß es nicht bluten würde. Immer und immer wieder wiederholte ich innerlich diese Befehle.

Die folgenden acht Stunden waren ein schlimmer Alptraum, der sogar die Erinnerung an den eigentlichen Unfall übertrifft. Zunächst dauerte es über eine Stunde, bis das Buschflugzeug startklar war. Nach weiteren eineinhalb Stunden wurde ich auf einem Behelfsflughafen in Lynn Lake, Manitoba, abgesetzt, wo eigentlich ein Krankenwagen auf mich hätte warten sollen. Aber irgend etwas war schiefgelaufen. Es hätte mindestens eine Stunde gedauert, um einen neuen anzufordern, deshalb entschied ich mich dafür, auf eigene Faust ins Krankenhaus aufzubrechen. Dort angekommen, erkundigte ich mich nach der Ambulanz. Ich erfuhr, daß es über die Schwere des Unfalls wohl ein Mißverständnis gegeben habe und man der Ansicht gewesen war, daß ein Notarzt nicht erforderlich sein würde.

Weitere eineinhalb Stunden vergingen, bis sich endlich ein Arzt um mich kümmerte. Nachdem er die Hand jedoch gesehen hatte, meinte er, daß er nichts für mich tun könne. Ich müsse wohl oder übel ins über sechshundert Meilen südlich gelegene Winnipeg, dort könnte man sich meines Falls annehmen. Fast wäre ich durchgedreht. Voller Verzweiflung programmierte ich, daß ich so schnell wie möglich nach Winnipeg kommen und dort auch die bestmögliche ärztliche Versorgung erhalten würde.

Innerhalb einer Stunde hatte der Arzt einen Lear-Jet aus Winnipeg organisiert. Ich wurde unverzüglich an Bord gebracht und der Obhut einer Krankenschwester übergeben. Während des Flugs durfte ich weder essen noch wurden mir Schmerzmittel verabreicht. Ich war relativ gefaßt und versuchte, unter den gegebenen Umständen so zuversichtlich wie möglich zu sein. Acht Stunden nach dem Unfall war ich endlich in den Händen eines Chirurgen am Health Science Center in Winnipeg.

Nach der Operation verbrachte ich viel Zeit mit Heilvisualisationen. Dies, zusammen mit der aufmunternden Pflege, die mir auf meiner Station zuteil wurde, trug zu meiner schnellen Genesung bei. In nur vier Tagen verheilten die Fleischwunden bis zu achtzig Prozent, und die Haut begann nachzuwachsen. Am vierten Tag wurden die Fäden gezogen, und der Arzt äußerte sich über den Heilungsverlauf mehr als erstaunt. Es sei das beste Beispiel für einen erfolgreich durchgeführten, einfachen, plastisch chirurgischen Eingriff, den er seit langem gesehen habe, lautete sein Kommentar. Und eine der Krankenschwestern beglückwünschte mich, weil ich für mein spezielles Problem den besten Chirurgen weit und breit gehabt hätte.

Eine Woche lang erhielt ich Physiotherapie, dann wurde ich entlassen. Drei Wochen nach meinem Unfall konnte ich bereits wieder Türknöpfe drehen und die Knöpfe an meiner Kleidung selbst auf- und zumachen. Bald darauf kehrte ich an meinen Arbeitsplatz zurück, wo mir eine andere Tätigkeit zugeteilt wurde. Ich weiß jetzt, daß eine positive Einstellung, heilende Gedanken und ein gesunder Körper die besten Voraussetzungen sind, um phantastische Ergebnisse zu erzielen.

David Pelby hatte die Silva-Methode zwei Jahre lang regelmäßig angewendet. Er war, so könnte man sagen, ein geschickter Alpha-Operateur.

Die Drei-Finger-Technik

Im Alphazustand aktivieren Sie die rechte Hemisphäre, somit steht Ihnen ein größeres geistiges Potential zur Verfügung als gewöhnlich. Wenn nun jemand aber unter unerträglichen Schmerzen leidet, kann schon das kurze Rückwärtszählen von fünf auf eins eine kaum durchzustehende Anstrengung bedeuten. In solch einer Situation benötigen Sie eine schnellwirkende Methode, um Alpha zu erzeugen und Ihr geistiges Potential für die Heilung zu aktivieren.

Die Drei-Finger-Technik ist eine solche Methode. Dabei bringen Sie Daumen, Zeigefinger und Mittelfinger jeder Hand zusammen, sozusagen als Signal an die Gehirnneuronen beider Hemisphären, daß volle Teamarbeit gefordert ist. Nun programmieren Sie, daß jedes zukünftige Zusammenführen von Daumen, Zeige- und Mittelfinger jeder Hand den Alphazustand erzeugt.

Die Drei-Finger-Technik im Überblick:

1. Schließen Sie die Augen. Richten Sie sie leicht augenbrauenwärts, und zählen Sie sich in Alpha.
2. Legen Sie Daumen, Zeigefinger und Mittelfinger jeder Hand zusammen und wiederholen Sie innerlich: »Immer wenn ich diese drei Finger zusammenführe, erzeuge ich einen tieferen Bewußtseinszustand, in dem ich krankhaften Zuständen abhelfen kann.«
3. Zählen Sie in gewohnter Weise von eins bis fünf, und öffnen Sie die Augen.

Vorsorge für einen Notfall

Die Drei-Finger-Technik kann erweitert werden, damit Sie in jeder Notsituation über ausreichende Heilkräfte verfügen können. Dabei wird sie um einen zusätzlichen Schritt erweitert, und zwar um den optimalen Zeitpunkt für die Programmierung. Offensichtlich wäre das Überschreiten einer stark befahrenen Kreuzung kein günstiger Zeitpunkt für die Programmierung, denn in solchen Augenblicken operiert das Gehirn in der Beta-Frequenz, um den Anforderungen der Situation (= Überqueren der Straße) gerecht zu werden. Der günstigste Zeitpunkt ist zweifelsohne dann gegeben, wenn die Gehirnwellen bereits in einer langsameren Frequenz arbeiten. Dies ist nachts der Fall.

Programmieren Sie sich vor dem Einschlafen darauf, zum günstigsten Zeitpunkt für die Programmierung aufzuwachen. Wenn Sie daraufhin irgendwann im Verlauf der Nacht wach werden, erzeugen Sie Alpha und gehen dann in der nachstehend genannten Art und Weise vor. Sie werden so ein besonders tiefes Alphastadium erreichen, und die Programmierung wird besonders effektiv sein.

1. Erzeugen Sie vor dem Einschlafen Alpha.
2. Geben Sie sich die Anweisung, zu der für die Notfall-Programmierung optimalen Zeit aufzuwachen.
3. Schlafen Sie im Alphazustand ein.
4. Wenn Sie in der Nacht aufwachen, erzeugen Sie Alpha.
5. Legen Sie Daumen, Zeige- und Mittelfinger jeder Hand zusammen.
6. Instruieren Sie sich folgendermaßen: »Wenn ich in der Zukunft in eine Notsituation gerate, brauche ich nur meine Augen zu defokussieren, um Alpha zu erzeugen und mein geistiges Potential für die positive Bewältigung der Situation zu mobilisieren.«
7. Schlafen Sie im Alphazustand wieder ein.

Diese Vorprogrammierung macht es Ihnen möglich, unabhängig von äußeren Umständen sofort, ohne rückwärtszählen zu müssen, Alpha zu erzeugen, um Gesundheit und Heilung zu programmieren.

18

Erste-Hilfe-Maßnahmen

1. Schließen Sie die Augen, und richten Sie sie leicht augenbrauenwärts.
2. 2A, 3A, 3B und 3C sind Ihnen freigestellt. Zählen Sie langsam, ohne Hast, von fünfzig auf eins. Tun Sie es in Gedanken, und lassen Sie sich nach jeder Zahl eine Sekunde Zeit.
   A. Richten Sie Ihre Aufmerksamkeit, bei der Kopfhaut beginnend, auf die verschiedenen Körperteile und Muskelgruppen, und entspannen Sie diese in Abwärtsrichtung.
3. Wenn Sie bei eins angelangt sind, erzeugen Sie in der Vorstellung ein attraktives Bild von sich selbst, Gesundheit und Kraft ausstrahlend.
   A. Fragen Sie sich, warum Sie diese spezielle Krankheit haben. Lassen Sie Ihre Gedanken umherschweifen.
   B. Wenn Sie hauptsächlich an eine bestimmte Person denken, stellen Sie sich diesen Menschen vor.
   C. Vergeben Sie einander in Ihrer Vorstellung. Stellen Sie sich vor, wie Sie sich die Hände schütteln oder umarmen. Lächeln Sie sich an, nicken Sie sich in gegenseitigem Einverständnis zu. Freuen Sie sich darüber.
4. Wiederholen Sie innerlich: »Mein Körper und mein Geist werden in jeder Hinsicht stets vollkommen gesund sein.«
5. Sagen Sie sich nun: »Ich zähle jetzt von eins bis fünf. Bei fünf werde ich die Augen öffnen. Ich werde mich gesund und gut fühlen, besser als vorher.«
6. Beginnen Sie zu zählen. Bei drei wiederholen Sie die Affirmation.

7. Zählen Sie weiter auf fünf. Öffnen Sie die Augen und bekräftigen Sie innerlich: »Ich bin hellwach. Ich fühle mich besser und gesünder als vorher, und so wird es auch bleiben.«

Ich möchte im Zusammenhang mit der Visualisation eine weitere Komponente einführen, die mit der Positionierung des inneren Vorstellungsbildes zu tun hat. Wenn Sie die Visualisation direkt *vor* Ihrem geistigen Auge erzeugen, programmieren Sie in der Gegenwart. Wenn Sie das Bild nach rechts verschieben, gehen Sie in die Vergangenheit, nach links in die Zukunft.

Als die Silva-Methode noch in den Kinderschuhen steckte, testete ich das Verrücken des Vorstellungsbildes auch an meinen Kindern. Ich ließ sie sich leicht nach links drehen, um für die Zukunft bessere Schulnoten zu programmieren. Hypnotisierte Menschen wenden sich übrigens immer nach rechts, wenn sie sich in die Vergangenheit begeben.

Um nach einer Verletzung den Heilungsprozeß zu beschleunigen, visualisieren wir die Situation zunächst vor uns in der Gegenwart. Als nächstes verschieben wir das Bild leicht nach links und stellen uns vor, daß wir unser spezielles Gesundheitsproblem korrigieren. Wir halten diese Vorstellung zwölf Minuten lang aufrecht. Danach bewegen wir das Bild noch weiter nach links und sehen uns in der Vorstellung vollständig wiederhergestellt. Diese Technik beansprucht nicht mehr als fünfzehn Minuten. Wenden Sie sie nach einem Unfall sofort an.

1. Defokussieren Sie die Augen, und erzeugen Sie Alpha.
2. Erzeugen Sie in der Vorstellung ein Bild von sich selbst, ganz so, als schauten Sie sich in einem Spiegel an.
3. Nehmen Sie sich zwei Minuten Zeit, um das Problem zu analysieren und so lokalisieren.
4. Bewegen Sie Ihr Spiegelbild leicht nach links.
5. Schauen Sie sich die verletzten Stellen an und leiten Sie

den Heilungsprozeß ein. Nehmen Sie sich zwölf Minuten dafür Zeit.

6. Bewegen Sie das Bild nun noch weiter nach links.
7. Sehen Sie sich in Ihrer Vorstellung bei voller Gesundheit. Alle Verletzungen sind verheilt, die Krankheitssymptome verschwunden. Erhalten Sie diese Vorstellung eine Minute lang aufrecht.
8. Beenden Sie die Übung, indem Sie in gewohnter Weise von eins bis fünf zählen.

Wiederholen Sie diese fünfzehnminütige Heilvisualisation morgens, mittags und abends. Dabei sollte das Vorstellungsbild der Verletzung angepaßt sein. Wenn der Unfall beispielsweise eine schlimme Verbrennung zur Folge hatte, die eine Transplantation nötig macht, stellen Sie sich das Transplantat auf der verbrannten Stelle vor. Lassen Sie Wundsekret austreten, und stellen Sic sich schließlich vor, daß die Narben sauber verheilen.

Starke Blutungen stoppen

Wenn es bei einem Unfall zu stark blutenden Fleischwunden kommt, sollte man blutstillende Maßnahmen erst dann ergreifen, wenn die Gefahr eines zu hohen Blutverlustes besteht. Zunächst einmal reinigt starkes Bluten die Wunde, wenn es aber nicht von selbst aufhört, ist es gut zu wissen, wie man mittels einer Visualisation eingreifen kann.

Es sind Fälle bekannt, wo während einer Operation aufgetretene Blutungen allen Anstrengungen der Chirurgen zum Trotz nicht gestoppt werden konnten. Erst durch Hinzuziehen eines Hypnotiseurs, der dem Unterbewußtsein des Patienten befahl, die Blutung einzustellen, gelang es, der Situation Herr zu werden. Sollten Sie eine stark blutende Wunde haben, gehen Sie folgendermaßen vor:

1. Erzeugen Sie Alpha.
2. Erzeugen Sie an der betreffenden Stelle ein Gefühl von Kälte. Sie sollten spüren, wie sie kälter und immer kälter wird. Stellen Sie sich die Verletzung mit Eis bedeckt vor, so deutlich, daß Sie keinen Zweifel an der Echtheit haben.
3. Erhalten Sie diese Vorstellung so lange aufrecht, bis die Blutung aufhört.
4. Beenden Sie Alpha.

Als Reaktion auf das Vorstellungsbild von der mit Eis bedeckten Wunde wird im Körper die entsprechende Reaktion erzeugt. Der Befehl »kalt« bewirkt, daß das Gewebe sich zusammenzieht, die Stelle wird gewissermaßen »ausgekühlt«, die Blutung hört auf.

Im Verlauf des Buches werde ich noch öfters auf ähnliche Techniken zu sprechen kommen, mit denen Sie sich und anderen wunderbar helfen können. Bedenken Sie aber immer, daß Sie zuerst bei sich selbst Erfolge erzielt haben sollten, ehe Sie sich daran machen, anderen Hilfe angedeihen zu lassen.

Die folgende Aufstellung ist als schnelle Referenz gedacht, die Sie in einem Notfall konsultieren können. Es handelt sich um Kurzversionen der in den vorangegangenen Kapiteln beschriebenen Techniken.

Schmerzkontrolle durch Erzeugen von Taubheit in der Hand

1. Nehmen Sie auf einem Stuhl mit gerader Lehne Platz. Erzeugen Sie Alpha.
2. Vertiefen Sie Alpha durch einen zusätzlichen Countdown.
3. Lassen Sie Ihre nicht-dominante Hand in einen imaginären Eimer mit eiskaltem Wasser gleiten.

4. Lassen Sie die Hand fünf Minuten lang in dem eiskalten Wasser. Sie sollten spüren, wie sie immer kälter wird.
5. Nehmen Sie die Hand aus dem Kübel, und testen Sie den Grad der Taubheit durch Zwicken.
6. Massieren Sie Handgelenk, Handfläche und Finger der gefühllosen Hand, um die Taubheit zu beseitigen. Bekräftigen Sie im Geist, daß sie sich wieder normal anfühlt.
7. Programmieren Sie, daß Sie sich die eben verspürte Schmerzunempfindlichkeit künftig nur in Erinnerung zurückzurufen brauchen, um sie erneut zu erzeugen, und daß sie auf jede beliebige, schmerzende Stelle des Körpers durch Auflegen der Hand übertragbar ist.
8. Beenden Sie Alpha.

Schmerzkontrolle in Beta

1. Deuten Sie auf die schmerzende Stelle.
2. Identifizieren Sie Form und Größe des Schmerzes. Weisen Sie ihm einen Behälter zu, in dem er Platz hätte.
3. Stellen Sie seine Farbe fest.
4. Stellen Sie fest, wie er schmeckt.
5. Stellen Sie fest, wie er riecht.
6. Wiederholen Sie die Schritte eins bis fünf, bis der Schmerz verschwunden ist.

Die Drei-Finger-Technik

1. Erzeugen Sie Alpha.
2. Legen Sie Daumen, Zeige- und Mittelfinger jeder Hand zusammen.
3. Bekräftigen Sie innerlich: »Jedesmal, wenn ich diese drei Finger beider Hände zusammenlege, wird mein Geist au-

tomatisch auf einer höheren Bewußtseinsebene arbeiten, um krankhafte Zustände im Ursachenbereich zu beheben.
4. Beenden Sie Alpha.

Notfallprogrammierung

1. Erzeugen Sie vor dem Einschlafen Alpha.
2. Geben Sie sich die Anweisung, zu der für die Notfall-Vorsorgeprogrammierung optimalen Zeit aufzuwachen.
3. Schlafen Sie im Alphazustand ein.
4. Sobald Sie in der Nacht aufwachen, erzeugen Sie Alpha.
5. Legen Sie Daumen, Zeige- und Mittelfinger jeder Hand zusammen.
6. Instruieren Sie sich folgendermaßen: »Wenn ich in der Zukunft in eine Notsituation gerate, brauche ich nur meine Augen zu defokussieren, um Alpha zu erzeugen und mein geistiges Potential effektiver für die Heilprogrammierung nutzen zu können.«
7. Schlafen Sie noch im Alphazustand wieder ein.

Beschleunigung des Heilungsprozesses

1. Erzeugen Sie Alpha durch Rückwärtszählen oder durch die Drei-Finger-Technik, und verharren Sie fünfzehn Minuten darin.
2. Erzeugen Sie in der Vorstellung ein Bild von sich selbst, so, als schauten Sie sich in einem großen Spiegel an. Nehmen Sie sich zwei Minuten Zeit, um die Verletzung oder den Schmerz genau zu lokalisieren und zu beschreiben.
3. Bewegen Sie das Bild ein wenig nach links, und stellen Sie sich vor, daß die Heilung bereits in vollem Gange ist – Schnittwunden verheilen, Blutungen haben aufgehört,

Haut wächst nach, gebrochene Knochen verheilen. Nehmen Sie sich zwölf Minuten dafür Zeit.

4. Bewegen Sie das Bild noch weiter nach links. Stellen Sie sich eine Minute lang vor, daß der Heilungsprozeß abgeschlossen ist und Sie wieder gesund sind.
5. Beenden Sie die Übung. Wiederholen Sie sie an diesem Tag noch zwei weitere Male und an jedem folgenden Tag dreimal, vorzugsweise morgens, mittags und abends, bis Sie wieder gesund sind.

19

Rechte Gehirnhemisphäre und positives Denken

1. Schließen Sie die Augen, und richten Sie sie leicht augenbrauenwärts.
2. 2A, 3A, 3B und 3C sind Ihnen freigestellt. Zählen Sie langsam, ohne Hast, von fünfzig auf eins. Tun Sie es in Gedanken, und lassen Sie sich nach jeder Zahl eine Sekunde Zeit.
   A. Richten Sie Ihre Aufmerksamkeit, bei der Kopfhaut beginnend, auf die verschiedenen Körperteile und Muskelgruppen, und entspannen Sie diese in Abwärtsrichtung.
3. Wenn Sie bei eins angelangt sind, erzeugen Sie in der Vorstellung ein attraktives Bild von sich selbst, Gesundheit und Kraft ausstrahlend.
   A. Fragen Sie sich, warum Sie diese spezielle Krankheit haben. Lassen Sie die Gedanken umherschweifen.
   B. Wenn Sie hauptsächlich an eine bestimmte Person denken, stellen Sie sich diesen Menschen vor.
   C. Vergeben Sie einander in Ihrer Vorstellung. Stellen Sie sich vor, wie Sie sich die Hände schütteln oder umarmen. Lächeln Sie sich an, nicken Sie sich in gegenseitigem Einverständnis zu. Freuen Sie sich darüber.
4. Wiederholen Sie innerlich: »Mein Körper und mein Geist werden in jeder Hinsicht stets vollkommen gesund sein.«
5. Sagen Sie sich nun: »Ich zähle jetzt von eins bis fünf. Bei fünf werde ich die Augen öffnen. Ich werde mich gut und gesund fühlen, besser als vorher.«
6. Beginnen Sie zu zählen. Bei drei wiederholen Sie die Affirmation.

7. Zählen Sie weiter auf fünf. Öffnen Sie die Augen und bekräftigen Sie innerlich: »Ich bin hellwach. Ich fühle mich besser und gesünder als vorher, und so wird es auch bleiben.«

Die Silva-Methode ist, wenn Sie so wollen, ein *Dualsystem*. Man kann sie anwenden, um einerseits sich selbst, andererseits auch anderen zu helfen. Beide Anwendungsmöglichkeiten machen positives Denken im Alphazustand erforderlich. Positive Gedanken sind immer hilfreich, schöpferisch und heilsam, negative Gedanken hingegen verletzen und zerstören. Beide üben einen nicht zu unterschätzenden Einfluß auf ihre unmittelbare und weitere Umgebung aus. Um diese positiv zu stabilisieren, brauchen Sie nichts weiter zu tun, als eine positive, innere Einstellung aufrechtzuerhalten, die eigentliche Arbeit besorgt die sogenannte Aura, das Energiefeld des menschlichen Körpers, auf das beide Hemisphären gleichermaßen Einfluß nehmen. Allerdings haben die meisten Menschen sich der für unsere westliche Kultur typischen Denkweise angepaßt, in der die Fähigkeiten der rechten Hemisphäre, zu denen zum Beispiel auch das Hellsehen gehört, als unlogisch und unzuverlässig angesehen werden. So dringt die Stimme der rechten Hemisphäre nur gelegentlich als Geistesblitz oder spontane Erkenntnis, als Intuition oder sogenannte außersinnliche Wahrnehmung in unser Bewußtsein.

Die Silva-Methode bedient sich verschiedener Techniken, die die Tätigkeit der rechten Hemisphäre anregen, also dazu angetan sind, dieser Stimme in unserem Leben mehr Bedeutung zu verleihen. Wunsch, Glaube und Erwartungshaltung tragen dazu bei, daß die Intuition gestärkt wird und Sie selbst in dem Maß kreativer und intuitiver werden, wie Sie diesen Prozeß zulassen. Sie tun nichts weiter, als der unterdrückten rechten Hemisphäre die ihr zustehende Bedeutung an der Seite der linken Hemisphäre zukommen zu lassen – zu Ihrem eigenen Wohl und dem Ihrer Mitmenschen.

Erzeugen Sie Alpha. Visualisieren Sie Ihre Krankheit

und die Heilung. Dabei fungieren Gehirnwellenfrequenz einerseits und innere Vorstellungsbilder andererseits als wichtige therapeutische Hilfsmittel.

Wenn äußere oder objektive Behandlungsmethoden angewendet werden, wird Heilung als ein vorwiegend objektiver Vorgang erfahren. Werden innere oder geistige Methoden eingesetzt, wird sie zu einer subjektiven Erfahrung. So oder so sollte keine Verfahrensweise der anderen vorgezogen werden. Ideal wäre eine Kombination aus objektiven und subjektiven Behandlungsmethoden, die Vereinigung scheinbarer Gegensätze. Subjektive Heilung geschieht von innen nach außen, objektive in umgekehrter Richtung. Die Silva-Methode ist daher als hervorragende Ergänzung zur herkömmlichen Gesundheitsvorsorge und ärztlichen Versorgung zu verstehen, keineswegs jedoch als Ersatz dafür.

Aus dem Unbewußten schöpfen

Einer der Pioniere der Bewußtseinsforschung war F. W. H. Myers*. Er machte einst die Bemerkung, daß das Unterbewußtsein nicht nur ein Sammelbecken von unerledigten Dingen sei, sondern auch eine Goldgrube.

Das Unterbewußtsein ist fürwahr ein Sammelbecken. Hier wird die Flucht- und Kampfreaktion ausgelöst, hier nehmen Allergien, Phobien und hartnäckige Gewohnheiten ihren Anfang. Gleichzeitig bereichert es jedoch durch seine Erkenntnisfähigkeit und schöpferischen Kräfte unser aller Leben.

Mit der Alphafrequenz und dem mentalen Projektionsfeld haben wir die Möglichkeit, uns Zutritt in die inneren Bewußtseinsräume zu verschaffen und über die dort ansässigen Kräfte zu verfügen. Das mentale Projektionsfeld sitzt, wie an früherer Stelle erwähnt, circa zwanzig Grad über der

* F. W. H. Myers, 1843–1901, bekannter englischer Parapsychologe und Präsident der Londoner Gesellschaft für psychische Forschung. Anm. d. Übs.

Augenhorizontalen und ist der »Ort«, wo wir im entspannten Alphazustand unsere inneren Vorstellungsbilder entwickeln. Oder anders ausgedrückt, wir projizieren das nichtphysische Gegenstück zu unserem physischen Körper, das heißt, seine Ursache oder besser noch, seine Energieform, welche alsbald beginnt, sich auf der materiellen Ebene zu manifestieren. So sind wir in der Lage, die Vorstellungskraft gezielt einzusetzen, um unerwünschte pathologische Veränderungen zu korrigieren. Ärztliche Behandlungsmethoden werden auf diese Weise ebenfalls günstig beeinflußt.

Nun konzentriert sich die Schulmedizin auf die sichtbaren, physischen Aspekte der Heilung und hat auf diesem Gebiet eine Vielzahl von Methoden und Techniken entwickelt, um Krankheiten zu bekämpfen. Ein Arzt benötigt Jahre, um sich einen Überblick über alle Möglichkeiten und deren Anwendungen zu verschaffen.

Die Silva-Methode konzentriert sich auf die inneren Aspekte einer Heilung. Da sie sich den nicht-materiellen, inneren Bereichen zuwendet, kollidiert sie nicht mit den Maßnahmen des Arztes, und diese wiederum beeinträchtigen in keiner Weise die eigene geistige Heilungsarbeit.

In einem Fall allerdings bedienen sich auch Ärzte eines Mittels, das die geistige Verfassung des Patienten günstig beeinflußt, und diese Ausnahme ist unter dem Namen »Placebo« bekannt. Harmlose Zuckertabletten, als wirkungsvolles Medikament verabreicht, regen den Glauben und die Erwartung des Patienten in puncto Heilung an, und er erfährt eine Besserung seines Zustandes. Gleichwohl gibt es präzisere und effektivere Methoden, um die Selbstheilungskräfte des Körpers zu mobilisieren, als die Verabreichung eines Placebos.

Andere heilen

Ich möchte noch einmal betonen, daß die Silva-Methode kein Ersatz für ärztliche Betreuung ist, wohl aber eine geeignete Ergänzung. Einem kranken Menschen auf geistigem Wege Hilfe angedeihen zu lassen, ist keineswegs ein Übergriff oder Eingriff in die Domäne des Arztes. Um sich aber vor jeder möglichen Beschuldigung zu verwahren, ist es ratsam, nicht in der Gegenwart des Kranken, dem die Heilungsbemühungen gelten, zu arbeiten. Durch regelmäßiges Üben werden Sie, wie auch die Kursteilnehmer, schon bald in der Lage sein, den vertieften Alphazustand zu erzeugen, in dem es über Entfernungen hinweg möglich ist, pathologische Veränderungen intuitiv zu erkennen und sie kraft der Heilvisualisation zu korrigieren. So konnte ein ehemaliger Kursteilnehmer seinem Nachbarn helfen, ein chronisches Ischiasleiden loszuwerden. Ein anderer befreite eine Tänzerin von einem schmerzhaften Geschwür. Ein dritter führte bei einem Neugeborenen die erste Darmentleerung herbei und machte dadurch einen für das Baby nicht ungefährlichen Eingriff überflüssig.

Ich könnte mehrere Bücher mit solchen und ähnlichen Beispielen füllen. Wenn Sie als Ergebnis regelmäßiger Übung den tiefen Alphazustand erzeugen, haben Sie Zugang zu den tiefer gelegenen Bewußtseinsschichten, für die der Theta-Gehirnwellenrhythmus charakteristisch ist. Die Thetafrequenz liegt zwischen vier und sieben Hertz und ist an der Steuerung des autonomen oder vegetativen Nervensystems beteiligt, über dessen Informationskanäle Zellen, Gewebe und Organe wie Herz, Lunge, Leber, Milz, aber auch Darm und Blutgefäße sowie die endokrinen Drüsen auf die in Alpha erzeugten Vorstellungsbilder reagieren.

Im tiefen Alphazustand können Sie die Zellen und Organe Ihres Körpers wie auch die anderer Personen lenken, wie ein Reiter sein Pferd.

26

Die rechte Hemisphäre als Lebensretter

1. Schließen Sie die Augen, und richten Sie sie leicht augenbrauenwärts.
2. 2A, 3A, 3B und 3C stehen Ihnen frei. Zählen Sie langsam, ohne Hast, von fünfzig auf eins. Tun Sie es in Gedanken, und lassen Sie sich nach jeder Zahl eine Sekunde Zeit.
   A. Richten Sie Ihre Aufmerksamkeit, bei der Kopfhaut beginnend, auf die verschiedenen Körperteile und Muskelgruppen, und entspannen Sie diese in Abwärtsrichtung.
3. Wenn Sie bei eins angelangt sind, erzeugen Sie in der Vorstellung ein attraktives Bild von sich selbst, Gesundheit und Kraft ausstrahlend.
   A. Fragen Sie sich, warum Sie diese spezielle Krankheit haben. Lassen Sie die Gedanken umherschweifen.
   B. Wenn Sie hauptsächlich an eine bestimmte Person denken, stellen Sie sich diesen Menschen vor.
   C. Vergeben Sie einander in Ihrer Vorstellung. Stellen Sie sich vor, wie Sie sich die Hände schütteln oder umarmen. Lächeln Sie sich an, nicken Sie sich in gegenseitigem Einverständnis zu. Freuen Sie sich darüber.
4. Wiederholen Sie innerlich: »Mein Körper und mein Geist werden in jeder Hinsicht stets vollkommen gesund sein.«
5. Sagen Sie sich nun: »Ich zähle jetzt von eins bis fünf. Bei fünf werde ich die Augen öffnen. Ich werde mich gut und gesund fühlen, besser als vorher.«
6. Beginnen Sie zu zählen. Bei drei wiederholen Sie die Affirmation.
7. Zählen Sie weiter auf fünf. Öffnen Sie die Augen und be-

kräftigen Sie innerlich: »Ich bin hellwach. Ich fühle mich besser und gesünder als vorher, und so wird es auch bleiben.«

Psychische Störungen – organische Störungen

Negatives Denken hemmt das Immunsystem. Sorgen, Feindseligkeit und Angst bis hin zur Phobie sind eine ebenso große Bedrohung für die Gesundheit wie Masern, Cholera, Tuberkulose oder Malaria. Was aber verursacht unsere Ängste und all die anderen negativen geistigen Aktivitäten, die unsere Körperabwehr schwächen? Es sind die vielfältigen Anforderungen und Konfliktsituationen unseres Lebens, mit denen wir uns fast ausschließlich in Beta auseinandersetzen. Hat sich die Immunschwäche erst einmal stabilisiert, werden die lebenswichtigen Organe in ihrer Funktion gestört und geraten allmählich aus dem Gleichgewicht. Auf diese Weise werden aus Störungen, die psychosomatisch bedingt sind, das heißt, zunächst keine erkennbare physische Ursache haben, organische Störungen.

Brad Koblentz litt an einer ausgeprägten Phobie, die sein Leben und seine Gesundheit schwer beeinträchtigte. Er lernte, sich in Alpha damit auseinanderzusetzen, und wendete das Blatt zum Guten. Er berichtet:

Ich besuchte ein Silva-Seminar unter der Leitung von Judy L. Powell, hauptsächlich, weil ich nach zwölf Jahren des Herumexperimentierens mit meiner Agoraphobie überhaupt nicht mehr fertig wurde. Agoraphobie ist die Angst vor offenen, weiten Räumen. Ich lebte in der dauernden Angst davor, in Panik zu verfallen, was sich in schneller Atmung äußerte, gepaart mit Schwäche und Todesangst. Menschen, die an dieser Phobie leiden, sperren sich oft in einem kleinen Zimmer ein, wo sie sich sicher fühlen. In weniger krassen Fällen erstreckt sich der Sicherheitsbereich auf das Haus, die Straße oder die Ortschaft, in der man wohnt. Wichtig ist, daß man das Gefühl hat, seine Lebensumstände unter Kontrolle zu haben.

Mir selbst war es zwölf Jahre lang unmöglich, meinen Heimatort zu verlassen, da ich unweigerlich einen Panikanfall bekam. Genausowenig konnte ich allein Auto fahren, immer brauchte ich einen Begleiter. Außerdem benötigte ich noch einen oder mehrere persönliche Gegenstände aus meinem Haus, um mich wohl zu fühlen. Ich hatte panische Angst davor, in Panik zu verfallen!

Psychologen und Verhaltenstherapeuten sind sich darin einig, daß die beste Methode, um mit dieser Phobie fertig zu werden, die ist, ihr ins Auge zu sehen. Natürlich ist der erste Schritt in diese Richtung zugleich auch der schwerste, doch durch die Anwendung der Silva-Techniken war es mir möglich, diese Hürde zu nehmen.

Wenn ich jetzt verreisen will, nehme ich die einzelnen Stationen der Reise in Gedanken vorweg. Ich sehe mich sicher und entspannt aufbrechen und ankommen. Ich fühle mich ausgeglichen und programmiere eine angenehme Fahrt. Wenn das Gefühl von Panik aufsteigen will, erkläre ich es durch den inneren Befehl »ungültig« für unwirksam und begebe mich in Gedanken an einen friedlichen Ort. Ebenso verfahre ich, wenn sich während der Reise negative »und was ist, wenn…« Gedanken einschleichen wollen, nur verwende ich dann zusätzlich zum Ungültigkeitsbefehl noch die Drei-Finger-Technik und erzeuge so augenblicklich den Zustand der Entspannung. Diese Techniken helfen mir jedesmal, wieder ruhig und ausgeglichen zu werden, und werden es immer wieder tun.

Brad Koblentz lief Gefahr, eine Reihe von psychosomatischen Störungen zu entwickeln, die im Lauf der Zeit zu ernsthaften Erkrankungen hätten führen können. Die chronische Angst beispielsweise hätte sich auf den Magen schlagen und ein Magengeschwür verursachen können. Als er jedoch lernte, Alpha zu erzeugen und so die rechte Hemisphäre zuzuschalten, konnte er sich, der Hilfe beider Hirnhälften gewiß, im entspannten Zustand mit seinem Problem auseinandersetzen.

Psychosomatische Erkrankungen sind für den Patienten alles andere als bloße Einbildung. Sie sind real, denn obwohl sie in der Vorstellung ihren Anfang nehmen, werden sie, weil unsere Vorstellungskraft eine schöpferische Kraft ist, zu Krankheiten. Ärzte können dergleichen Erkrankungen anfangs oft nicht feststellen, weil sie auf der objektiven Ebene arbeiten, von außen nach innen. Da der Ursprung beziehungsweise die Ursache jedoch auf der subjektiven Ebene liegt und das Problem sich noch nicht physisch manifestiert hat, ist es ihnen unmöglich, eine krankhafte Veränderung zu erkennen. In diesem Anfangsstadium ist der an psychosomatischen Störungen leidende Mensch selbst sein bester Therapeut.

Neuere Ergebnisse wissenschaftlicher Forschungsarbeit und klinischer Beobachtung lassen den Schluß zu, daß Krankheiten generell psychosomatischen Ursprungs sind. Demnach nimmt auch ein gebrochenes Bein oder ein Schädelbruch seinen Anfang als psychosomatische Störung. Dies bestätigen jedenfalls die Wissenschaftler der neueren Forschungsdisziplinen.

Noch erscheinen uns solche Zusammenhänge befremdlich, eines Tages aber werden sie uns sehr viel klarer und selbstverständlicher sein. Philosophische und psychologische Schulen weisen seit langem darauf hin, daß es so etwas wie »Zufälle« oder unglückliche Unfälle gar nicht gibt. Was aber ist mit dem betrunkenen Autofahrer, der in das Auto einer Familie rast, Eltern und Kinder tötet und einfach weiterfährt? Ist das etwa kein unglücklicher Zufall?

Allem Leben, ja dem Universum selbst, liegen Prinzipien zugrunde, von denen wir herzlich wenig wissen, und zwar deshalb nicht, weil wir uns freiwillig auf die beschränkte Erkenntnisfähigkeit unserer fünf Sinne verlegt und darüber die Erkenntnisfähigkeit der rechten Hemisphäre vergessen haben. Wenn wir uns ihrer wieder bewußt werden und lernen, sie zu aktivieren, erwecken wir die in uns schlummernden, intuitiven Kräfte zu neuem Leben. Und ganz so fremd, wie wir immer tun, sind sie uns ja nicht einmal. Wie oft sprechen wir salopp von unserem sechsten Sinn, einer Ahnung oder unserem Gespür für etwas. Dieses »Etwas« veranlaßt Frau X dazu, eine spätere Maschine zu nehmen. Hinterher erfährt sie, daß die Maschine, mit der sie ursprünglich fliegen wollte, abgestürzt ist. Herr Y beschließt spontan, statt der gewöhnlichen Strecke eine etwas längere zu fahren, nur um später herauszufinden, daß die Brücke, über die er auf der kürzeren Strecke sonst immer fuhr, eingestürzt war.

Sechster Sinn. Intuition. Eingebung. Meldungen der rechten Hemisphäre, die manchmal überraschenderweise doch bis in unser Alltagsbewußtsein vordringen. Im Alphazustand ist sowohl die Tätigkeit der rechten Hemisphäre wie auch unsere Wahrnehmungsfähigkeit für solche Meldungen erhöht.

Jeden Morgen während der Entspannungsübung arbeiten Sie an der Aktivierung Ihrer intuitiven Fähigkeiten zum Zwecke der Heilung. Wenn Sie die Übungsserie abgeschlossen haben, wird schon ein Countdown von fünf auf eins mit leicht augenbrauenwärts gerichteten Augen dieselbe entspannende Wirkung erzeugen wie der lange Countdown von hundert oder fünfzig auf eins. Und wenn Sie die Drei-Finger-Technik programmiert haben, brauchen Sie hinfort nur noch Daumen, Zeige- und Mittelfinger beider Hände zusammenzuführen, um Alpha zu erzeugen oder die Augen zu defokussieren.

21

Wie Sie schädliche Gedanken unschädlich machen

1. Schließen Sie die Augen, und richten Sie sie leicht augenbrauenwärts.
2. Sie sind jetzt in der Lage, den Countdown bei fünfundzwanzig zu beginnen. Zählen Sie langsam, ohne Hast, von fünfundzwanzig auf eins. Tun Sie es in Gedanken, und lassen Sie sich nach jeder Zahl eine Sekunde Zeit. 2A, 3A, 3B und 3C sind Ihnen freigestellt.

   A. Richten Sie Ihre Aufmerksamkeit, bei der Kopfhaut beginnend, auf die verschiedenen Körperteile und Muskelgruppen, und entspannen Sie diese in Abwärtsrichtung.
3. Wenn Sie bei eins angelangt sind, erzeugen Sie in der Vorstellung ein attraktives Bild von sich selbst, Gesundheit und Kraft ausstrahlend.

   A. Fragen Sie sich, warum Sie diese spezielle Krankheit haben. Lassen Sie die Gedanken umherschweifen.

   B. Wenn Sie hauptsächlich an eine bestimmte Person denken, stellen Sie sich diesen Menschen vor.

   C. Vergeben Sie einander in Ihrer Vorstellung. Stellen Sie sich vor, wie Sie sich die Hände schütteln oder umarmen. Lächeln Sie sich an, nicken Sie sich in gegenseitigem Einverständnis zu. Freuen Sie sich darüber.
4. Wiederholen Sie innerlich: »Mein Körper und mein Geist werden in jeder Hinsicht stets vollkommen gesund sein.«
5. Sagen Sie sich nun: »Ich zähle jetzt von eins bis fünf. Bei fünf werde ich die Augen öffnen. Ich werde mich gut und gesund fühlen, besser als vorher.«

6. Beginnen Sie zu zählen. Bei drei wiederholen Sie die Affirmation.
7. Zählen Sie weiter auf fünf. Öffnen Sie die Augen und bekräftigen Sie innerlich: »Ich bin hellwach. Ich fühle mich besser und gesünder als vorher, und so wird es bleiben.«

Die negative Kraft destruktiver Gedanken

Henry Thoreau hat einmal gesagt: »Die meisten Menschen führen ein Leben voll stiller Verzweiflung.«

Heute, wie früher, sehen Menschen sich manchmal mit Schwierigkeiten konfrontiert, die ihren Lebenswillen auf eine harte Probe stellen. Unsere Gesellschaft versucht mit allen möglichen Einrichtungen wie Beratungsstellen und Telefonseelsorge, die Allerverzweifeltsten im Augenblick größter Not aufzufangen, doch auf jeden Anrufer kommen Hunderte, wenn nicht Tausende, die bereits jede Hoffnung aufgegeben haben.

Selbstmordgedanken, Rachegedanken, Neid, Wut, Haß – die gesundheitsschädigende Wirkung negativer Emotionen und Gedanken wird enorm unterschätzt. Herzinfarkt und Gehirnschlag gehen auf ihr Konto, Verletzungen, Überfälle und Mord. Es sind diese selbstzerstörerischen Gedanken und Emotionen, die wohl für die meisten Schwierigkeiten, mit denen unsere Welt sich konfrontiert sieht, verantwortlich zu machen sind. Eine Wende hin zum Besseren beginnt somit im Kopf eines jeden einzelnen, denn niemand kann von sich behaupten, völlig frei von Negativität zu sein. Selbst der kleinste, zerstörerische Gedanke erfährt in irgendeiner Form seine Verwirklichung auf der physisch-materiellen Ebene. Wenn Sie das nächste Mal einen negativen Gedanken in sich verspüren, egal, ob er gegen Sie selbst oder gegen andere gerichtet ist, nehmen Sie sich entweder gleich oder so bald wie möglich Zeit, erzeugen Sie Alpha und gehen Sie folgendermaßen vor:

1. Identifizieren Sie die negativen Gedanken.
2. Geben Sie sich innerlich folgende Anweisung: »Ich habe keinen Grund, derartige Gedanken zu hegen. Ich will sie nicht haben, und ich werde sie auch nicht haben.«
3. Beenden Sie die Übung.

In Abwandlung dieser Übung können Sie die Programmierung auch so anlegen, daß negative Gedanken augenblicklich durch positive ersetzt werden, sobald sie aufsteigen. Sie müssen lediglich für einen geeigneten Ersatz sorgen. Dafür bieten sich Gedanken an Gott oder Buddha an, oder, wenn Sie nicht religiös sind, an das höchste Prinzip, das Ihr System kennt.

1. Identifizieren Sie im Alphazustand Ihre negativen Gedanken.
2. Geben Sie sich innerlich folgende Anweisung: »Ich habe keinen Grund, derartige Gedanken zu hegen. Ich will sie nicht haben, und wenn künftig derartige Gedanken in mir aufsteigen, werde ich statt dessen an (setzen Sie hier Ihr Ideal ein) denken.«
3. Beenden Sie die Programmierung.

Sie können beide Varianten mit der Drei-Finger-Technik kombinieren und die Wirkung so verstärken. Dabei erweitern Sie die Programmierung um den Befehl, daß der aufsteigende negative Gedanke sofort verschwindet, sobald Sie Daumen, Zeige- und Mittelfinger jeder Hand zusammenführen. Wenn Sie also bemerken, daß Ihre Gedanken eine negative Tendenz aufweisen, legen Sie Daumen, Zeige- und Mittelfinger jeder Hand zusammen. Entsprechend der Programmierung werden sie augenblicklich durch positive ersetzt.

Gehen Sie folgendermaßen vor:

1. Erzeugen Sie Alpha. Vertiefen Sie den Alphazustand durch einen zusätzlichen Countdown von zehn auf eins.

2. Identifizieren Sie die negativen Gedanken, die Sie eliminieren möchten.
3. Legen Sie Daumen, Zeige- und Mittelfinger jeder Hand zusammen.
4. Wiederholen Sie innerlich: »Immer wenn ich diese Finger zusammenführe, erzeuge ich einen positiven, höheren Bewußtseinszustand.«
5. Beenden Sie die Übung.
6. Legen Sie jedesmal, wenn Sie sich negativer Gedanken bewußt werden, Daumen, Zeige- und Mittelfinger jeder Hand zusammen.

Um diese Programmierung zu der dafür optimalen Zeit vornehmen zu können, erzeugen Sie vor dem Einschlafen Alpha und geben sich die Anweisung, zu dem für die Programmierung günstigsten Zeitpunkt automatisch aufzuwachen. Wenn Sie daraufhin nachts aufwachen, befolgen Sie die Schritte eins bis vier. Außerdem können Sie die Übung dadurch erweitern und verstärken, indem Sie Punkt vier durch die Anweisung »statt dessen werde ich an (Ihr höchstes Ideal) denken«, ergänzen.

Schieben Sie Probleme nicht auf die lange Bank

Negative Gedanken können wie ein Schatten über einem Ereignis oder einer Beziehung liegen, auch wenn sie noch nicht intensiv genug sind, um als destruktiv bezeichnet zu werden. Läßt man sie aber zur Gewohnheit werden, hat man sich einen gefährlichen Schädling ins Haus geholt. Um dem vorzubeugen, können Sie die einfache Entspannungsübung anwenden, mit der Sie allmorgendlich Alpha erzeugen. Identifizieren Sie die negativen Gedanken und programmieren Sie, daß sie verschwunden sind, sobald Sie bei fünf die Augen öffnen. Dann zählen Sie in gewohnter Weise von eins bis fünf und beenden die Übung.

Je früher Sie dieses Gegenmittel anwenden, desto besser. Sie vermeiden auf diese Weise Kopfschmerzen, Depressionen, Asthmaanfälle und sogar epileptische Anfälle.

Die Thymus-Technik

Sollte es Ihnen aus irgendeinem Grund nicht möglich sein, Alpha zu erzeugen, und haben Sie auch die Drei-Finger-Technik nicht vorprogrammiert, können Sie folgende, schnell wirkende Maßnahmen ergreifen: Lächeln Sie, und klopfen dabei leicht auf den Thymus. Der Thymus, besser bekannt als Brustdrüse, ist ein lymphatisches Organ und sitzt hinter dem Brustbein, direkt unterhalb der Stelle, wo der Hals in das Brustbein übergeht. Sollten Sie die Drei-Finger-Technik programmiert haben, genügt es, wenn Sie den Thymus mit den drei Fingern beklopfen.

Die Teilnehmer der Silva-Seminare wurden schon vor zwanzig Jahren, als die Wissenschaftler sich noch über die Funktion des Thymus im unklaren waren, mit dieser Technik vertraut gemacht. Heute weiß man, daß die Schilddrüse eines der wichtigsten Steuerungsorgane innerhalb des Hormonsystems und an der Regulation anderer Körpersysteme und Organe maßgeblich beteiligt ist.

Möglicherweise fragen Sie sich, warum man beim Klopfen lächeln sollte. Nun, es ist erwiesen, daß Lachen oder Lächeln das Gehirn dazu anregt, Endorphine auszuschütten, jene körpereigenen, chemischen Substanzen, die unter anderem für unsere Glücksgefühle verantwortlich sind, uns also, wenn Sie so wollen, zum Lachen bringen. Wenn man sich gut fühlt, lacht man, und wenn man lacht, fühlt man sich gut – ein genialer, natürlicher Rückkopplungsmechanismus.

Mit der Thymus-Technik steht Ihnen eine wirkungsvolle Beta-Technik zur Verfügung, da es sich ja um eine objektive Anwendung handelt, einen direkten, physischen Ursache-

Wirkung-Effekt. Aber auch diese Beta-Technik können Sie durch die Programmierung der Drei-Finger-Technik in ihrer Wirksamkeit erhöhen.

1. Sobald Sie sich eines negativen Gedankens oder Gefühls bewußt werden, lächeln Sie.
2. Legen Sie Daumen, Zeige- und Mittelfinger jeder Hand zusammen.
3. Klopfen Sie mit den drei Fingern einer Hand etwa eine halbe Minute lang auf die Schilddrüse.

Bei folgenden Beschwerden und Mißstimmungen können Sie mit dieser Technik wirksam helfen:

- Schwindelgefühl
- Müdigkeit
- Langeweile
- bittere Wut
- Depression
- Morgenflaute
- Apathie
- Ungeduld
- Orientierungslosigkeit
- Pessimismus

22

Eine phantastische Reise durch Ihren Körper

1. Schließen Sie die Augen, und richten Sie sie leicht augenbrauenwärts.
2. 2A, 3A, 3B und 3C stehen Ihnen frei. Zählen Sie langsam, ohne Hast, von fünfundzwanzig auf eins. Tun Sie es in Gedanken, und lassen Sie sich nach jeder Zahl eine Sekunde Zeit.
   A. Richten Sie Ihre Aufmerksamkeit, bei der Kopfhaut beginnend, auf die verschiedenen Körperteile und Muskelgruppen, und entspannen Sie diese in Abwärtsrichtung.
3. Wenn Sie bei eins angelangt sind, erzeugen Sie in der Vorstellung ein attraktives Bild von sich selbst, Gesundheit und Kraft ausstrahlend.
   A. Fragen Sie sich, warum Sie diese spezielle Krankheit haben. Lassen Sie die Gedanken umherschweifen.
   B. Wenn Sie hauptsächlich an eine bestimmte Person denken, stellen Sie sich diesen Menschen vor.
   C. Vergeben Sie einander in Ihrer Vorstellung. Stellen Sie sich vor, wie Sie sich die Hände schütteln oder umarmen. Lächeln Sie sich an, nicken Sie sich in gegenseitigem Einverständnis zu. Freuen Sie sich darüber.
4. Wiederholen Sie innerlich: »Mein Körper und mein Geist werden in jeder Hinsicht stets vollkommen gesund sein.«
5. Sagen Sie sich nun: »Ich zähle jetzt von eins bis fünf. Bei fünf werde ich die Augen öffnen. Ich werde mich gut und gesund fühlen, besser als vorher.«
6. Beginnen Sie zu zählen. Bei drei wiederholen Sie die Affirmation.

7. Zählen Sie weiter auf fünf. Öffnen Sie die Augen und bekräftigen Sie innerlich: »Ich bin hellwach. Ich fühle mich besser und gesünder als vorher, und so wird es auch bleiben.«

Mit jedem Countdown, den Sie praktizieren, vertieft sich Ihre Alphaentspannung. Ziel sind zehn Schwingungen pro Sekunde, die Gehirnwellenfrequenz, die Ihnen Zugang zu den tieferen Bewußtseinsschichten ermöglicht, bei der Ihr geistiges Potential aktiviert wird und Programmierungen tiefgreifende Veränderungen bewirken.

Nun wird der Geist allerdings auch im normalen Wach- und Betazustand programmiert und zwar durch äußere Einflüsse. Freilich sind für Programmierungen im Beta-Wachbewußtsein zahlreiche Wiederholungen nötig, aber da diese Wiederholungen geschehen, zum Beispiel in Form von Verhaltensweisen, die mechanisch immer wieder ablaufen, Handlungen, die sich wiederholen, Bemerkungen, die man oft hört, Werbung, Anzeigen in den Medien und so weiter, findet die Programmierung tatsächlich statt. Bestimmte Handlungen, die man häufig ausübt, wie zum Beispiel Schreibmaschineschreiben, sind ebenfalls eine Programmierung. Anfangs tippt man vielleicht nicht mehr als zehn oder zwanzig Wörter pro Minute, doch mit jedem Mal üben geht es schneller und besser. Sie programmieren sich darauf, eine Typistin zu werden, und schließlich sind Sie es auch. Ebenso programmieren Sie sich aufs Radfahren, aufs Autofahren, aufs Kegeln. Man nennt dergleichen Programmierungen im Beta-Zustand objektives Lernen, während Programmierungen im Alphazustand ein subjektiver Lernvorgang sind.

Auch wenn Sie die morgendlichen Entspannungsübungen noch nicht abgeschlossen haben, können Sie dennoch bereits eine stabilere Gesundheit programmieren. Die Programmierung wird irgendwo zwischen Beta und Alpha erfolgen, je nachdem, wie weit Sie in der Entspannung fortgeschritten sind. Deshalb muß sie auch oft wiederholt werden, um zu »greifen«. Je höher die Gehirnwellenfrequenz, um so mehr Wiederholungen sind nötig. Dazu eignet sich besonders der Satz aus der Übung vom Morgen. Setzen Sie sich auf einen bequemen Stuhl, schließen Sie die Augen und richten Sie sie leicht augenbrauenwärts. Dann wiederholen Sie: »Mein Körper und mein Geist werden in jeder Hinsicht stets vollkommen gesund sein«, wobei Sie in der Vorstellung ein entsprechendes Bild von sich erzeugen, gesund, vital und attraktiv. Bei einer anderen Vorgehensweise begeben Sie sich auf eine phantastische Reise ins Innere Ihres Körpers.

Vor einigen Jahren sorgte ein Film mit eben diesem Titel allerorts für Gesprächsstoff. Es ging darin um eine Gruppe von Wissenschaftlern, die miniaturisiert und auf eine Reise ins Innere des menschlichen Körpers geschickt wurden. Sie können sich ebenfalls auf eine solche Reise begeben und enorme Gesundheitsvorteile daraus ziehen.

Egal, worauf Sie das Bewußtsein richten, Ihre Energie fließt genau dorthin. Sie hören beispielsweise, daß ein Virus grassiert und hoffen natürlich, daß Sie nicht auch angesteckt werden. Aber irgendwie rechnen Sie fast damit. Bereits in diesem Augenblick ziehen Sie die Krankheit an, denn Sie halten es für möglich, angesteckt zu werden. Menschen, die dies häufig tun, werden zu Hypochondern. Ein Hypochonder, der sich ausmalt, wie schlimm er leidet oder leiden wird, erzeugt unvermeidlich die Symptome, die er fürchtet. Das ist die schlechte Nachricht. Die gute lautet: Das Prinzip funktioniert auch umgekehrt!

Ein Mensch, der sich ausmalt, wie gesund und vital er ist oder sein möchte, erzeugt Gesundheit. Stellen Sie es sich so oft wie möglich vor, genauso lebhaft und intensiv, wie Sie sich Ängste und Krankheiten ausmalen, und die Verwirklichung auf der physischen Ebene wird nicht lange auf sich warten lassen. Im Alphazustand geht es schneller als in Beta, doch Vorstellungsbilder sind schöpferische Energie und auf jeder Bewußtseinsebene wirksam.

Stellen Sie sich vor, Sie befänden sich in Ihrem Körper. Bewundern Sie das Herz, diese phantastische, rund um die

Uhr tätige Pumpstation, oder das Gehirn, diesen wahrhaft erstaunlichen Bio-Computer, oder den Verdauungstrakt, wohl das erfinderischste, genialste Chemiewerk, das alles, was wir wahllos in uns hineinstopfen, in Energie umwandelt. Durch die bewundernde Aufmerksamkeit, die Sie Ihren Organen schenken, führen Sie ihnen positive Energie zu. Sie werden es Ihnen danken.

Nun müssen Sie über die menschliche Anatomie keineswegs genauestens Bescheid wissen. Ihre Vorstellung von einem Herz, der Leber oder den Nieren reicht völlig aus, um das Organ in befriedigender Weise zu identifizieren. Sie können sich gar nicht »verwählen«.

Um die bevorstehende Reise nicht unterbrechen zu müssen, etwa weil Sie die Instruktionen vergessen haben, sollten Sie sie entweder auf eine Kassette sprechen oder jemanden bitten, Ihnen die einzelnen Schritte vorzulesen.

1. Setzen Sie sich auf einen bequemen Stuhl, schließen Sie die Augen und richten Sie sie leicht augenbrauenwärts. Zählen Sie von fünfundzwanzig auf eins, wie schon einmal am Morgen.
2. Bei eins schalten Sie den Kassettenrekorder ein oder bitten den Vorleser, mit den Instruktionen zu beginnen.
3. Nach der imaginären Reise ins Innere Ihres Körpers beenden Sie die Übung, indem Sie in gewohnter Weise von eins bis fünf zählen.

Instruktionen für die phantastische Reise

Entspannen Sie sich. Atmen Sie tief ein und wieder aus. Vertiefen Sie dabei Ihre Entspannung.

Richten Sie nun Ihre Aufmerksamkeit auf die Kopfhaut und die Haare. Lassen Sie sich in Ihrer Vorstellung an einem der Haare abwärtsgleiten. Direkt unterhalb der Kopfhaut finden Sie einen Wald feiner und feinster Haarwurzeln vor. Danken Sie Ihren Haaren dafür, daß sie Ihr krönender

Kopfschmuck sind und der Kopfhaut für ihre Schutzfunktion. Ihre Wertschätzung sollte auch den Hautzellen gelten, die sich unermüdlich erneuern. Lassen Sie sich in der Vorstellung nun weiter abwärtssinken. Werden Sie sich des Schädels bewußt, und danken Sie ihm. Danken Sie den Knochenzellen für die außerordentliche Leistung, das gesamte Knochengerüst aufrechtzuerhalten.

Wandern Sie weiter zum Gehirn, diesem phantastischen Organ, das Ihnen die Möglichkeit gibt, Ihrem Intellekt Ausdruck zu verleihen. Danken Sie ihm, dann begeben Sie sich eine Etage tiefer zu den Augen. Danken Sie ihnen für ihre unschätzbaren Dienste, ebenso der Nase, die eine doppelte Funktion als Atmungs- und Riechorgan zu erfüllen hat, sowie Mund und Zunge, denen Sie die Nahrungsaufnahme und den Geschmack daran verdanken.

Durch die Speiseröhre geht es hinab in den Magen. Danken Sie ihm für die Verdauungsarbeit, die hier zuverlässig geschieht, egal, was wir, meistens wahllos, in uns hineinstopfen. In direkter Nachbarschaft befinden sich Leber, Bauchspeicheldrüse, Milz und Gallenblase. Danken Sie jedem dieser Organe für sein zuverlässiges Funktionieren bei der Verdauung und anderen lebenswichtigen Prozessen, an denen sie beteiligt sind. Am Ende des Magens passieren Sie den Pförtner, wie man den Magenausgang nennt, durch den Sie in den Dünndarm gelangen. Von hier bis zum Dickdarm liegt noch eine windungsreiche Wegstrecke vor Ihnen. Danken Sie dem Dünndarm für die Weiterverarbeitung der Nahrung und die Verwertung von Nährstoffen. Schließlich erreichen Sie den Dickdarm, wo die nicht verwertbaren Nahrungsreste für die Ausscheidung aufbereitet werden – eine undankbare, aber lebensnotwendige Aufgabe, die unseren besonderen Dank verdient. Danken Sie bei dieser Gelegenheit auch gleich den Nieren, die das Blut von Giften reinigen, den Fortpflanzungsorganen und der Bauchmuskulatur, wie auch den anderen Muskeln und Gelenken des Bewegungsapparates mit all seinen Zellen, ohne die wir kaum zurechtkämen.

Begeben Sie sich nun ins Innere einer Vene oder Arterie, und lassen Sie sich vom Blutkreislauf weitertragen. Bewundern Sie die Gefäßwände, von deren Geschmeidigkeit die problemlose Blutversorgung des gesamten Organismus abhängt. Danken Sie auch dem Blut, den roten und weißen Blutkörperchen, die unsere Körperabwehr aufrechterhalten. Danken Sie ihnen für ihren wirksamen Krankheitsschutz.

Wenn das Blut die Lungen erreicht, tauchen Sie kurz auf, um ihnen Ihren Dank für die ausgezeichnete Versorgung mit Sauerstoff auszusprechen, dann lassen Sie sich weiter bis zum Herzen tragen und danken ihm aufrichtig für den phantastischen Rund-um-die-Uhr-Service als Pumpstation des Blutkreislaufs. Tauchen Sie wieder in den Blutstrom ein, lassen Sie sich bis unter die Kopfhaut transportieren und klettern Sie an einem Haar zurück an die Oberfläche. Hier endet Ihre Reise. Zählen Sie in gewohnter Weise von eins bis fünf. Öffnen Sie die Augen. Sie werden sich besser als vorher fühlen.

23

Ein neues Selbstverständnis wächst

1. Schließen Sie die Augen, und richten Sie sie leicht augenbrauenwärts.
2. 2A, 3A, 3B und 3C sind Ihnen freigestellt. Zählen Sie langsam, ohne Hast, von fünfundzwanzig auf eins. Tun Sie es in Gedanken, und lassen Sie sich nach jeder Zahl eine Sekunde Zeit.
   A. Richten Sie Ihre Aufmerksamkeit, bei der Kopfhaut beginnend, auf die verschiedenen Körperteile und Muskelgruppen, und entspannen Sie diese in Abwärtsrichtung.
3. Wenn Sie bei eins angelangt sind, erzeugen Sie in der Vorstellung ein attraktives Bild von sich selbst, Gesundheit und Kraft ausstrahlend.
   A. Fragen Sie sich, warum Sie diese spezielle Krankheit haben. Lassen Sie die Gedanken umherschweifen.
   B. Wenn Sie hauptsächlich an eine bestimmte Person denken, stellen Sie sich diesen Menschen vor.
   C. Vergeben Sie einander in Ihrer Vorstellung. Stellen Sie sich vor, wie Sie sich die Hände schütteln oder umarmen. Lächeln Sie sich an, nicken Sie sich in gegenseitigem Einverständnis zu. Freuen Sie sich darüber.
4. Wiederholen Sie innerlich: »Mein Körper und mein Geist werden in jeder Hinsicht stets vollkommen gesund sein.«
5. Sagen Sie sich nun: »Ich zähle jetzt von eins bis fünf. Bei fünf werde ich die Augen öffnen. Ich werde mich gut und gesund fühlen, besser als vorher.«
6. Beginnen Sie zu zählen. Bei drei wiederholen Sie die Affirmation.

7. Zählen Sie weiter auf fünf. Öffnen Sie die Augen und bekräftigen Sie innerlich: »Ich bin hellwach. Ich fühle mich besser und gesünder als vorher, und so wird es auch bleiben.«

Als D. K. an einem Silva-Seminar teilnahm, litt sie an hochgradiger Hypoglykämie oder Blutzuckermangel. Zum Krankheitsbild dieser Störung gehören Schwächezustände bis hin zu Ohnmacht, Schwindelanfälle, Zittern, Schweißausbrüche und plötzliche Adrenalinstöße. Innerhalb von zwei Wochen besserten sich die Symptome, nach zwei Monaten waren sie vollständig verschwunden. Das größte Geschenk aber war für D. K. ein neues Selbstverständnis. Sie schreibt:

In den vergangenen zehn Jahren habe ich immer wieder nach einem Schlüssel zu meinem wahren Selbst gesucht. Die Silva-Methode hat mir nicht nur die Richtung gewiesen, sondern mir auch ein neues Selbstvertrauen gegeben...

Psychologische Profile von Teilnehmern an Silva-Seminaren zeigen, daß diese in der Regel mit ihrem physischen Erscheinungsbild weniger unzufrieden sind als ihre Mitmenschen. Ferner werden Aussehen und Figur von ihnen weniger kritisch bewertet, sie fühlen sich gesünder und widerstandsfähiger, ihren beruflichen und familiären Pflichten gewachsen und kommen generell besser mit ihren Mitmenschen aus.

Was geschieht, wenn Menschen eine positive Selbsteinschätzung bekommen, weniger kritisch, weniger negativ und sich selbst gegenüber großzügiger sind? Wenn sie kreativer werden und ihr Gedächtnis sich verbessert?

Standardisierte Persönlichkeitstests, die von unseren Kursteilnehmern von Zeit zu Zeit ausgefüllt werden (einmal zu Beginn und einmal am Ende des Kurses), zeigen, daß alle diese Eigenschaften durch das Training günstig beeinflußt werden. Die Teilnehmer legen hinterher ein positiveres

Selbstverständnis und ein größeres Selbstbewußtsein an den Tag. Ein positives Selbstverständnis aber schafft positive Menschen.

Persönlichkeitsbildung

Unter der Leitung von Dr. George T. DeSau wurden verschiedene Standard-Persönlichkeitstests mit folgenden Ergebnissen ausgefüllt:

1. Bis auf wenige Ausnahmen zeigten die Teilnehmer eine starke Tendenz hin zu größerer Belastbarkeit, innerer Stärke und Stabilität, reiferem Verhalten, realistischeren Anschauungen und größerer Ausgeglichenheit.
2. Die Tests wurden nach fünf Monaten wiederholt, um die Dauerhaftigkeit der Ergebnisse zu überprüfen. Diesmal wurden die Ergebnisse nicht nur bestätigt, sondern durch eine nochmalige Steigerung sogar übertroffen.

Ähnliche Testergebnisse wurden bei gleicher Vorgehensweise in Albuquerque, New Mexico, und Ottowa County, Michigan, erzielt. Die Punkte im einzelnen:

1. In der Erwachsenengruppe wurde eine Entwicklung weg von »ängstlich, voller Selbstvorwürfe und ständig besorgt« hin zu »selbstsicher, zufrieden und heiter« verzeichnet.
2. Die zunehmende innere Zielgerichtetheit baute Hemmfaktoren ab, die zuvor soziale Kontakte behindert hatten. So wechselte eine Testgruppe von Erwachsenen aus der Kategorie »schüchtern, zurückhaltend, zaghaft und leicht einzuschüchtern« in die Kategorie »spontan und kontaktfreudig« hinüber.
3. Es war ein genereller Trend von »angespannt, unausgeglichen, gehetzt, überfordert« hin zu »entspannt, gelassen, ausgeglichen« zu verzeichnen.

4. Als »reserviert, distanziert, kritisch, arrogant« kategorisierte Personen landeten in der Spalte »warmherzig, extrovertiert, mitfühlend«.
5. Die Versuchspersonen waren generell weniger mißtrauisch, mißgünstig und konkurrenzorientiert. Statt dessen zeigten sie eine größere Bereitschaft zur Kooperation.
6. Aufgrund der Fähigkeit, Ängste und andere Streßfaktoren loszulassen, war bei den Teilnehmern eine Tendenz von »schwermütig und pessimistisch« hin zu »größerer Lebensfreude und Enthusiasmus« zu verzeichnen.

Die nachstehende Liste faßt noch einmal die durch Anwendung der Silva-Methode abgeschwächten Charakterzüge (linke Spalte) und die verstärkten Charakterzüge (rechte Spalte) zusammen:

abgeschwächte Charakterzüge	*verstärkte Charakterzüge*
aufbrausend	innere Stärke
ängstlich	reiferes Verhalten
Selbstvorwürfe	realistisch
ständig in Sorge	gelassen
schüchtern	selbstsicher
zaghaft	zufrieden
leicht einzuschüchtern	heiter
angespannt	spontan
unausgeglichen	kontaktfreudig
gehetzt	entspannt
überfordert	ruhig
reserviert	ausgefüllt
distanziert	gesetzt
arrogant	warmherzig
konkurrenzorientiert	extrovertiert
schwermütig	mitfühlend
pessimistisch	kooperativ
	lebensfroh
	enthusiastisch

Führen Sie sich die einzelnen Charakterzüge der linken Spalte zu Gemüte! Sind das die Attribute, die Sie an sich bewundern möchten? Oder kommen die Attribute der rechten Spalte Ihrer Idealvorstellung näher?

Durch regelmäßiges Üben von Alpha werden Sie ganz allmählich eine Veränderung in diese Richtung feststellen können. Je öfter Sie Gebrauch von Alpha machen, um so mehr werden sich die Attribute der rechten Spalte in Ihrem Leben manifestieren.

24

Heilung durch Entspannung

1. Schließen Sie die Augen, und richten Sie sie leicht augenbrauenwärts.
2. 2A, 3A, 3B und 3C sind Ihnen freigestellt. Zählen Sie langsam, ohne Hast, von fünfundzwanzig auf eins. Tun Sie es in Gedanken, und lassen Sie sich nach jeder Zahl eine Sekunde Zeit.
   A. Richten Sie Ihre Aufmerksamkeit, bei der Kopfhaut beginnend, auf die verschiedenen Körperteile und Muskelgruppen, und entspannen Sie diese in Abwärtsrichtung.
3. Wenn Sie bei eins angelangt sind, erzeugen Sie in der Vorstellung ein attraktives Bild von sich selbst, Gesundheit und Kraft ausstrahlend.
   A. Fragen Sie sich, warum Sie diese spezielle Krankheit haben. Lassen Sie Ihre Gedanken umherschweifen.
   B. Wenn Sie hauptsächlich an eine bestimmte Person denken, stellen Sie sich diesen Menschen vor.
   C. Vergeben Sie einander in Ihrer Vorstellung. Stellen Sie sich vor, wie Sie sich die Hände schütteln oder umarmen. Lächeln Sie sich an, nicken Sie sich in gegenseitigem Einverständnis zu. Freuen Sie sich darüber.
4. Wiederholen Sie innerlich: »Mein Körper und mein Geist werden in jeder Hinsicht stets vollkommen gesund sein.«
5. Sagen Sie sich nun: »Ich zähle jetzt von eins bis fünf. Bei fünf werde ich die Augen öffnen. Ich werde mich gut und gesund fühlen, besser als vorher.«
6. Beginnen Sie zu zählen. Bei drei wiederholen Sie die Affirmation.

7. Zählen Sie weiter auf fünf. Öffnen Sie die Augen und bekräftigen Sie innerlich: »Ich bin hellwach. Ich fühle mich besser und gesünder als vorher, und so wird es auch bleiben.«

Manche Menschen erfahren eine Besserung ihres Krankheitszustandes oder auch eine vollständige Heilung allein dadurch, daß sie lernen, Alpha zu erzeugen.

G. S., eine ältere Dame um die Sechzig, informierte ihren Kursleiter, daß er sich nicht darum bekümmern solle, wenn sie ab und zu den Saal verließe, aber sie hätte eine nicht ausgeheilte Kolitis und müsse einfach öfters auf die Toilette.

Der Kursleiter zeigte Verständnis, meinte aber gleichzeitig, daß sie sich möglicherweise umsonst Sorgen mache.

So war es denn auch. Nur dadurch, daß die alte Dame lernte, Alpha zu erzeugen, kurierte sie sich völlig unabsichtlich von ihrer Kolitis.

Eine andere Frau, Louise Owen, erfuhr im September 1980, daß sie nicht mehr lange leben würde. Ein Jahr lang hatte ihr Arzt vergeblich versucht, sie von einer bösartigen Hepatitis zu befreien. In dieser Zeit hatte die Krankheit bereits auf den ganzen Körper übergegriffen, ihr Schicksal schien besiegelt.

Eines Tages blätterte sie in einem Buch über die Silva-Methode. Sie fühlte sich davon angesprochen, und nachdem sie es durchgelesen hatte, suchte sie im Telefonbuch die nächstgelegene Silva-Kontaktadresse und meldete sich für den zweiwöchigen Kurs an:

Am Ende der ersten Woche hatte ich einen Termin bei meinem Arzt, berichtet Louise Owen. Er machte eine routinemäßige Blutuntersuchung und konnte das Ergebnis nicht glauben: Meine Leberwerte waren vollkommen in Ordnung. Er hielt es für einen Irrtum und wiederholte den Test, der das erste Ergebnis jedoch bestätigte. Ich war gesund!

Mein Arzt stand vor einem Rätsel. Ein Patient, der innerhalb einer Woche von einer bösartigen Hepatitis genas – das hatte er noch nie erlebt. Heute, ein Jahr danach, geht es mir immer noch gut, und ich bin bei bester Gesundheit.

Was war geschehen?

Die erste Hälfte des Kursprogramms umfaßt zwölf »Alpha-Sitzungen« von jeweils fünfzehn Minuten Dauer, daneben Techniken, die den Alphazustand vertiefen und solche, die zur Lösung spezieller Gesundheitsprobleme geeignet sind.

Was das alles mit der Hepatitis von Louise Owen zu tun hat? Eine ganze Menge. Die Entspannungsübung zur Erzeugung von Alpha enthält nämlich eine positive Affirmation. »Mein Körper und mein Geist werden in jeder Hinsicht stets vollkommen gesund sein.« Ich möchte an dieser Stelle noch einmal die Bedeutung des Alphazustandes in Verbindung mit einem positiven, geistigen Klima betonen. In vielen Fällen verschwinden kleinere Beschwerden schon im Verlauf der ersten Kurstage, ohne daß die betreffende Person eine bestimmte Technik angewendet hätte. Eine Kursteilnehmerin, die jahrelang von einer chronischen Gesichtsneuralgie geplagt wurde, verkündete nach der Hälfte des Kurses, daß die Schmerzen völlig verschwunden seien. Ein Versicherungsagent, der während des Kurses ständig fragte, wie er sich von seiner Arthritis befreien könnte, und dabei seine Hand hochhielt, um allen seine steifen Finger zu zeigen, rief plötzlich erstaunt, daß seine Arthritis fort sei, und führte der Klasse vor, wie beweglich die Finger nun wieder waren.

Damit soll nicht gesagt werden, daß Sie die Methode hinfort außer acht lassen und einfach nur noch in Alpha verharren sollten. Aber werfen Sie auch nicht gleich das Handtuch, weil Ihnen Ihr spezielles Problem zu schwerwiegend für so eine »einfache« Übung zu sein scheint, oder weil Ihnen die psychologische Komponente der Krankheit nicht gar klar ist.

Wagen Sie den Sprung! Testen Sie die Methode. Verbringen Sie mindestens fünfzehn Minuten im Alphazustand, und visualisieren Sie die Krankheit vor dem mentalen Projektionsfeld. Dann bewegen Sie das Bild ein wenig nach links. Sie führen die Heilbehandlung durch, bewegen das Bild noch weiter nach links und visualisieren sich selbst als völlig gesund.

25

Die Qualität der Visualisierung

1. Schließen Sie die Augen, und richten Sie sie leicht augenbrauenwärts.
2. 2A, 3A, 3B und 3C stehen Ihnen frei. Zählen Sie langsam, ohne Hast, von fünfundzwanzig auf eins. Lassen Sie sich nach jeder Zahl eine Sekunde Zeit.
A. Richten Sie Ihre Aufmerksamkeit, bei der Kopfhaut beginnend, auf die verschiedenen Körperteile und Muskelgruppen, und entspannen Sie diese in Abwärtsrichtung.
3. Wenn Sie bei eins angelangt sind, erzeugen Sie in der Vorstellung ein attraktives Bild von sich selbst, Gesundheit und Kraft ausstrahlend.
A. Fragen Sie sich, warum Sie diese spezielle Krankheit haben. Lassen Sie die Gedanken umherschweifen.
B. Wenn Sie hauptsächlich an eine bestimmte Person denken, stellen Sie sich diesen Menschen vor.
C. Vergeben Sie einander in Ihrer Vorstellung. Stellen Sie sich vor, wie Sie sich die Hände schütteln oder umarmen. Lächeln Sie sich an, nicken Sie sich in gegenseitigem Einverständnis zu. Freuen Sie sich darüber.
4. Wiederholen Sie innerlich: »Mein Körper und mein Geist werden in jeder Hinsicht stets vollkommen gesund sein.«
5. Sagen Sie sich nun: »Ich zähle jetzt von eins bis fünf. Bei fünf werde ich die Augen öffnen. Ich werde mich gut und gesund fühlen, besser als vorher.
6. Beginnen Sie zu zählen. Bei drei wiederholen Sie die Affirmation.
7. Zählen Sie weiter auf fünf. Öffnen Sie die Augen und bekräftigen Sie innerlich: »Ich bin hellwach. Ich fühle mich

besser und gesünder als vorher, und so wird es auch bleiben.«

Die Qualität der Visualisierung bestimmt das Ergebnis

Auf dem Jahrestreffen der Gesellschaft für Humanpsychologie wurde Robin Casarjian, Psychotherapeutin und Spezialistin für Streß-Management, gefragt, ob Visualisieren nicht so etwas wie Autosuggestion oder Selbsthypnose sei. Sie antwortete, daß genau das Gegenteil der Fall sei. Während der Visualisation hypnotisieren wir uns nicht, wir enthypnotisieren uns vielmehr!

Durch die Entspannung aktivieren wir die rechte Hemisphäre. Wenn wir in diesem Zustand visualisieren, machen wir somit Gebrauch von der rechten *und* der linken Hemisphäre, wir sind wachsamer, unsere Gedanken sind geschmeidiger, wir haben eine größere Kontrolle über unsere geistigen Vorgänge. Dies trifft bei der Hypnose nicht zu. Je leichter wir uns entspannen, je klarer wir visualisieren, um so schneller werden wir gesund.

Ich will es nochmals wiederholen: Es ist nicht nötig, in Technicolor-Qualität und bis ins kleinste Detail genau zu visualisieren. Tun Sie es Ihren Fähigkeiten und Möglichkeiten entsprechend. Sie sollten dabei unverkrampft sein und sich wohl fühlen. Wenn das der Fall ist, setzen Sie Ihre Visualisationen fort wie gehabt. Mit der Zeit werden Sie sich wie von selbst tiefer entspannen, und die Visualisation wird genauer werden. Vorbedingung ist nur, daß Sie sich darin üben. Und warum sollten Sie auf die segensreichen Wirkungen einer solchen Übung verzichten wollen? Schon aus der Entspannung allein ziehen Sie auf jeden Fall einen Nutzen. »Übung macht den Meister«, so lautet ein altes Sprichwort. Es kann demnach einfach immer nur besser werden!

Bestimmte Hilfsmittel sind dazu geeignet, die Qualität

der Visualisation zu verbessern. So besteht eine der Grundübungen darin, sich selbst zu visualisieren. Hier hat sich die »Spiegelübung« besonders bewährt. Betrachten Sie sich im Spiegel, schließen Sie die Augen. Nun rufen Sie sich Ihr Gesicht in Erinnerung zurück. Nach einer Weile öffnen Sie die Augen und überprüfen, wie gut es Ihnen gelungen ist. Wenn Sie Lippen, Nase oder Augen nicht sonderlich gut getroffen haben, prägen Sie sich die Details genau ein. Schließen Sie sodann die Augen, und wiederholen Sie den Vorgang. Nach einer Weile überprüfen Sie die Visualisation anhand der Realität. Diesmal sollten Sie sich genauer getroffen haben.

Bei einer anderen Übung geht es darum, sich beispielsweise während einer Unterhaltung oder der Lektüre eines Buches das gerade Gehörte beziehungsweise Gelesene vorzustellen. Vielleicht hat ein Bekannter Ihnen soeben von seinem neuen Auto vorgeschwärmt. Stellen Sie es sich vor. Sie brauchen das Gespräch deswegen nicht zu unterbrechen. Oder vielleicht beschreibt der Autor des Buches, das Sie gerade lesen, in aller Ausführlichkeit ein herrschaftliches Haus. Stellen Sie es sich vor, während Sie die Beschreibung lesen. Je öfter Sie visualisieren und sich Dinge vorstellen, um so geschickter und erfahrener werden Sie im Umgang mit Ihren kreativen Fähigkeiten. Werden Sie selbst zum Künstler – oder, wenn es um die Gesundheit geht, zum Therapeuten.

Regen Sie Ihre heilenden Energien an

Wenn Sie zur Tür gehen möchten, brauchen Sie die Absicht nicht durch einen verbalen Befehl zu unterstreichen. Der kurze Augenblick, in dem Sie sich in Gedanken aufstehen sehen, ist für das Gehirn Befehl genug, um sämtliche Vorbereitungen zu treffen. Es initiiert die notwendigen physiologischen Prozesse, die mit dem angestrebten Bewegungsablauf zusammenhängen. Energien werden bereitgestellt, um Ihren Körper über die Entfernung hinweg zur Tür zu tragen, die Muskulatur wird in Bereitschaft versetzt, um die nötigen Bewegungen zu koordinieren.

Eine Heilung geschieht nach demselben Muster.

Sie möchten gesund sein. Sie halten den Gedanken in Ihrer Vorstellung aufrecht. Dieses Bild ist für das Gehirn Befehl genug, um alle dafür notwendigen physiologischen Veränderungen in die Wege zu leiten und das gewünschte Resultat hervorzubringen.

Es fällt Ihnen nicht schwer, zur Tür zu gehen. Sie wissen, was Sie tun müssen, um dorthin zu kommen. Sie brauchen nun nichts weiter zu tun, als das Bild in Ihrer Vorstellung auszutauschen, und die Energie wird auf die Heilung verwendet anstatt darauf, zur Türe zu gehen.

Bleiben wir noch einen Augenblick bei dieser Analogie. Wenn Sie zur Tür gehen möchten, haben Sie sich aus verschiedenen Gründen heraus dafür entschieden und wollen oder müssen es jetzt tun. Sie zweifeln keine Sekunde daran, daß Sie dort ankommen werden. Sie stehen auf und gehen hinüber. Nächstes Bild. Sie möchten gesund werden. Sie treffen, aus welchen Gründen auch immer, die Entscheidung, jetzt gesund zu werden. Sie zweifeln nicht daran, daß Sie mit der Alphavisualisation über das nötige Rüstzeug verfügen, um dieses Ziel zu erreichen. Sie erzeugen Alpha und visualisieren die Heilung. Sie werden gesund. Auf welchen Wegen genau die Vorstellung vom Sieg des Immunsystems über die bakterielle Invasion zum Ergebnis führt, werden wir, für den Augenblick zumindest, den Psychneuroimmunologen überlassen und uns damit bescheiden, daß es funktioniert.

Erzeugen Sie Alpha. Visualisieren Sie Ihr Problem. *Visualisieren* bedeutet nichts weiter, als sich im Geist etwas in Erinnerung zurückzurufen, das Sie bereits kennen oder gesehen beziehungsweise sich schon einmal vorgestellt haben. *Vorstellen* bedeutet imaginieren, das heißt, sich im Geist etwas auszumalen, von dem man noch kein reales Bild hat. Ihren Körper und Ihre Krankheit kennen Sie ja bereits, also macht es Ihnen keine allzu großen Schwierigkeiten, entsprechend zu visualisieren. Anders sieht es aus, wenn, um Korrekturen in der Problemzone vorzunehmen, Maßnahmen nötig sind, mit denen Sie Neuland betreten, wie etwa eine Hauttransplantation, die Entfernung eines Gallensteins, der zertrümmert werden soll, oder der Aufmarsch einer ganzen Armee weißer Blutkörperchen. In solchen Fällen müssen Sie imaginieren, nicht visualisieren, das heißt, Sie müssen sich etwas Unbekanntes vorstellen. Dabei macht es nichts, wenn das Bild anatomisch nicht allzu genau ausfällt. Die Vorstellung von der Heilung kommt trotzdem an, weil das entsprechende Konzept im Gehirn gespeichert ist, und es ist dieses Konzept, das die Programmierung erst bewirkt. Vorstellungen sind in Bilder übersetzte Konzepte.

Wenn Sie diesen einfachen Zusammenhang erkannt haben, der zwischen der Anwendung von Vorstellungsbildern und der Wiederherstellung der Gesundheit besteht, können Sie das Prinzip auf jede beliebige Situation übertragen.

Visualisation versus Imagination

Manchen Menschen fällt es leichter zu visualisieren als zu imaginieren, das heißt, sich etwas Unbekanntes vorzustellen. Beim Imaginieren haben Sie das Gefühl, ziellos im Reich ihrer Phantasie umherzuirren, und außerdem fürchten Sie sich davor, Fehler zu machen.

Seien Sie getrost, das Gehirn erkennt und entschlüsselt auch weniger konkrete Heilungsinformationen. Von entscheidender Bedeutung ist jedoch, daß Sie sich mit dem, was Sie tun, wohl fühlen. Wenn Sie zu den Menschen gehören, die nur ungern mit Vorstellungsbildern arbeiten, fragen Sie sich, ob Sie in Ihrem tiefsten Inneren möglicherweise Zweifel hegen. Zweifel sind subversive Elemente, sie untergraben alle Ihre Anstrengungen. Deshalb gilt: Fühlen Sie sich wohl.

Man hat herausgefunden, daß imaginierte Bilder beachtlich realitätsgetreu ausfallen. Anders ausgedrückt scheinen wir in der Lage zu sein, kraft der Imagination Informationen aufzuspüren, die außerhalb der Reichweite unseres normalen Sehvermögens liegen. Diesem Phänomen, auch »remote viewing« genannt, was soviel wie »Fern-sehen« heißt, ging man in Menlo Park, Kalifornien, mit Unterstützung der amerikanischen Regierung zehn Jahre lang intensiv nach. Es war ein millionenschweres Projekt, welches diese Art der Wahrnehmung auf ihre Genauigkeit und Zuverlässigkeit hin überprüfen und nach Möglichkeiten forschen sollte, sie weiterzuentwickeln. Gleichzeitig forschten ein gutes Dutzend anderer Organisationen an ähnlichen Projekten. Die Testpersonen lernten, Gegenstände zu beschreiben, aber auch Gebäude, Gegenden oder Ereignisse, die sich Tausende von Meilen entfernt befanden beziehungsweise abspielten. Die Beschreibungen erfolgten mit bis zu achtzigprozentiger Genauigkeit, selbst bei vorher in dieser Art der Wahrnehmung unerfahrenen Personen. Die wohl wichtigste, im Lauf der Jahre gewonnene Erkenntnis war, daß mit zunehmender Übung auch die Genauigkeit der Wahrnehmung wuchs. Lernen beruht auf Feedback, auf Rückmeldung, und die erhält man durch Praxis. Wenn Kinder laufen lernen, fallen sie unzählige Male hin, stehen wieder auf und probieren es erneut. Jeder Sturz des Kindes vermittelt dem Kortex, der Hirnrinde, wichtige Informationen, die gespeichert werden. So lernt das Gehirn, diesen Fehler in Zukunft zu vermeiden. Ähnlich verhält es sich beim Erlernen der Sprache oder eines Musikinstruments.

Feedback ist auch die Antriebskraft unseres inneren Arztes. Sie entspannen sich und erzeugen ein inneres Vorstellungsbild. Nichts geschieht. Scheinbar. Aber Sie geben nicht auf. Unverdrossen entspannen Sie sich ein zweites Mal, dann ein drittes Mal. Dabei erzeugen Sie jedesmal ein positives Vorstellungsbild. Und »plötzlich« findet Heilung statt, denn Sie haben mit jedem Mal Üben dazu gelernt, für Feedback gesorgt. Vielleicht haben Sie sich beim zweiten Mal schon etwas anders entspannt, möglicherweise war aber auch das Vorstellungsbild etwas klarer, oder Sie haben mehr Zeit darauf verwendet. Was immer Sie anders gemacht haben, es wurde gespeichert und ausgewertet. Durch Üben und Feedback fand Lernen statt. Ebenso können wir durch häufiges Üben lernen, das Bewußtsein noch mehr zu erweitern, so daß wir, auch über Entfernungen hinweg, Dinge wahrnehmen können, die unseren gewöhnlichen Sinnen verborgen bleiben. Der Weg dazu führt über die Entspannung und den Gebrauch der Imagination. Durch sie aktivieren wir die rechte Hirnhemisphäre und sind in der Lage, die Grenzen von Raum und Zeit zu überwinden. Für die Heilung anderer Menschen ist dies von entscheidender Bedeutung.

Innere Filme

S. M. war vierzehn Jahre alt. Seit dem vierten Lebensjahr litt sie an schwerem Asthma. Wegen der Schwere ihrer Anfälle mußte sie häufig mit dem Notarztwagen in die Klinik eingeliefert werden. Eines Tages hörte ihr Vater von der Silva-Methode und beschloß, seiner Tochter dabei zu helfen, sich selbst zu helfen. Die Mutter zeigte sich skeptisch, ließ ihn aber gewähren.

Als S. M. wieder einen ihrer Anfälle hatte, führte der Vater sie schrittweise durch folgende Übung:

Stell dir vor, du befindest dich in deinem Körper. Da sind deine Lungen. Aber die sind ja ganz grau statt hellrosa, als würden sie nicht genügend Luft bekommen. Und da sitzt doch tatsächlich ein kleiner Kerl in deiner Lunge, er sieht wie ein Kobold aus. Er hat seine Hand an einem Hebel. Auf der einen Seite des Hebels steht »krank«, auf der anderen »ge-

sund«. Jetzt steht der Hebel auf »krank«. Ich glaube, dem kleinen Kerl ist langweilig. Laß uns ein wenig mit ihm spielen. Atme ganz tief ein, mal sehen, was passiert. (S. M. atmet tief ein und hat prompt einen Hustenanfall.) He, er hat die Luft gespürt, sie hat ihn gekitzelt. Schau, er hat den Hebel ein klein wenig auf »gesund« gedreht, und deine Lungen sehen schon rosiger aus als vorhin. Wollen mal sehen, was passiert, wenn du dreimal ein- und ganz lang ausatmest. (S. M. hustet bei jedem Atemzug.) Sieh her, jetzt hat er den Hebel ganz auf »gesund« gestellt. Und deine Lungen sehen richtig rosa aus.

An dieser Stelle unterwies der Vater S. M., selbst weiterzumachen, und verließ das Zimmer. Eine Viertelstunde später schaute er nach seiner Tochter und fragte, in welcher Stellung der Hebel sich befände. Sie antwortete, daß er fast auf »gesund« stünde. Nach fünfundvierzig Minuten, in denen S. M. sich bewußt atmend ganz in ihre Vorstellung vertiefte, verkündete sie, daß der Hebel auf »gesund« gerückt sei, und schlief ein.

Erstmals hatte sie nicht ins Krankenhaus gemußt. Von dem Tag an half S. M. sich mit dieser Vorstellungsübung. Spürte sie die ersten Anzeichen eines nahenden Anfalls, zog sie sich zurück. Innerhalb von zehn Minuten, später fünf, war alles überstanden.

Das wichtige an solch einem inneren Film ist, daß das Problem aufgezeigt und gelöst wird, mit Happy-End gewissermaßen.

Eine Kursteilnehmerin fühlte sich von einer Tanznummer, dem Can-Can, besonders inspiriert. Jedesmal, wenn die Tänzerinnen die Beine in die Luft warfen, stellte sie sich vor, daß ihre Krankheitserreger wie Bälle davongeschleudert wurden. Ein Mann stellte sich seine weißen Blutkörperchen als Marinetaucher vor, die eine Invasion von Erregern abwehrten. Im Film Ihrer Heilung sind Sie Autor, Produzent und Regisseur. Was Sie sich ausdenken, geschieht.

1. Erzeugen Sie Alpha.
2. Stellen Sie sich vor, Sie befinden sich an der erkrankten Stelle.
3. Film läuft: Sie beheben das Problem.
4. Happy-End: Das Problem wurde aus der Welt geschafft.
5. Beenden Sie die Visualisation.

26

Brechen Sie mit schlechten Gewohnheiten

1. Schließen Sie die Augen, und richten Sie sie leicht augenbrauenwärts.
2. 2A, 3A, 3B und 3C sind Ihnen freigestellt. Zählen Sie langsam, ohne Hast, von fünfundzwanzig auf eins. Tun Sie es in Gedanken, und lassen Sie sich nach jeder Zahl eine Sekunde Zeit.
   A. Richten Sie Ihre Aufmerksamkeit, bei der Kopfhaut beginnend, auf die verschiedenen Körperteile und Muskelgruppen, und entspannen Sie diese in Abwärtsrichtung.
3. Wenn Sie bei eins angelangt sind, erzeugen Sie in der Vorstellung ein attraktives Bild von sich selbst, Gesundheit und Kraft ausstrahlend.
   A. Fragen Sie sich, warum Sie diese spezielle Krankheit haben. Lassen Sie die Gedanken umherschweifen.
   B. Wenn Sie hauptsächlich an eine bestimmte Person denken, stellen Sie sich diesen Menschen vor.
   C. Vergeben Sie einander in Ihrer Vorstellung. Stellen Sie sich vor, wie Sie sich die Hände schütteln oder umarmen. Lächeln Sie sich an, nicken Sie sich in gegenseitigem Einverständnis zu. Freuen Sie sich darüber.
4. Wiederholen Sie innerlich: »Mein Körper und mein Geist werden in jeder Hinsicht stets vollkommen gesund sein.«
5. Sagen Sie sich nun: »Ich zähle jetzt von eins bis fünf. Bei fünf werde ich die Augen öffnen. Ich werde mich gut und gesund fühlen, besser als vorher.«
6. Beginnen Sie zu zählen. Bei drei wiederholen Sie die Affirmation.

7. Zählen Sie weiter auf fünf. Öffnen Sie die Augen und bekräftigen Sie innerlich: »Ich bin hellwach. Ich fühle mich besser und gesünder als vorher, und so wird es auch bleiben.«

Hoffnung für Alkoholiker

Vor einiger Zeit wurde von einer Rehabilitierungsanstalt für Alkoholiker eine Studie angefordert. Fünfzehn sich in Therapie befindende Alkoholiker, dreizehn Männer und zwei Frauen, füllten den 16PF Cattel, einen Standard-Persönlichkeitsfragebogen aus, nahmen dann an einem Silva-Seminar teil und füllten den Fragebogen anschließend noch einmal aus.

Das Ausfüllen der Fragebögen, die sechzehn Fragen zur Persönlichkeit enthalten, wurde von einem Psychologen überwacht, der zusammen mit den Alkoholikern am Kurs teilnahm.

Die Auswertung ergab einige augenfällige Veränderungen. In der Hauptsache waren diese auf ein neues Selbstbewußtsein der Teilnehmer zurückzuführen, von dessen Stärke oder Schwäche es abhängt, ob wir uns in den Konfliktsituationen des täglichen Lebens erfolgreich behaupten oder nicht. Oft ist mangelndes Selbstbewußtsein ein Hinweis auf eine krankhafte Störung.

Das neue, gestärkte Selbstbewußtsein der Therapieteilnehmer war ein deutlicher Hinweis darauf, daß sie zu einer gesünderen Einstellung sich selbst gegenüber sowie zu einer größeren emotionellen Stabilität gefunden hatten. Menschen mit einer inneren Ausrichtung, das heißt, mit der Fähigkeit, Entscheidungen im Einklang mit sich selbst zu treffen, sind auch zu größerer Selbstkontrolle fähig. Eine weitere positive Veränderung fand statt von engstirnigem, selbstsüchtigem Verhalten hin zu einer offenen, unprätentiösen, nicht-manipulativen Art, sowie zu einer teilweise fast kindlich-naiven Fähigkeit, sich zu freuen oder überhaupt Gefühle zu äußern. Darüber hinaus zeigten die Teilnehmer ein stärkeres Selbstvertrauen, das heißt, sie hatten generell eine größere innere Festigkeit erlangt, die sie von äußerer Bestätigung unabhängiger machte. So fühlten sie sich im Gegensatz zu vorher in der Lage, Konfliktsituationen zu meistern, und bewerteten sich selbst nicht mehr als »zaghaft, verklemmt und leicht einzuschüchtern«, sondern als »wagemutig und kontaktfreudig«.

Möglicherweise liegt der Schlüssel zum Verständnis der Verhaltensweisen eines Alkoholikers in seiner Selbsteinschätzung als »leicht einzuschüchternder Typ«, der den Alkohol dazu benutzt, um sich »Mut« anzutrinken – als Ausgleich gewissermaßen. Wenn er statt dessen lernt, mit seinen Ängsten umzugehen, und dadurch ein neues Selbstverständnis erlangt, braucht er keinen Alkohol mehr.

Auch in anderen Persönlichkeitsbereichen zeigten die Testpersonen eine beachtliche Hinwendung zu »entspanntem, ruhigem, ausgeglichenem und gesetztem Verhalten«, anstelle der vorher »angespannten, unausgeglichenen« Verfassung. Als einzelne und als Gruppe reflektierten sie eine Abnahme innerer Spannungen. Ergebnis der Erfahrung, daß wir unsere Stimmungen und Ängste, ja unsere Lebensumstände selbst in der Hand haben.

Sechs Monate später wurden die fünfzehn Teilnehmer zu einer Nachuntersuchung gebeten. Zwölf von ihnen hatten keinen Tropfen Alkohol angerührt, einer hatte sich zu einem Glas Wein hinreißen lassen, war aber nicht weiter gegangen. Ein weiterer hatte sich zweimal einen leichten Rausch angetrunken, konnte aber aufhören, bevor er sich sinnlos betrank. Der letzte schließlich mußte sich wegen einer Alkoholvergiftung den Magen auspumpen lassen.

Bei der Behandlung von Alkoholismus reicht es also nicht aus, sich einfach nur vorzustellen, daß man keinen Tropfen mehr anrührt. Eine wesentliche Rolle spielt dabei die Stärkung von Selbstvertrauen, Selbstverständnis und Selbstbewußtsein durch positives Programmieren. Sie können eine positive Programmierung auch durch Affirmationen und zusätzliche Vorstellungsbilder bekräftigen. Nehmen Sie in der Visualisation das positive Ergebnis der Programmierung vorweg. Sie gehen aufrechter. Sie haben eine positive Ausstrahlung. Der Gedanke an Alkohol läßt Sie kalt. Nun fehlt nur noch das letzte Bild: Sie führen ein normales Leben ohne die Tyrannei des Alkohols.

All dies ist nicht so einfach, wie es vielleicht klingen mag. Ich rate jedem Alkoholiker, das gesamte Kursprogramm zu absolvieren und sich aus einer ganzheitlichen Sicht heraus mit diesem komplizierten, ganzheitlichen Problem auseinanderzusetzen. Trotzdem gibt es gewiß genügend Personen, die das Problem auf die beschriebene Weise in den Griff bekommen können. Fangen Sie heute noch damit an.

Die Drei-Bilder-Technik

Es ist möglicherweise leichter, sich einen Gallenstein, den man noch nie vorher gesehen hat, vorzustellen, als das Problem des Alkoholismus, auch wenn man es in- und auswendig kennt. Dennoch verwendet man in beiden Fällen dieselbe Programmierungstechnik, nämlich die sogenannte Drei-Bilder-Technik. Dabei handelt es sich um drei Vorstellungsbilder, die nach links – in die Zukunft weisend – bewegt werden. Erstes Bild: Das Problem. Bei einem Alkoholiker läßt es sich vielleicht als geschädigte Leber darstellen. Am einfachsten ist es jedoch, wenn wir uns eine Situation vorstellen, die wir schon oft genug erlebt haben, zum Beispiel wie die Welt um uns herum sich zu drehen beginnt oder wir an einer Bar sitzen und Glas um Glas hinunterkippen.

Dieses Bild identifiziert unser Problem, deshalb projizieren wir es direkt vor uns auf das mentale Projektionsfeld. Nun bewegen wir es ein wenig nach links – zweites Bild – und beheben das Problem. Das dritte und letzte Bild schließlich zeigt Sie nüchtern in einer Welt ohne Alkohol.

Das zweite Bild ist eine individuelle Schöpfung. Was dem einen hilft, muß nicht notwendigerweise auch einem anderen helfen. In der erwähnten Studie nahmen alle Testpersonen am gesamten Kursprogramm teil, das weitaus mehr Heilanwendungen und Methoden zur Entwicklung der Persönlichkeit umfaßt, als hier beschrieben werden. Sie alle mitaufzunehmen, hätte den Rahmen dieses Buches gesprengt.

Hoffnung für Raucher und Übergewichtige

Jede Form von Exzess schadet Geist und Körper, nicht nur ein Zuviel an Alkohol. So ist es längst erwiesen, daß Raucher früher sterben als Nicht-Raucher.

Wir wollen untersuchen, wie wir mit Hilfe von Alpha von der gesundheitsschädlichen Gewohnheit des Rauchens ablassen können. Zusätzlich zu der Grundübung möchte ich eine weitere, sogenannte Trigger-Technik, wie die schon erwähnte Drei-Finger-Technik einführen. Eine Trigger-Technik ist eine Programmierung, die das gewünschte Resultat jedesmal dann »antriggert«, wenn wir eine bestimmte Handlung ausführen.

Als ich beispielsweise den kranken Priester bat, morgens und abends je ein halbes Glas Wasser zu trinken, wendete ich eine Trigger-Technik an. Ich programmierte, daß er mit jedem Schluck Wasser gesünder werden würde. Sie können programmieren, daß immer, wenn Sie einen Schluck Wasser trinken, der Wunsch nach einer Zigarette, einer Süßigkeit oder einem schnellen Imbiß zwischen den Mahlzeiten verschwindet. Ebensogut können Sie programmieren, daß dieselbe Wirkung jedesmal dann eintritt, wenn Sie dreimal hintereinander tief atmen.

Exzessives Rauchen, wie auch exzessives Essen oder Trinken, ist ein ganzheitliches Problem, das auch eine ganzheitliche, auf die Bedürfnisse des Individuums abgestimmte

Therapie erfordert. Dennoch können die nachstehend genannten Schritte Ihnen als Starthilfe oder einfach nur als Anhaltspunkt dienen. Probieren Sie es aus. Wenn Sie damit arbeiten können, übernehmen Sie sie. Die beiden ersten Schritte sind die allerwichtigsten, sie sind gewissermaßen die Voraussetzung für die darauffolgenden.

Rauchen

1. Erzeugen Sie Alpha. Analysieren Sie die Gewohnheit. Wann geben Sie ihr nach? Wie fühlen Sie sich dabei?
2. Arbeiten Sie täglich mit dem Vorstellungsbild, um die in 1. aufgedeckten Schwachstellen auszumerzen.
3. Machen Sie Gebrauch von einer Trigger-Technik. Programmieren Sie, daß Sie nur dreimal tief zu atmen oder einen Schluck Wasser zu trinken brauchen, um das Verlangen nach einer Zigarette zu überwinden...
4. Wenden Sie die Drei-Bilder-Technik an:
   Erstes Bild: Das Problem. Sie sind ein Raucher.
   Zweites Bild: Sie beheben das Problem durch Anwendung der persönlichkeitsstärkenden Maßnahmen sowie einer Trigger-Technik.
   Drittes Bild: Sie sind ein Nichtraucher. An der Wand hängt ein Kalender, auf dem das Datum vermerkt ist, an dem Sie Ihr Ziel erreicht haben. Geben Sie sich mindestens einen Monat Zeit.
5. Programmieren Sie, daß Sie erst am Nachmittag die erste Zigarette rauchen werden oder zwischen den Zigaretten längere Zeiträume verstreichen lassen. Schrauben Sie die Anforderungen nach einigen Tagen in die Höhe.

Freßlust

1. Erzeugen Sie Alpha. Analysieren Sie die Gewohnheit. Wann geben Sie ihr nach? Wie fühlen Sie sich dabei?
2. Arbeiten Sie täglich mit dem Vorstellungsbild, um die in 1. aufgedeckten Schwachstellen zu überwinden.
3. Machen Sie Gebrauch von einer Trigger-Technik. Programmieren Sie, daß Sie nur tief atmen, Wasser trinken

oder ein Stück Karotte essen müssen, um das Verlangen nach einem Imbiß völlig zu beseitigen.

4. Wenden Sie die Drei-Bilder-Technik an.
   Erstes Bild: Visualisieren Sie das Problem.
   Zweites Bild: Beheben Sie das Problem durch Anwendung der persönlichkeitsstärkenden Maßnahmen sowie einer Trigger-Technik.
   Drittes Bild: Sie haben Ihr Idealgewicht erreicht. Stellen Sie sich die Waage vor. An der Wand hängt ein Kalender, auf dem das Datum vermerkt ist, an dem Sie Ihr Ziel erreicht haben. Stellen Sie sich Kleider in der angestrebten Größe vor.
5. Programmieren Sie, daß dickmachende Nahrungsmittel wie Fett, Zucker und Süßigkeiten Ihnen nicht mehr schmecken und daß nährstoffreichere Kost Sie vollkommen sättigt und Ihre Gelüste befriedigt.

27

Die Heilkraft der rechten Hemisphäre

1. Schließen Sie die Augen, und richten Sie sie leicht augenbrauenwärts.
2. 2A, 3A, 3B und 3C sind Ihnen freigestellt. Zählen Sie langsam, ohne Hast, von fünfundzwanzig auf eins. Tun Sie es in Gedanken, und lassen Sie sich nach jeder Zahl eine Sekunde Zeit.

   A. Richten Sie Ihre Aufmerksamkeit, bei der Kopfhaut beginnend, auf die verschiedenen Körperteile und Muskelgruppen, und entspannen Sie diese in Abwärtsrichtung.
3. Wenn Sie bei eins angelangt sind, erzeugen Sie in der Vorstellung ein attraktives Bild von sich selbst, Gesundheit und Kraft ausstrahlend.

   A. Fragen Sie sich, warum Sie diese spezielle Krankheit haben. Lassen Sie Ihre Gedanken umherschweifen.

   B. Wenn Sie hauptsächlich an eine bestimmte Person denken, stellen Sie sich diesen Menschen vor.

   C. Vergeben Sie einander in Ihrer Vorstellung. Stellen Sie sich vor, wie Sie sich die Hände schütteln oder umarmen. Lächeln Sie sich an, nicken Sie sich in gegenseitigem Einverständnis zu. Freuen Sie sich darüber.
4. Wiederholen Sie innerlich: »Mein Körper und mein Geist werden in jeder Hinsicht stets vollkommen gesund sein.«
5. Sagen Sie sich nun: »Ich zähle jetzt von eins bis fünf. Bei fünf werde ich die Augen öffnen. Ich werde mich gut und gesund fühlen, besser als vorher.«
6. Beginnen Sie zu zählen. Bei drei wiederholen Sie die Affirmation.

7. Zählen Sie weiter auf fünf. Öffnen Sie die Augen und bekräftigen Sie innerlich: »Ich bin hellwach. Ich fühle mich besser und gesünder als vorher, und so wird es auch bleiben.«

Egal, was Sie unter Zuhilfenahme der rechten Hirnhälfte unternehmen, es gelingt immer. Sie ist der Sitz der kreativen Energien, und wenn Sie sie aktivieren, schafft sie die gewünschten Resultate.

Musik kann heilen, wie auch Kunst, Lachen, Liebe oder die Vorstellungskraft, weil sie anregend auf die rechte Hemisphäre wirken. Die Silva-Geisteskontrolle ist eine von vielen Methoden, die es gibt, um die kreativen Fähigkeiten der rechten Hemisphäre gezielt anzuwenden, in diesem Fall, um Gesundheit zu erzeugen. Betrachten Sie sie als ein nützliches Werkzeug, eine leicht erlernbare Methode, die Ihnen den Einstieg in den Umgang mit kreativen Heilvisualisationen ermöglicht. Sie funktioniert immer. Gehen Sie mit den einzelnen Schritten der Methode getrost spielerisch um, schlagen Sie eigene Wege ein. Solange Sie dabei in Alpha verweilen, den Wunsch zu heilen, den Glauben und die Erwartung beibehalten, werden die positiven Auswirkungen dieselben sein.

Die Grundregeln der Silva-Heilvisualisation

1. Visualisieren Sie sich und Ihre Krankheit. Identifizieren Sie das Problem. Nehmen Sie sich ein bis zwei Minuten dafür Zeit.
2. Bewegen Sie das Bild leicht nach links. Beheben Sie das Problem. Nehmen Sie sich zwölf Minuten dafür Zeit.
3. Bewegen Sie das Bild noch ein wenig weiter nach links. Sehen Sie sich in Ihrer Vorstellung als völlig geheilt. Halten Sie diese Vorstellung ein bis zwei Minuten lang aufrecht.

Die Visualisation verbessern

Wie an anderer Stelle bereits erwähnt, ist es nicht unbedingt nötig, anatomisch korrekt oder detailliert zu visualisieren, dennoch läßt sich die Genauigkeit des Vorstellungsbildes meistens verbessern. Dazu einige Tips:

1. Um sich selbst besser visualisieren zu können, machen Sie die Spiegelübung. Prägen Sie sich Ihr Gesicht ein, schließen Sie die Augen, und rufen Sie es sich in Erinnerung zurück. Nun öffnen Sie die Augen und überprüfen die Genauigkeit der Visualisation. Wiederholen Sie die Übung so lange, bis Sie ein zufriedenstellendes Resultat zustandebringen.
2. Um das Visualisationsvermögen generell zu verbessern, nehmen Sie sich untertags mehrmals einige Minuten Zeit, und visualisieren Sie Dinge, an die Sie gerade denken.
3. Wenn Sie sich von einer Krankheit kein rechtes Bild machen können, vertrauen Sie der Imagination, und stellen Sie sie sich vor, so gut Sie es eben können.

Visualisation und Imagination bei Herzbeschwerden:

1. Erzeugen Sie Alpha.
2. Visualisieren Sie sich in einer Situation, in der die Beschwerden typischerweise auftreten.
3. Bewegen Sie das Bild ein wenig nach links, und beheben Sie das Problem, beispielsweise indem Sie die Gefäßwand säubern oder ähnliches.
4. Bewegen Sie dieses Bild noch weiter nach links und sehen Sie sich in Ihrer Vorstellung als vollkommen gesund. Sie können dasselbe Bild wie in 2. verwenden, nur daß Sie diesmal beschwerdefrei sind.
5. Beenden Sie Alpha.
6. Wiederholen Sie die Übung dreimal täglich.

Im vorangegangenen Kapitel habe ich die Vorgehensweise bei drei gesundheitsschädlichen Gewohnheiten besprochen, die ich hier noch einmal kurz wiederholen will:

Alkoholismus

1. Erzeugen Sie Alpha. Analysieren Sie Ihre Trinkgewohnheit.
2. Treten Sie Unsicherheit, mangelndem Selbstvertrauen oder anderen persönlichen Schwachstellen, die bei der Analyse in 1. aufgetaucht sind, mit positiven Affirmationen entgegen.
3. Wenden Sie die Drei-Bilder-Technik an. Visualisieren Sie sich im betrunkenen Zustand. Als nächstes stellen Sie sich eine positive Reaktion auf die Affirmationen vor, aufrechte Haltung, selbstsicheres Auftreten. Schließlich sehen Sie sich als geheilt. Sie sind kein Trinker mehr und sehen gesund und blendend aus.

Rauchen

1. Erzeugen Sie Alpha. Analysieren Sie Ihre Rauchgewohnheit. Wann greifen Sie zur Zigarette? Wie fühlen Sie sich, wenn Sie sich eine Zigarette anzünden?
2. Verwenden Sie positive Affirmationen, die den in 1. aufgedeckten Schwächen entgegenwirken.
3. Programmieren Sie, daß dreimaliges, tiefes Atmen jedes Verlangen nach einer Zigarette beseitigt.
4. Wenden Sie die Drei-Bilder-Technik an: Visualisieren Sie sich als Raucher. Wiederholen Sie Affirmation und Programmierung wie in Schritt 2. und 3. Im dritten Bild sind Sie ein Gesundheit ausstrahlender Nichtraucher. Auf einem Kalender ist das Datum vermerkt, an dem Sie Ihr Ziel erreicht haben.

5. Programmieren Sie, daß Sie erst nachmittags die erste Zigarette rauchen und daß die Intervalle zwischen den Zigaretten zunehmend länger werden.

Freßsucht

1. Erzeugen Sie Alpha. Analysieren Sie Ihre Eßgewohnheiten. Wann nehmen Sie die erste, kleine »Zwischenmahlzeit« zu sich? Wie fühlen Sie sich dabei?
2. Verwenden Sie positive Affirmationen, die den in 1. aufgedeckten persönlichen Schwächen entgegenwirken, zum Beispiel den Satz: »Mit jedem Tag werde ich selbstbewußter.«
3. Programmieren Sie eine Trigger-Technik, die Ihren Heißhunger auf einen kleinen Imbiß beseitigt, zum Beispiel dreimaliges, tiefes Atmen, ein Stück Apfel oder Karotte essen und dergleichen mehr.
4. Wenden Sie die Drei-Bilder-Technik an. Im ersten Bild haben Sie Übergewicht. Im zweiten Bild wiederholen Sie die Affirmation aus 2. sowie die Programmierung aus 3. Im dritten Bild sind Sie rank und schlank. Sie tragen Kleider in der erwünschten Größe. Auf dem Kalender ist das Datum vermerkt, an dem Sie Ihr Ziel erreicht haben.
5. Programmieren Sie, daß kalorienreiche Nahrungsmittel (Fette, Süßigkeiten und so weiter) Ihnen nicht mehr schmecken und daß nährstoffreiche Kost Sie sättigt und Ihre Gelüste vollauf befriedigt.

Drehen Sie Ihren eigenen Heilungsfilm

Wenn es Ihnen schwerfällt, sich Ihre Krankheit vorzustellen, etwa weil es sich um eine innere Erkrankung handelt, von der Sie sich kein rechtes Bild machen können, versuchen Sie es mit einem Film.

1. Erzeugen Sie Alpha.
2. Stellen Sie sich vor, daß Sie an der schmerzenden, erkrankten Stelle in Ihrem Körper sind.
3. Film läuft. Sie analysieren das Problem und beheben es vollständig. Lassen Sie Ihrer Phantasie freien Lauf.
4. Beenden Sie Alpha. Wiederholen Sie die Übung dreimal täglich.

28

Anderen helfen ist Selbsthilfe

1. Schließen Sie die Augen, und richten Sie sie leicht augenbrauenwärts.
2. 2A, 3A, 3B und 3C sind Ihnen freigestellt. Zählen Sie langsam, ohne Hast, von fünfundzwanzig auf eins. Tun Sie es in Gedanken, und lassen Sie sich nach jeder Zahl eine Sekunde Zeit.
   A.Richten Sie Ihre Aufmerksamkeit, bei der Kopfhaut beginnend, auf die verschiedenen Körperteile und Muskelgruppen, und entspannen Sie diese in Abwärtsrichtung.
3. Wenn Sie bei eins angelangt sind, erzeugen Sie in der Vorstellung ein attraktives Bild von sich selbst, Gesundheit und Kraft ausstrahlend.
   A. Fragen Sie sich, warum Sie diese spezielle Krankheit haben. Lassen Sie die Gedanken umherschweifen.
   B. Wenn Sie hauptsächlich an eine bestimmte Person denken, stellen Sie sich diesen Menschen vor.
   C. Vergeben Sie einander in Ihrer Vorstellung. Stellen Sie sich vor, wie Sie sich die Hände schütteln oder umarmen. Lächeln Sie sich an, nicken Sie sich in gegenseitigem Einverständnis zu. Freuen Sie sich darüber.
4. Wiederholen Sie innerlich: »Mein Körper und mein Geist werden in jeder Hinsicht stets vollkommen gesund sein.«
5. Sagen Sie sich nun: »Ich zähle jetzt von eins bis fünf. Bei fünf werde ich die Augen öffnen. Ich werde mich gut und gesund fühlen, besser als vorher.«
6. Beginnen Sie zu zählen. Bei drei wiederholen Sie die Affirmation.

7. Zählen Sie weiter auf fünf. Öffnen Sie die Augen und bekräftigen Sie innerlich: »Ich bin hellwach. Ich fühle mich besser und gesünder als vorher, und so wird es auch bleiben.«

Der Schauplatz der folgenden Geschichte ist eine Wohngegend am Stadtrand von Honululu, Hawaii. Dreißig Personen, alle ehemalige Silva-Kursteilnehmer, treffen sich hier, um einen Gastredner zu hören. Man kennt sich, ist miteinander befreundet und trifft sich zweimal im Monat. Nach dem Vortrag bleibt die kleine Versammlung noch zu einer »Heilungssitzung« beieinander. Edward E. Kenney aus Thunder Bay in Ontario, Kanada, der an der Universität von Hawaii studiert, nennt den Namen seiner Schwester Colleen in Thunder Bay, die seit Jahren schon an der unheilbaren Crohn-Krankheit leidet, einer chronischen Entzündung des Dünndarms.

Bei einer früheren Operation war Colleen ein Teil des Dünndarms entfernt worden. Trotzdem hatte sich die Krankheit ausgebreitet. In periodischen Abständen erlitt sie die für die Krankheit typischen, heftigen Koliken, die ähnlich wie bei einer akuten Blinddarmentzündung verlaufen. Sie verbrachte mehr Zeit im Krankenhaus als zu Hause. Auch jetzt stand sie wegen akuter Beschwerden wieder kurz vor einer Operation.

»Colleen Marie Kenney, zweiunddreißig Jahre alt, wohnhaft in Rossport, Ontario, Kanada. Crohn-Krankheit.« Mehr erfahren die Anwesenden nicht. Jeder von ihnen erzeugt den Alphazustand und beginnt in seiner Vorstellung, Colleens Krankheit zu heilen. Drei Minuten später wird ihnen bereits der Name einer anderen Person genannt.

Einige Wochen darauf erhält Kenney Besuch von seiner Schwester. »Stell dir vor«, berichtet sie, »ich bin gesund.«

Er erzählt ihr von dem Treffen und fragt sie, ob sie Lust hätte, einmal mitzukommen. Sie willigt ein, da sie ihre unbekannten Wohltäter kennenlernen und ihnen danken möchte. Einige Tage später sieht die Gruppe den lebenden

Beweis ihrer Heilungsarbeit und der Wirksamkeit jener universellen Kraft, an der wir alle teilhaben.

Ein Jahr später schrieb Kenney uns nach Laredo, Texas.

Meine Schwester erfreut sich auch weiterhin bester Gesundheit. Früher lebte sie von einer kleinen Rente, weil sie wegen ihrer Krankheit nicht arbeiten konnte. Vergangenes Jahr hat sie den Winter über bei Schnee und Kälte in einem Park gearbeitet. Vor kurzem hat sie eine Stelle als Assistentin der Direktion in einem neu eröffneten Hotel angenommen.

Heilungen wie die oben beschriebenen sind keine Zauberei oder Zufallstreffer, sondern eine von Silva-Absolventen häufig praktizierte Hilfe am Nächsten, wenngleich Gruppen wie die oben erwähnte selten sind und die zu heilenden Krankheiten weitaus weniger schwerwiegend. Wenn Sie gelernt haben, Alpha zu erzeugen, spielt Distanz für die Heilung keine Rolle. In gewisser Hinsicht ist die Heilung einer anderen Person sogar leichter als die eigene, denn sich selbst zu heilen heißt, eigene Fehler ausbügeln zu müssen. Wenn Sie einem anderen Menschen helfen, stehen Sie wenigstens auf neutralem Boden. Die Vorgehensweise unterscheidet sich von der Selbstheilung nur darin, daß sie weniger zeitaufwendig ist. Eine Heilvisualisation in eigener Sache dauert fünfzehn Minuten, für eine andere Person drei. Außerdem sind weniger Sitzungen nötig. Die Wissenschaft hat für derartige Phänomene noch keine Erklärungen, so daß sich uns die Logik des Vorgangs augenblicklich noch nicht erschließt. Wir haben ja eben erst angefangen, zu verstehen, daß geistige Vorgänge den Körper steuern. Auf uns selbst bezogen können wir das gerade noch einsehen, aber was hat mein Geist mit Ihrem Geist zu tun? Die Frage ist berechtigt und könnte zum Stolperstein für die linke Gehirnhälfte werden, was in der Konsequenz auch die rechte Hemisphäre blockieren würde. Stellt man jedoch fest, daß da etwas funktioniert, auch ohne daß man das genaue Wie, Wo und Warum versteht, zweifelt man nicht länger und macht das Verständnis der genauen Funktionsweise nicht mehr zur Vorbedingung des Funktionierens. Bis dahin ist es allerdings hilfreich, wenn man der linken Hirnhälfte eine einigermaßen logische Erklärung anzubieten hat, auch wenn diese vorläufig noch unbestätigt ist.

Marge Wolcatt aus Port Isabel, Texas, berichtet:

Ich hatte multiple Sklerose im fortgeschrittenen Stadium. Als ich nach fünfzehnjähriger Krankheit die Silva-Methode kennenlernte, konnte ich mich nur mit Hilfe einer Ganz-Körper-Stütze aufrechthalten, die auch den Kopf stützte. Nachdem ich den Grundkurs absolviert hatte, war ich felsenfest davon überzeugt, daß diese Methode vielen anderen Menschen helfen würde, nur eben mir nicht. Ich redete so oft und überzeugt davon, daß ich prompt von Bekannten um Hilfe gebeten wurde. Also programmierte ich dreimal täglich für sie. Dann, wenn ich damit fertig war, programmierte ich auch für mich, obwohl ich wenig Hoffnung hatte. Schließlich war mir von meinen Ärzten bescheinigt worden, daß mein Fall aussichtslos sei. Natürlich wünschte ich mir, gesund zu werden, aber irgendwie wollte ich mich auch nicht davon abhängig machen, ob ich es nun wurde oder nicht.

Zwei Monate nach Abschluß des Kurses im März 1970 brauchte ich keine Kopfstütze mehr. Weitere zwei Monate später, im Mai, zerbrach die Schulterhalterung des Korsetts. Meine Tochter, die den Kurs zusammen mit mir besucht hatte, ermutigte mich, ganz darauf zu verzichten. Sie ahnte wohl, daß ich bereits mit dem Gedanken geliebäugelt hatte.

Ich versuchte es und habe sie seither nicht wieder angelegt. Einige Zeit danach erhielt ich Besuch von einem befreundeten Arzt, der selbst an MS litt und seine Praxis hatte schließen müssen. Er erklärte, daß nichts, auch nicht das geringste äußere Anzeichen an meine Krankheit erinnerte. Später erfuhr ich, daß auch er den Kurs besuchte, gesund wurde und die Praxis wiedereröffnen konnte.

Nach meiner Genesung besuchte ich meinen Arzt. Er war baß erstaunt und meinte, er habe schon von solchen Heilun-

gen gehört, ich sei jedoch die erste Person, die er auch persönlich kenne.

Das war vor zwölf Jahren. MS ist nie wieder aufgetreten.

Nun läßt sich gewiß nicht sagen, ob die Heilung von Marge Wolcott in erster Linie auf das Konto der Heilvisualisationen geht, die sie für andere durchführte, oder welchen Anteil die Programmierungen, die sie in eigener Sache vornahm, daran haben. Auf der Alphaebene existiert die Unterscheidung in »Ich« und »die anderen« nicht, die wir so selbstverständlich treffen.

Die rechte Hemisphäre ist, soviel scheint festzustehen, unsere Verbindung mit dem Wesen des Ursprungs, dem Bereich der Ursachen, aus dem unsere sichtbare, materielle Welt mit ihrem Raum-Zeit-Gefüge entsteht. Im Ursachenbereich gibt es weder Raum noch Zeit und demzufolge auch keine Trennung, wie wir sie gewöhnlich vornehmen. Auf der Alphaebene gilt: Wenn Sie einen anderen Menschen heilen, heilen Sie sich selbst.

29

Fernheilung

1. Schließen Sie die Augen, und richten Sie sie leicht augenbrauenwärts.
2. 2A, 3A, 3B und 3C sind Ihnen freigestellt. Zählen Sie langsam, ohne Hast, von fünfundzwanzig auf eins. Tun Sie es in Gedanken, und lassen Sie sich nach jeder Zahl eine Sekunde Zeit.
   A. Richten Sie Ihre Aufmerksamkeit, bei der Kopfhaut beginnend, auf die verschiedenen Körperteile und Muskelgruppen, und entspannen Sie diese in Abwärtsrichtung.
3. Wenn Sie bei eins angelangt sind, erzeugen Sie in der Vorstellung ein attraktives Bild von sich selbst, Gesundheit und Kraft ausstrahlend.
   A. Fragen Sie sich, warum Sie diese spezielle Krankheit haben. Lassen Sie die Gedanken umherschweifen.
   B. Wenn Sie hauptsächlich an eine bestimmte Person denken, stellen Sie sich diesen Menschen vor.
   C. Vergeben Sie einander in Ihrer Vorstellung. Stellen Sie sich vor, wie Sie sich die Hände schütteln oder umarmen. Lächeln Sie sich an, nicken Sie sich in gegenseitigem Einverständnis zu. Freuen Sie sich darüber.
4. Wiederholen Sie innerlich: »Mein Körper und mein Geist werden in jeder Hinsicht stets vollkommen gesund sein.«
5. Sagen Sie sich nun: »Ich zähle jetzt von eins bis fünf. Bei fünf werde ich die Augen öffnen. Ich werde mich gut und gesund fühlen, besser als vorher.«
6. Beginnen Sie zu zählen. Bei drei wiederholen Sie die Affirmation.

7. Zählen Sie weiter auf fünf. Öffnen Sie die Augen und bekräftigen Sie innerlich: »Ich bin hellwach. Ich fühle mich besser und gesünder als vorher, und so wird es auch bleiben.«

Einige Fallbeispiele

N. S. hatte Darmkrebs. Sie war schon zweimal operiert worden, als ihr Fall einem ehemaligen Silva-Kursteilnehmer anvertraut wurde. Dieser vernichtete das Krebsgeschwür im Alphazustand mit einem imaginären Laserstrahl, dazu auch alle Metastasen. Bei einer Nachuntersuchung wenige Monate später war der Krebs spurlos verschwunden. Die Entfernung zwischen Patient und Heiler hatte dreitausend Meilen betragen.

L. E. bat einen ehemaligen Kursteilnehmer wegen seinem vier Tage alten Sohn um Hilfe, der ohne eine erste Darmentleerung nicht aus dem Krankenhaus entlassen wurde. Wenn eine solche nunmehr nicht innerhalb von vierundzwanzig Stunden erfolgte, mußte sie künstlich herbeigeführt werden.

Der Silva-Absolvent bat den besorgten Vater, zehn Minuten später noch einmal anzurufen. In dieser Zeit erzeugte er Alpha, stellte sich den Verdauungstrakt des Kindes vor und spürte tatsächlich ein Problem, eine Art Verschluß zwischen Dick- und Dünndarm, den er entfernte. Kurz darauf konnte er dem Vater die beruhigende Mitteilung machen, daß jetzt alles seinen geregelten Gang gehen würde.

Am nächsten Morgen erhielt L. E. einen Anruf von seiner Frau aus dem Krankenhaus. Der Junge hatte in der Nacht, so berichtete sie, eine »enorme« Darmentleerung. Mutter und Kind konnten das Krankenhaus verlassen. In diesem Fall betrug die Entfernung knapp drei Kilometer.

Ein anderer Kursteilnehmer besuchte einen Freund, der wegen Prostatabeschwerden im Krankenhaus lag. Als er spätnachmittags dort eintraf, erfuhr er, daß sein Freund am folgenden Tag entlassen werden sollte. Aus diesem Grund war auch der Katheder bereits entfernt worden, zu früh, wie sich bald herausstellte. Sein Freund litt unter großem, schmerzhaftem Druck, und unglücklicherweise konnte die Krankenschwester den Arzt nicht erreichen, um die Erlaubnis einzuholen, den Katheder wieder einführen zu dürfen. Vor Verzweiflung standen dem Armen die Tränen in den Augen.

Der Silva-Absolvent wußte, daß es möglicherweise verboten war, an Ort und Stelle eine Heilvisualisation durchzuführen, aber sein Freund dauerte ihn dermaßen, daß er zu handeln beschloß. Unauffällig defokussierte er seine Augen, um Alpha zu erzeugen, und ließ die Blase in Gedanken schmerzunempfindlich werden, damit sie sich bis zu ihrer vollen Größe ausdehnen konnte.

Als er die Visulisation beendet hatte, lag sein Freund friedlich ins Kissen gelehnt. Kurz darauf kehrte die Krankenschwester zurück. Es war ihr in der Zwischenzeit geglückt, den Arzt zu erreichen, und der Katheder konnte wieder eingeführt werden. Die Entfernung betrug in diesem Fall einen Meter.

Ein Meter oder zehntausend Kilometer spielen für den heilenden Geist keine Rolle. Entfernungen sind für ihn gänzlich ohne Belang.

30

Energiefelder

1. Schließen Sie die Augen, und richten Sie sie leicht augenbrauenwärts.
2. 2A, 3A, 3B und 3C sind Ihnen freigestellt. Zählen Sie langsam, ohne Hast, von fünfundzwanzig auf eins. Tun Sie es in Gedanken, und lassen Sie sich nach jeder Zahl eine Sekunde Zeit.
   A. Richten Sie Ihre Aufmerksamkeit, bei der Kopfhaut beginnend, auf die verschiedenen Körperteile und Muskelgruppen, und entspannen Sie diese in Abwärtsrichtung.
3. Wenn Sie bei eins angelangt sind, erzeugen Sie in der Vorstellung ein attraktives Bild von sich selbst, Gesundheit und Kraft ausstrahlend.
   A. Fragen Sie sich, warum Sie diese spezielle Krankheit haben. Lassen Sie die Gedanken umherschweifen.
   B. Wenn Sie hauptsächlich an eine bestimmte Person denken, stellen Sie sich diesen Menschen vor.
   C. Vergeben Sie einander in Ihrer Vorstellung. Stellen Sie sich vor, wie Sie sich die Hände schütteln oder umarmen. Lächeln Sie sich an, nicken Sie sich in gegenseitigem Einverständnis zu. Freuen Sie sich darüber.
4. Wiederholen Sie innerlich: »Mein Körper und mein Geist werden in jeder Hinsicht stets vollkommen gesund sein.«
5. Sagen Sie sich nun: »Ich zähle jetzt von eins bis fünf. Bei fünf werde ich die Augen öffnen. Ich werde mich gut und gesund fühlen, besser als vorher.«
6. Beginnen Sie zu zählen. Bei drei wiederholen Sie die Affirmation.

7. Zählen Sie weiter auf fünf. Öffnen Sie die Augen und bekräftigen Sie innerlich: »Ich bin hellwach. Ich fühle mich besser und gesünder als vorher, und so wird es auch bleiben.«

Wir leben in einem Universum der Energien, denn auch was uns als solide Materie erscheint, ist, wie wir wissen, nichts anderes als Energie. Der Mensch ist Energie, Bewußtsein ist Energie. Da Energien sich gegenseitig beeinflussen, ist es möglich, auch Menschen zu beeinflussen, sogar über Entfernungen hinweg. Ebenso ist es möglich, das menschliche Energiefeld zu sehen, zu interpretieren und Veränderungen an ihm vorzunehmen. Mit Hilfe der Kirlian'schen Fotografie läßt sich ein Ausschnitt der Energiefelder, die vom menschlichen Körper und dem Bewußtsein ausgehen, die sogenannte Aura, sichtbar machen. Energiefelder können die verschiedensten Ausprägungen annehmen. Elektrische Energie oder Elektrizität zum Beispiel tritt als Stark- oder Schwachstrom auf, als Gleich- oder Wechselstrom, je nachdem, auf welche Weise er erzeugt wird. Es ist eine meßbare und daher objektive Energie. Wenn wir uns nun von der elektrischen Energie der Physik den Energien des Bewußtseins zuwenden, machen wir einen Sprung von meßbaren objektiven Energien hin zu den nicht mehr direkt erfaßbaren subjektiven Energien, jenen Energien, die, sagen wir, eher geistiger Natur sind und damit der Ur- oder Schöpfungsenergie verwandter. Menschen vereinen beide Arten von Energie in sich.

Objektive Energiefelder haben nach heutigen Erkenntnissen eine meßbare »Reichweite« von etwa acht Metern. Natürlich sind für derartige Messungen feinste Meßgeräte vonnöten, wie zum Beispiel der Infrarot-Detektor, der einen bestimmten Bereich der spürbaren Energien der menschlichen Aura anzeigt, oder fotografisches Rüstzeug, das die Energien im Infrarotbereich sichtbar macht.

Die objektive Strahlungsenergie des Körpers ist also auf eine bestimmte Reichweite begrenzt, die subjektive hingegen nicht. Es gibt Menschen, die einen Teil der objektiven Strahlungsenergie des menschlichen Körpers mit ihren Augen wahrnehmen können, das heißt, sie sehen die unteren Bereiche des visuellen Spektrums, die bei ungefähr siebentausend Angström liegen. Man nennt sie Aurasichtige. Unter ihnen gibt es nun wiederum Menschen, die spezifische Merkmale einer Aura interpretieren, das heißt, aus der Aura physische und psychische Erkrankungen erkennen können.

Als die Silva-Methode noch in den Kinderschuhen steckte, bildete ich Aurasichtige darin aus, Krankheiten zu erkennen, was natürlich die Anwesenheit des Patienten erforderlich machte. Später war dies nicht mehr nötig, denn mit Hilfe der diversen Techniken ist die Erkennung von Krankheiten auch über Entfernungen hinweg möglich, egal, wo der Kranke sich befindet.

Es heißt, daß die Auren des menschlichen Körpers aus sieben Energiefeldern bestehen, von denen jedes mit einer geistigen oder nicht-physischen Quelle verbunden ist. Jedes dieser Felder hat außerdem eine Nahtstelle mit dem physischen Körper, die man auf Sanskrit wegen ihrer radförmigen Erscheinung *chakra* nennt, was soviel wie »Rad« bedeutet. Es gibt sieben solcher Energiezentren im menschlichen Körper, beginnend vom untersten Chakra am Ende der Wirbelsäule bis zum obersten auf dem Scheitel des Kopfes.

Die eine Hälfte der sieben Energiefelder ist physischer Natur, die andere geistiger. Man nimmt an, daß diese letztgenannten dem Einfluß der rechten Hemisphäre unterstehen. Das erste ist das rein geistige, subjektive, immaterielle Energiefeld. Das zweite ist das subatomare Energiefeld, das dritte das atomare. Das vierte, molekulare Energiefeld, ist halb geistiger, halb physischer Natur und wird von beiden Hemisphären beeinflußt. Das fünfte ist physischer Natur, wie auch das sechste und siebte. Dazu gehören das zelluläre Energiefeld, Energiefelder einzelner Organe sowie das Energiefeld von Organsystemen wie Kreislauf, Atmungs- und Verdauungssystem. Die drei letztgenannten Energiefelder unterstehen möglicherweise der Kontrolle der linken Hemisphäre.

Die Energiezentren und Felder sind in jedem Menschen unterschiedlich stark ausgeprägt. Diese Ausprägung ist das Ergebnis vieler Variabler, wie zum Beispiel der Erbinformationen. Dazu gehören nicht nur die genetischen Informationen, sondern auch die subjektiven und objektiven Energiefelder beider Elternteile.

Die physischen und geistigen Energiefelder, die der linken Hemisphäre unterstehen, sind in ihrer Ausdehnung begrenzt. Anders verhält es sich mit den geistigen Energiefeldern unter der Kontrolle der rechten Hemisphäre. Sie sind es, die wir zum Zwecke der Heilung aktivieren. Während physische Energiefelder Materie von außen nach innen wirkend beeinflussen, tun es die geistigen Energiefelder genau umgekehrt. Im Alphazustand kann der menschliche Geist bewußt Einfluß auf alle Energiefelder nehmen. Visualisationen im entspannten Zustand verändern die Gehirnströme und diese wiederum das elektrische Feld des Körpers, die Aura. Bei einer Übertragung spielen die psychische und physische Verfassung des Visualisierenden keine geringe Rolle. Er sollte von dem aufrichtigen Wunsch, helfen zu wollen, erfüllt sein, ferner von der festen Überzeugung, daß seine geistige Heilungsarbeit eine Arbeit mit wirklich existierenden Energien ist, die sichtbare Resultate hervorbringt.

Die rechte Hemisphäre mit Bezugspunkten ausstatten

In der zweiten Hälfte des zweiunddreißigstündigen Silva-Grundkurses beschäftigen wir uns verstärkt damit, Bezugspunkte in der rechten Hemisphäre zu etablieren, ähnlich denen, die in der linken Hemisphäre bereits reichlich vorhanden sind, um die Fernheilung noch effektiver zu machen.

Die linke, auf die sichtbare Welt hin orientierte Hemisphäre wird spätestens mit dem Tag der Geburt geradezu verschwenderisch und auf spielerische Weise mit Bezugspunkten ausgestattet. Das Kind sieht neue Gesichter, lernt sie zu unterscheiden, erlebt verschiedene Gefühle, hört fremde, neue Geräusche, lernt ihre Bedeutung und so weiter. Dieser Prozeß setzt sich ein Leben lang fort. Jeder neue Ort, jede neue Situation, die man erlebt, werden zu Orientierungspunkten in der materiellen, linkshemisphärisch ausgerichteten Welt. Die rechte Hemisphäre führt im Vergleich dazu ein kümmerliches Schattendasein, denn mit Ausnahme von gelegentlichen musikalischen oder sonstigen künstlerischen Genüssen wird sie meist stiefmütterlich behandelt. Wir erziehen sie nicht, wir trainieren sie nicht. Sie liegt brach, ohne Hinweistafeln, ohne Orientierungspunkte. Diesem Mißstand versuchen wir in der zweiten Kurshälfte Abhilfe zu schaffen, indem wir gezielt Orientierungshilfen dort etablieren. In acht Sitzungen geleiteter Visualisation von jeweils einer halben Stunde Dauer lernen die Teilnehmer Hunderte von Bezugspunkten in der rechten Hemisphäre zu etablieren.

Auch wenn dies per Buch nicht in der gleichen Weise möglich ist, so etablieren Sie doch mit jeder Heilvisualisation, die Sie durchführen, sei es in eigener Sache oder um einem anderen Menschen zu helfen, ebenfalls Bezugspunkte in Ihrer rechten Hemisphäre. Jede so erworbene Lernerfahrung, jedes Feedback, ist eine neue Orientierungshilfe auf ehemaligem Ödland. Je öfter Sie entspannen, visualisieren und programmieren, desto besser. Auch die morgendliche Countdown-Übung beansprucht per Buch mehr Zeit, um Alpha zu erzeugen, aber schließlich gelingt es Ihnen doch. So auch hier. Es wird etwas länger dauern, ehe Sie anderen Ihre volle Hilfe zuteil werden lassen können, aber es wird geschehen. Es ist nur eine Frage der Zeit.

Heilung und Hellsichtigkeit

In den letzten Stunden des Trainingsprogramms arbeiten die Teilnehmer in Dreiergruppen. Ein Student, der eine hilfsbedürftige, kranke Person kennt, schreibt deren Namen, Adresse, Alter und Geschlecht auf ein Stück Papier. Auf der Rückseite vermerkt er, um welche Krankheit es sich handelt, und gibt eine knappe Personenbeschreibung. Dann bittet er einen der beiden anderen, die Rolle des Heilers zu übernehmen, während der dritte die Sitzung protokolliert. Diese Aufzeichnung wird später zum Vergleich herangezogen. Der Heiler erzeugt nun Alpha und gibt durch eine kurze Bemerkung zu erkennen, daß er bereit ist, worauf der erste die Angaben zur Person vorliest. Der Heiler »tastet« nun in Gedanken den Körper der Person nach der Krankheit ab und teilt den anderen mit, was er spürt oder »sieht«, dann beginnt er mit der Heilbehandlung. Im Seminar wird dabei die Drei-Bilder-Technik angewendet. Nach der Sitzung wird über den Fall diskutiert. Dabei ist immer wieder erstaunlich, wie akkurat die Ergebnisse sind, zumal später die Rollen vertauscht werden, so daß jeder einmal als Heiler arbeitet und so hellsichtige Fähigkeiten in sich selbst entdeckt. Die Erfolgsquote liegt in den Seminaren bei achtzig Prozent.

Über kurz oder lang werden Sie dieselbe Entdeckung machen, sei es, daß Sie die eigene Krankheit erkennen oder die einer anderen Person. Die Silva-Methode aktiviert natürliche Fähigkeiten, die in jedem von uns schlummern. Hellsichtigkeit ist durchaus kein außergewöhnliches Phänomen. Sie sind ebenso in der Lage, über Entfernungen hinweg Informationen wahrzunehmen und Krankheiten zu heilen, wie jeder andere Mensch, der es gelernt hat.

31

Fernheilung und Hellsichtigkeit

1. Schließen Sie die Augen, richten Sie sie leicht augenbrauenwärts.
2. 2A, 3A, 3B und 3C sind Ihnen freigestellt. Sie können den Countdown nunmehr bei zehn beginnen. Zählen Sie langsam, ohne Hast, von zehn auf eins. Tun Sie es in Gedanken, und lassen Sie sich nach jeder Zahl eine Sekunde Zeit.
A. Richten Sie Ihre Aufmerksamkeit, bei der Kopfhaut beginnend, auf die verschiedenen Körperteile und Muskelgruppen, und entspannen Sie diese in Abwärtsrichtung.
3. Wenn Sie bei eins angelangt sind, erzeugen Sie in der Vorstellung ein attraktives Bild von sich selbst, Gesundheit und Kraft ausstrahlend.
A. Fragen Sie sich, warum Sie diese spezielle Krankheit haben. Lassen Sie die Gedanken umherschweifen.
B. Wenn Sie hauptsächlich an eine bestimmte Person denken, stellen Sie sich diesen Menschen vor.
C. Vergeben Sie einander in Ihrer Vorstellung. Stellen Sie sich vor, wie Sie sich die Hände schütteln oder umarmen. Lächeln Sie sich an, nicken Sie sich in gegenseitigem Einverständnis zu. Freuen Sie sich darüber.
4. Wiederholen Sie innerlich: »Mein Körper und mein Geist werden in jeder Hinsicht stets vollkommen gesund sein.«
5. Sagen Sie sich nun: »Ich zähle jetzt von eins bis fünf. Bei fünf werde ich die Augen öffnen. Ich werde mich gut und gesund fühlen, besser als vorher.«
6. Beginnen Sie zu zählen. Bei drei wiederholen Sie die Affirmation.
7. Zählen Sie weiter auf fünf. Öffnen Sie die Augen und be-

kräftigen Sie innerlich: »Ich bin hellwach. Ich fühle mich besser und gesünder als vorher, und so wird es auch bleiben.«

Nehmen Sie einmal an, daß ein Freund, der von Ihrer Arbeit mit der Silva-Methode weiß, Sie um Hilfe bittet.

»Was fehlt dir denn?« fragen Sie teilnahmsvoll.

»Rate«, antwortet er.

Die Antwort ist eine Herausforderung. Auch wenn sich diese kurze Unterhaltung sicherlich niemals so zutragen wird, führen wir, nur auf etwas subtilere, indirektere Art und Weise, doch viele solcher Gespräche.

»Der Rücken tut mir dauernd weh«, könnte er zum Beispiel sagen, was genaugenommen auch nichts anderes bedeutet als »Rate«. Oder er antwortet, daß der Arzt ihm gesagt hätte, er habe Arthritis. Auch dies bedeutet eigentlich nichts anderes als »Rate«.

Nicht immer ist die Krankheit, an der man zu leiden meint, auch die Krankheit, die man tatsächlich hat. Eine richtige medizinische Diagnose ist Kunst und Wissenschaft zugleich. Der Grund für akute Magenschmerzen kann beispielsweise eine Hernia sein, ein Eingeweidebruch unterhalb der schmerzenden Stelle. Eine ganze Reihe von Krankheiten weisen zudem gleiche oder zumindest ähnliche Symptome auf. Die einzige Möglichkeit, um die wirkliche Krankheitsursache herauszufinden, ist das hellseherische Erkennen derselben, eine Spezialität der rechten Hemisphäre. Sie brauchen nichts weiter zu tun, als Ihre Bereitschaft zur Hilfe erkennen zu lassen und die rechte Hemisphäre zu aktivieren.

1. Erzeugen Sie Alpha, und vertiefen Sie die Entspannung mit einem zusätzlichen Countdown.
2. Angetrieben von dem Wunsch, helfen zu wollen, tasten Sie in Ihrer Vorstellung den Körper nach möglichen Krankheiten ab. Erwarten Sie, daß Ihre Aufmerksamkeit auf die Problemzone gelenkt werden wird.

3. Wenn Sie die Problemzone erkannt haben, nehmen Sie die Heilung in gewohnter Weise vor.

Der oben erwähnte, zweite Schritt mutet vielleicht wie willkürliches Raten an. Das ist nicht verwunderlich, schließlich haben Sie weder objektive Anhaltspunkte noch Hilfsmittel, und von Kindesbeinen an haben wir gelernt, allein objektiven Sinneseindrücken als wirklich zuverlässig zu vertrauen. Alle anders gewonnenen Einsichten sind uns daher suspekt. Es ist dies die typische Denkweise verstandesbetonter Menschen, die ihrerseits wieder von ebenso denkenden Lehrern erzogen wurden.

Fernheilung

Bei der Fernheilung benützen wir die gleiche Verfahrensweise, die wir bei uns selbst anwenden.

1. Erzeugen Sie Alpha.
2. Verwenden Sie die Drei-Bilder-Technik:
   Bild 1: Visualisieren Sie die Krankheit.
   Bild 2: Stellen Sie sich die Heilbehandlung vor.
   Bild 3: Die Krankheit ist verschwunden.
3. Beenden Sie die Sitzung.

Es gibt allerdings einige zusätzliche Faktoren zu beachten. So ist für die Fernheilung ein tieferer Entspannungszustand nötig als bei der eigenen Heilung. Sie erreichen ihn durch einen zusätzlichen Countdown von zehn auf eins, wodurch Sie sich zugleich auf eine kreativere Ebene begeben, auf der Sie dann die Heilung initiieren. Ich habe bis jetzt bewußt vermieden, auf Einzelheiten der Fernheilung einzugehen, weil ich Ihnen genügend Zeit lassen wollte, um Entspannung und Visualisation zu üben. Einem Neuling auf diesem Gebiet fehlt es nicht nur an Selbstbewußtsein, sondern auch an

Erfahrung, was bei der Anwendung mentaler Techniken ebenso unerläßlich ist wie die richtige Erwartungshaltung und Überzeugung. Erst wenn Sie durch regelmäßiges Üben und durch Arbeiten an sich selbst positives Feedback erfahren haben, sollten Sie überhaupt daran denken, sich der Heilung anderer zuzuwenden. Zwar könnte man die Lektüre dieses Buches auch als eine gewisse Vorbereitung sehen, aber es gibt einfach keinen Ersatz für die eigene Praxis.

Es ist bei der Fernheilung nicht nötig, fünfzehn Minuten im Alphazustand zu verweilen, wie Sie es tun, wenn Sie für sich selbst visualisieren. Eine Minute pro Bild reicht aus. Aber es ist unabdingbar, den optimalen Zeitpunkt für die Visualisation herauszufinden. Wenn Sie für sich selbst programmieren, verbringen Sie dreimal täglich fünfzehn Minuten mit Alphavisualisationen, und zwar morgens nach dem Aufwachen, nach dem Mittagessen und abends vor dem Einschlafen. Zu diesen Zeiten sind Sie gleichsam schon vorentspannt und empfänglicher für die Arbeit mit der rechten Hemisphäre.

Da Sie im Fall der Fernheilung in der Regel nicht über diese Information verfügen, programmieren Sie vor dem Einschlafen, daß Sie automatisch zur geeigneten Zeit wach werden. Wenn Sie daraufhin in der Nacht aufwachen, erzeugen Sie Alpha und wenden die Drei-Bilder-Technik an.

Hier noch einmal alle Schritte, übersichtlich zusammengefaßt:

1. Erzeugen Sie vor dem Einschlafen Alpha. Instruieren Sie sich, automatisch zu der für die Programmierung optimalen Zeit aufzuwachen. Schlafen Sie in Alpha ein.
2. Wenn Sie in der Nacht aufwachen, zählen Sie von fünf bis eins, um Alpha zu erzeugen, und vertiefen Sie die Alphaentspannung mit einem zusätzlichen Countdown von zehn auf eins.
3. Verharren Sie einen Augenblick lang in diesem Zustand.
4. Visualisieren Sie den Kranken direkt vor sich. Wenn Sie über die Krankheit informiert sind, visualisieren Sie sie

in der Vorstellung, wenn nicht, stellen Sie sich vor, daß Sie sie aufspüren, wie an früherer Stelle beschrieben. Verwenden Sie eine Minute darauf.

5. Bewegen Sie das Bild leicht nach links, und beginnen Sie mit der Heilbehandlung. Lassen Sie sich ein bis zwei Minuten dafür Zeit.
6. Bewegen Sie das Bild noch ein wenig weiter nach links, und stellen Sie sich die Person frei von Krankheit und bei voller Gesundheit vor.
7. Schlafen Sie, noch in Alpha, wieder ein.

Bei der Heilung eines anderen Menschen kann es also um mehr gehen als um die bloße Korrektur eines Gesundheitsproblems, es kann bedeuten, daß Sie das Problem erkennen müssen. Natürlich können Sie auch untertags visualisieren. Sollte die Person jedoch nicht darauf ansprechen oder die Situation lebensgefährlich sein, programmieren Sie den optimalen Zeitpunkt, und wiederholen Sie die Visualisation nachts.

Weiterführende Maßnahmen

In einer lebensgefährlichen Situation wiederholen Sie die Alphasitzung täglich, im Fall von chronischen Schmerzen alle drei Tage. Es ist hilfreich, wenn Sie in solchen Fällen eine Rückmeldung über eingetretene Veränderungen erhalten können, um gegebenenfalls das erste Bild der Sequenz entsprechend abändern zu können. Weiß der Kranke um Ihre Arbeit und ist er willens, zu kooperieren, können Sie zusätzlich eine Triggertechnik, wie zum Beispiel das Trinken von Wasser, anwenden, um die Wirkung zu verstärken.

1. Bitten Sie den Kranken, vor dem Schlafengehen ein Glas Wasser bereitzustellen, davon die Hälfte gleich zu trin-

ken, die andere Hälfte sofort nach dem Aufwachen am folgenden Morgen.
2. Wenn Sie die Heilvisualisation durchführen, ergänzen Sie das zweite Bild um die Vorstellung, daß es dem Kranken mit jedem Schluck Wasser ein wenig besser geht.

Sie sind auf dem besten Weg, ein bihemisphärisch ausgewogener Mensch zu werden, denn durch die Arbeit mit der rechten Hemisphäre haben Sie jenen Teil des geistig Potentials aktiviert, dem wir so verschiedene Namen wie Intuition, sechster Sinn oder höheres Bewußtsein geben. Im Alphazustand stoßen wir auf Antworten, und keineswegs nur die Gesundheit betreffende. Wir finden Antworten für alle Bereiche des Lebens, für geschäftliche Belange ebenso wie für zwischenmenschliche Beziehungen oder Notsituationen.

32

Verstärkende Heilmaßnahmen

1. Schließen Sie die Augen, und richten Sie sie leicht augenbrauenwärts.
2. 2A, 3A, 3B und 3C sind Ihnen freigestellt. Zählen Sie langsam, ohne Hast, von zehn auf eins. Tun Sie es in Gedanken, und lassen Sie sich nach jeder Zahl eine Sekunde Zeit.
   A. Richten Sie Ihre Aufmerksamkeit, bei der Kopfhaut beginnend, auf die verschiedenen Körperteile und Muskelgruppen, und entspannen Sie diese in Abwärtsrichtung.
3. Wenn Sie bei eins angelangt sind, erzeugen Sie in der Vorstellung ein attraktives Bild von sich selbst, Gesundheit und Kraft ausstrahlend.
   A. Fragen Sie sich, warum Sie diese spezielle Krankheit haben. Lassen Sie die Gedanken umherschweifen.
   B. Wenn Sie hauptsächlich an eine bestimmte Person denken, stellen Sie sich diesen Menschen vor.
   C. Vergeben Sie einander in Ihrer Vorstellung. Stellen Sie sich vor, wie Sie sich die Hände schütteln oder umarmen. Lächeln Sie sich an, nicken Sie sich in gegenseitigem Einverständnis zu. Freuen Sie sich darüber.
4. Wiederholen Sie innerlich: »Mein Körper und mein Geist werden in jeder Hinsicht stets vollkommen gesund sein.«
5. Sagen Sie sich nun: »Ich zähle jetzt von eins bis fünf. Bei fünf werde ich die Augen öffnen. Ich werde mich gut und gesund fühlen, besser als vorher.«
6. Beginnen Sie zu zählen. Bei drei wiederholen Sie die Affirmation.

7. Zählen Sie weiter auf fünf. Öffnen Sie die Augen und bekräftigen Sie innerlich: »Ich bin hellwach. Ich fühle mich besser und gesünder als vorher, und so wird es auch bleiben.«

Verwirrung

Diese Methode erfordert die Anwesenheit des Patienten. Um sich wegen eventuell bestehender gesetzlicher Bestimmungen nicht in Schwierigkeiten zu bringen, sollte die Anwendung auf den Kreis der Familie beschränkt bleiben. Es geht dabei darum, den Patienten aus der Fassung zu bringen, denn wenn ein Mensch durcheinander ist, akzeptiert er eine Programmierung viel leichter. Die Methode läßt sich besonders leicht in den Verlauf einer Unterhaltung einbauen, zum Beispiel so:

»Gestern hat es geregnet. Wenn die Sonne nicht so warm geschienen hätte, wäre ich nicht naß dabei geworden. Hoffentlich wird das Wetter vorgestern wieder besser. Ich schwitze immer so, wenn es kalt ist.«

Jedes völlig unzusammenhängende Gespräch wird den Patienten genügend durcheinanderbringen, um die Wirkung der Programmierung zu erhöhen. Wenn der Patient verwirrt ist, erzeugt der Heiler Alpha und wendet die Drei-Bilder-Technik an, die er, falls nötig, um eine Trigger-Technik erweitert. Am häufigsten wird hier auf das Glas Wasser zurückgegriffen.

Um die Technik der Verwirrung anwenden zu können, muß der Heiler schon über eine gewisse Erfahrung im Erzeugen von Alpha mit offenen, defokussierten Augen haben. Ist der Patient verwirrt, visualisiert der Heiler Patient und Krankheit. Im zweiten Bild stellt er sich vor, daß der Patient das Wasser trinkt und daß es ihm sichtlich bessergeht, im dritten schließlich, daß die Krankheit verschwunden, der Patient gesund ist.

Damit die Programmierung nun auch wirksam werden kann, weist der Heiler den Patienten an, morgens und abends ein Glas Wasser zu trinken. Gegebenenfalls versucht er, den Patienten auch weiter durcheinanderzubringen, um die Verwirrung zu vergrößern und die Programmierung zu wiederholen. Sollte der Patient beginnen, Fragen zu stellen, um sich Klärung zu verschaffen, weisen Sie ihn an, sich alle Fragen bis zum Ende der Sitzung aufzuheben.

Erwartung

Bei dieser Technik erzeugt der Heiler im Patienten einen Zustand der Erwartung, den er dann für die Programmierung benützt, wie in der zuvor beschriebenen Methode den Zustand der Verwirrung. Um eine solch erhöhte Erwartungshaltung zu erzeugen, spricht der Heiler beispielsweise ein hochinteressantes Thema an. Auf dem Höhepunkt des Gesprächs hält er inne und läßt den Patienten im Zustand gesteigerter Erwartung verharren. Er selbst defokussiert die Augen und wendet die Drei-Bilder-Technik an.

Überlebenswille

Bei dieser Technik regt der Heiler den Überlebenswillen des Patienten an, um dann die Drei-Bilder-Programmierung zu gebrauchen. Der Überlebenswille wird bei manchen Menschen durch Angst angestachelt, bei anderen durch eine schwere Verletzung, durch den Anblick von Blut, aber auch durch Akupunktur oder die Verabreichung eines Medikaments.

Langsame Gehirnwellen

Eine andere Methode basiert darauf, daß es dem Heiler gelingt, die Gehirnwellentätigkeit des Patienten zu verlangsamen, wodurch es möglich wird, diesen sowohl objektiv als auch subjektiv zu programmieren. In einem Seminar für fortgeschrittene Anwender der Silva-Methode erlernen die Kursteilnehmer eine entsprechende Entspannungstechnik.

Reagiert der Patient nicht in der gewünschten Weise, erweitern Sie die Visualisation um eine verstärkende Maßnahme. Wenn Sie bereits mit einer solchen arbeiten, könnte es sein, daß Sie sie abändern müssen. Schwebt der Patient in Lebensgefahr, führen Sie die Heilbehandlung täglich durch, das heißt jede Nacht, in weniger kritischen Fällen alle zweiundsiebzig Stunden. Tritt nach drei Sitzungen keine Besserung ein, gilt auch hier: Programmieren Sie entweder zusätzlich eine verstärkende Maßnahme, oder, wenn Sie dies bereits getan haben, ändern Sie sie ab. Beispielsweise läßt sich das Glas Wasser durch eine andere Flüssigkeit oder ein Nahrungsmittel ersetzen, welches der Kranke vielleicht von Haus aus öfter als einmal am Tag zu sich nimmt. Ich habe erlebt, daß der Wechsel von einem Glas Wasser zu einer Tasse Tee – wenn der Patient ein Teetrinker war – wie ein Wunder wirkte.

Mit gesundheitsschädlichen Gewohnheiten brechen

Alles, was ein Kranker öfter als einmal pro Tag tut oder zu sich nimmt, kann als verstärkende Maßnahme dienen, wenn es darum geht, eine Krankheit zu heilen. Andere Probleme, wie zum Beispiel schädliche Gewohnheiten, sind etwas schwieriger zu handhaben, vor allem, wenn die betreffende Person nicht bereit ist, mitzuwirken. Doch auch hier gilt: Wählen Sie eine Handlung oder Tätigkeit, die der Betreffende öfter als einmal täglich ausübt, sei es, daß er Zeitung liest oder spazierengeht.

Um einer Person beim Überwinden einer schädlichen Gewohnheit zu helfen, programmieren Sie nicht einfach, daß sie die Gewohnheit ablegen wird, sondern daß sie in zunehmendem Maß den Wunsch entwickelt, diese Gewohnheit abzulegen. Wenn ein Mensch wirklich willens ist, von einer schädlichen Gewohnheit zu lassen, wird er Hilfe suchen und auch in Anspruch nehmen. Der eigene, starke Wunsch erleichtert das Vorhaben, denn dann erst ist die betreffende Person motiviert, zum Erfolg beizutragen. Wir werden darauf in Kapitel Zweiundvierzig noch ausführlich zu sprechen kommen.

Wenn Sie einem psychologischen Problem Abhilfe schaffen wollen, visualisieren Sie die Person im ersten Bild in einer für das Problem typischen Szene. Im zweiten Bild stellen Sie sich die Person beim Ausführen einer Trigger-Technik vor, die die Gewohnheit abschwächt. Im dritten Bild schließlich ist die Person frei von ihrer Gewohnheit.

Überblick über die Methoden der Fernheilung

Diese kurze Übersicht kann Ihnen als schnelle Referenz dienen.

Die Grundübung

Wenden Sie die Technik erst an, wenn Sie durch regelmäßiges Üben gelernt haben, Alpha zu erzeugen, das heißt, frühestens nach dem 40-Tage-Programm und nachdem Sie mit der Technik bei sich selbst Erfolge erzielt haben.

1. Erzeugen Sie Alpha.
2. Visualisieren Sie das erste Bild, die Person und ihre Krankheit, und bewegen Sie die beiden anderen Bilder, die Heilbehandlung und die Person bei voller Gesundheit, nach links.
3. Beenden Sie die Alphasitzung.

Erweiterte Grundübung

1. Erzeugen Sie vor dem Einschlafen Alpha und programmieren Sie den optimalen Zeitpunkt für die Visualisation.
2. Wenn Sie aufwachen, erzeugen Sie Alpha und vertiefen die Entspannung mit einem zusätzlichen Countdown von zehn auf eins.
3. Verharren Sie einen Augenblick in diesem tiefen, entspannten Zustand.
4. Visualisieren Sie die Person und ihre Krankheit. (Wenn Sie nicht wissen, woran die Person leidet, gehen Sie vor wie nachstehend beschrieben.) Verwenden Sie eine Minute darauf.
5. Bewegen Sie das Bild leicht nach links. Verwenden Sie ein bis zwei Minuten auf die Vorstellung der Heilbehandlung.
6. Bewegen Sie das Bild noch weiter nach links, und stellen Sie sich die Person frei von ihrer Krankheit vor.

Erkennen einer Krankheit in einer anderen Person

1. Erzeugen Sie Alpha. Vertiefen Sie die Entspannung durch einen zusätzlichen Countdown.
2. Fragen Sie sich: »Was ist die eigentliche Krankheitsursache?« Tasten Sie in der Vorstellung den Körper des Kranken ab, bis Ihre Aufmerksamkeit auf eine bestimmte Stelle gerichtet wird.
3. Gehen Sie davon aus, daß hier die Ursache zu finden ist, und beginnen Sie mit der Heilbehandlung.

Weiterführende Maßnahmen

- In einer lebensbedrohlichen Situation wiederholen Sie die Heilbehandlung täglich, in weniger kritischen Fällen alle drei Tage.

- Stellt sich nach dreimaliger Behandlung keine Besserung des Zustandes ein, erweitern Sie die Visualisation um eine Trigger-Technik, zum Beispiel Wasser trinken. Programmieren Sie, daß es dem Kranken mit jedem Schluck bessergeht.
- Wenn der Kranke auch darauf nicht reagiert, ändern Sie die Trigger-Technik. Programmieren Sie, daß es dem Kranken jedesmal, wenn er Tee oder Kaffee trinkt oder eine Mahlzeit zu sich nimmt, bessergeht. Wählen Sie etwas, das er mit Bestimmtheit mehrmals am Tag tut.
- Tragen Sie in der Visualisation jeder Veränderung im Zustand des Kranken Rechnung.

Hilfe im Umgang mit destruktiven Gedanken und Gewohnheiten

Auch in diesem Fall programmieren Sie eine Handlung oder Tätigkeit, von der Sie wissen, daß der oder die Betreffende sie mehrmals täglich ausführt. Im übrigen gehen Sie nach derselben Methode vor wie bei der Heilvisualisation. Allerdings gelten folgende Ausnahmen:

1. Sie sollten keine Drei-Bilder-Geschichte programmieren, in der der Betroffene mit der Gewohnheit bricht, sondern daß er selbst das starke Verlangen danach entwickelt, mit der Gewohnheit zu brechen.
2. Bei psychisch gestörten Menschen können Sie ebenfalls die Drei-Bilder-Technik anwenden:
   1. Bild: Stellen Sie sich die betreffende Person und ihre Störung vor.
   2. Bild: Das gestörte Verhalten wird beseitigt.
   3. Bild: Die Person ist frei davon.

33

Die innere Kommunikation

1. Schließen Sie die Augen, und richten Sie sie leicht augenbrauenwärts.
2. 2A, 3A, 3B und 3C sind Ihnen freigestellt. Zählen Sie langsam, ohne Hast, von zehn auf eins. Tun Sie es in Gedanken, und lassen Sie sich nach jeder Zahl eine Sekunde Zeit.
   A. Richten Sie Ihre Aufmerksamkeit, bei der Kopfhaut beginnend, auf die verschiedenen Körperteile und Muskelgruppen, und entspannen Sie diese in Abwärtsrichtung.
3. Wenn Sie bei eins angelangt sind, erzeugen Sie in der Vorstellung ein attraktives Bild von sich selbst, Gesundheit und Kraft ausstrahlend.
   A. Fragen Sie sich, warum Sie diese spezielle Krankheit haben. Lassen Sie die Gedanken umherschweifen.
   B. Wenn Sie hauptsächlich an eine bestimmte Person denken, stellen Sie sich diesen Menschen vor.
   C. Vergeben Sie einander in Ihrer Vorstellung. Stellen Sie sich vor, wie Sie sich die Hände schütteln oder umarmen. Lächeln Sie sich an, nicken Sie sich in gegenseitigem Einverständnis zu. Freuen Sie sich darüber.
4. Wiederholen Sie innerlich: »Mein Körper und mein Geist werden in jeder Hinsicht stets vollkommen gesund sein.«
5. Sagen Sie sich nun: »Ich zähle jetzt von eins bis fünf. Bei fünf werde ich die Augen öffnen. Ich werde mich gut und gesund fühlen, besser als vorher.«
6. Beginnen Sie zu zählen. Bei drei wiederholen Sie die Affirmation.

7. Zählen Sie weiter auf fünf. Öffnen Sie die Augen und bekräftigen Sie innerlich: »Ich bin hellwach. Ich fühle mich besser und gesünder als vorher, und so wird es auch bleiben.«

Die wichtigste Erkenntnis aus der Gehirnforschung, speziell aus der Beschäftigung mit den Funktionen der beiden Hemisphären, ist wohl die, daß die rechte Hemisphäre in ihrer Funktionsweise nicht auf zeitliche und räumliche Vorstellungen fixiert oder angewiesen ist. Tatsächlich kommt sie völlig ohne diese Konzepte aus – für uns schlicht unvorstellbar. Die Fähigkeit der rechten Hemisphäre, unsere räumlichen Vorstellungen als Illusion zu erkennen und zu transzendieren, macht aus uns mehr als einfach nur Mitglieder der menschlichen Familie. Sie macht uns zu einem großen Ganzen, zu einem Gesamtbewußtsein. Wenn es in der rechten Hemisphäre, dem Ursachen- oder Kausalbereich, keine Trennung in »Ich« und »die anderen« gibt, dann sind wir in der Tat alle eins. Sicher sind wir auf der materiellen Ebene durch unsere physischen Körper voneinander getrennt, nicht so jedoch auf der mentalen Ebene.

Ich habe Ihnen gezeigt, wie die Silva-Methode sich dieser Verbindung auf mentaler Ebene bedient, um Heilung zu bewirken. An dieser Stelle will ich nun auch einmal darauf hinweisen, daß unter Heilung nicht nur Heilung im herkömmlichen Sinn zu verstehen ist, sondern eine Heilung aus umfassender, ganzheitlicher Sicht. Dazu ein Beispiel.

Die Tochter von J. T. war seit einem Jahr verheiratet. In dieser Zeit hatte sie sich fast gänzlich den Freunden ihres Mannes angeschlossen und der eigenen Familie gegenüber immer mehr abgekapselt. Besorgte Äußerungen der Mutter führten nur dazu, daß die Kluft zwischen den beiden immer größer wurde. Zu jener Zeit besuchte die Mutter einen Silva-Kurs, der sie dazu inspirierte, die Visualisationstechnik sofort auf die gestörte Beziehung anzuwenden.

Sie erzeugte Alpha und führte ein imaginäres Gespräch mit ihrer Tochter. Schon am folgenden Tag beschloß sie, dieser einen Besuch abzustatten. Zu ihrer großen Freude wurde sie mit einer Umarmung begrüßt – die erste herzliche Geste seit Monaten. Es war der Anfang einer neuen, positiven Veränderung im Leben der Tochter.

Die Macht der Worte

Wie konnte das in Alpha geführte Gespräch mit der Tochter so etwas bewirken?

Bevor ich darauf eingehe, wollen wir uns noch einmal mit den wichtigsten Unterschieden in der Funktionsweise von linker und rechter Hemisphäre beschäftigen. Die Forschungsergebnisse basieren größtenteils auf Erkenntnissen, die durch den Einsatz eines Narkotikums gewonnen wurden, das, je nachdem, in welche Arterie es injiziert wird, die linke oder rechte Hemisphäre »lahmlegt«. Beobachtungen an Versuchspersonen, deren linke oder rechte Hemisphäre auf diese Weise ausgeschaltet wurde, führten zur Postulierung der unterschiedlichen Zuständigkeitsbereiche, von denen wir drei näher betrachten wollen.

1. Die linke Hemisphäre ist die verstandesbetonte, analytische, auf die äußere, materielle Welt hin orientierte Hirnhälfte. Die rechte ist zuständig für die kreativen, intuitiven und emotionellen Funktionen.
2. Die linke Hemisphäre interessiert sich für Details, die rechte überblickt das Ganze.
3. Die linke Hemisphäre sieht die Welt als einen Ort voller Konflikte, Dichotomien und Polaritäten. Sie betont Unterschiede. Die rechte Hemisphäre sieht über alle Unterschiede hinweg das gleichberechtigte Miteinander, den gemeinsamen Nenner. Sie sieht das große Ganze.

Diese und noch viele weitere Eigenschaften der beiden Hemisphären machen die menschliche Intelligenz aus. Doch es sind die erwähnten drei, die unter dem Gesichtspunkt eines erfolgreichen inneren Dialogs von besonderem Interesse sind.

Um einen solchen Dialog führen zu können, müssen wir, wie aus den oben genannten drei Punkten ersichtlich wird, erstens die äußere Welt abschalten und uns der inneren zuwenden, der Welt der Imagination – oder Alpha. Zweitens bedarf es der Einsicht, daß wir alle Teil eines Ganzen, eines höheren Bewußtseins sind, das uns alle miteinander verbindet, und zu dem jeder von uns Zugang hat. Und drittens macht es die Abkehr von der für uns – man könnte sagen lebenswichtigen Anschauung nötig, daß wir im Recht und die anderen selbstverständlich im Unrecht sind. Wir müssen eine für beide Seiten gleichermaßen befriedigende Lösung anstreben. Das klingt einfach genug, bei näherem Hinsehen stellen wir aber fest, daß diese Art miteinander umzugehen in krassem Gegensatz zu unseren erlernten Verhaltensweisen steht. So bedarf es eines starken Bewußtseins dieser drei Faktoren, um in einer imaginären Unterhaltung die Beteiligung der rechten Hemisphäre aufrechtzuerhalten, ohne die unsere Botschaft nicht ankommt.

Ein Beispiel soll dies verdeutlichen.

Ihr Dreijähriger macht immer noch ins Bett. Sie reden mit Engelszungen auf ihn ein, aber es hilft nichts. Also beschließen Sie, es mit einem inneren Dialog zu versuchen. Sie erzeugen Alpha und visualisieren Ihren Sohn. Dann beginnen Sie die innere Unterhaltung. »Du bist ein böser Junge! Wenn du noch einmal ins Bett machst, dann kannst du was erleben!«

Sieht so ein erfolgreicher innerer Dialog aus? Wohl kaum, denn Sie haben gleich alle drei Grundregeln mißachtet. Wahrscheinlich sind Sie sogar wieder in Beta zurückgefallen, als Sie Ihrem Mißmut Luft machten. In dem Augenblick, als Sie das Kind mit »böser Junge« ansprachen, haben Sie ein Überlegenheitsverhältnis etabliert, das die rechte Hemisphäre automatisch abschaltet. Hinzu kommt, daß Sie durch die Androhung einer Strafe Trennung heraufbeschworen, ein Charakteristikum der linken Hemisphäre. In

Alpha sollten Ihre Gedanken kreativer Natur sein, nicht destruktiv. Darüber hinaus ist es unerläßlich, daß Sie Ihr gedachtes Gegenüber als gleichwertig respektieren und eine Lösung anstreben, die für beide, für Sie als Sender und für den Empfänger, von Nutzen ist.

Verzichten Sie auf aufwendige Einzelheiten, die ebenfalls charakteristisch für die linke Hemisphäre sind. Knüpfen Sie an die gegenseitig akzeptable Lösung keine Bedingungen.

Wenn Sie sich an diese wenigen, einfachen »Spielregeln« halten, könnte die oben geschilderte Unterhaltung folgendermaßen aussehen:

»Liebling, wäre es nicht besser, du würdest auf die Toilette gehen, als ins Bett zu machen? Dann hättest du ein sauberes Bett und könntest besser schlafen. Und ich bräuchte nicht so viele Bettücher zu waschen.«

Unkompliziert. Fair für beide. Und wirkungsvoll.

34

Gesundheit und die innere Mitte

1. Schließen Sie die Augen, richten Sie sie leicht augenbrauenwärts.
2. 2A, 3A, 3B und 3C sind Ihnen freigestellt. Zählen Sie langsam, ohne Hast, von zehn auf eins. Tun Sie es in Gedanken, und lassen Sie sich nach jeder Zahl eine Sekunde Zeit.
   A. Richten Sie Ihre Aufmerksamkeit, bei der Kopfhaut beginnend, auf die verschiedenen Körperteile und Muskelgruppen, und entspannen Sie diese in Abwärtsrichtung.
3. Wenn Sie bei eins angelangt sind, erzeugen Sie in der Vorstellung ein attraktives Bild von sich selbst, Gesundheit und Kraft ausstrahlend.
   A. Fragen Sie sich, warum Sie diese spezielle Krankheit haben. Lassen Sie die Gedanken umherschweifen.
   B. Wenn Sie hauptsächlich an eine bestimmte Person denken, stellen Sie sich diesen Menschen vor.
   C. Vergeben Sie einander in Ihrer Vorstellung. Stellen Sie sich vor, wie Sie sich die Hände schütteln und umarmen. Lächeln Sie sich an, nicken Sie sich in gegenseitigem Einverständnis zu. Freuen Sie sich darüber.
4. Wiederholen Sie innerlich: »Mein Körper und mein Geist werden in jeder Hinsicht stets vollkommen gesund sein.«
5. Sagen Sie sich nun: »Ich zähle jetzt von eins bis fünf. Bei fünf werde ich die Augen öffnen. Ich werde mich gut und gesund fühlen, besser als vorher.«
6. Beginnen Sie zu zählen. Bei drei wiederholen Sie die Affirmation.

7. Zählen Sie weiter auf fünf. Öffnen Sie die Augen und bekräftigen Sie innerlich: »Ich bin hellwach. Ich fühle mich besser und gesünder als vorher, und so wird es auch bleiben.«

Die innere Mitte

Die Erfindung des Rades war eine der großen Leistungen der Menschheit. Aber ein Rad funktioniert nur, wenn es zentriert ist, das heißt, wenn die Radnabe exakt zentriert ist. Sonst läuft es unrund, es holpert. Man könnte es ein ex-zentrisches Rad nennen. Jeder Mensch, der versucht, seine innere Mitte zu finden, ist es ebenfalls. In gewissem Sinn muß er das Rad für sich neu erfinden.

Nicht-zentrierte Menschen legen ihren Lebensweg holpernd und stolpernd zurück. Ihr ex-zentrisches Verhalten macht es ihnen zusätzlich schwer. Sie sind entweder kreativ oder destruktiv. Ihr Denken ist sprunghaft, nicht zielgerichtet. Zielgerichtetes, zentriertes Denken geschieht in Alpha. Die Alphafrequenz liegt in der Mitte des menschlichen Gehirnwellenspektrums.

Wissenschaftler haben herausgefunden, daß der Raum zwischen Erdoberfläche und Ionosphäre einem riesigen Resonanzkörper gleicht, dessen elektromagnetische Energie eine Frequenz von zehn Hertz aufweist, dem Mittelwert des Alphafrequenzbereichs des menschlichen Gehirns. Bislang vermutet die Wissenschaft den Generator dieser Frequenz irgendwo in den Tiefen des Alls. Vielleicht bräuchte sie aber auch gar nicht so weit zu suchen. Vielleicht liegt die Antwort auf der Erde, wo Milliarden menschlicher Gehirne durchschnittlich im Alphabereich pulsieren.

Ein zentrierter Mensch weist häufiger Alpha auf als ein nicht-zentrierter. Er ist sich der geistigen Dimension des Daseins bewußter, was zu einem gesünderen, ja humaneren Verhalten führt. Beides stellt sich automatisch ein, wenn ein Mensch sich häufig in die Mitte des Gehirnwellenspektrums, in Alpha begibt, um zu entspannen und nachzudenken, in jene Frequenz, die auf derselben Wellenlänge liegt wie die des die Erde umgebenden elektromagnetischen Energiefeldes.

In dem Maß, wie unser Denken zentrierter wird, zuerst durch den morgendlichen Countdown zur Erzeugung von Alpha, dann durch die Aktivierung der Selbstheilungskräfte und schließlich durch die Heilungsarbeit für andere, werden wir freier von Zwängen und egoistischem Verhalten. Das Immunsystem erfährt Unterstützung, Kreativität und intuitive Fähigkeiten nehmen zu. Sie fühlen sich gesünder, attraktiver, ausdauernder und erfolgreicher, sind ausgeglichener, harmonischer, mehr im Einklang mit sich selbst und der Welt. Das bleibt nicht ohne Folgen. Unter anderem sind Sie weniger unfallgefährdet als ein nicht-zentrierter Mensch, und Ihre Welt wird zunehmend freier von Verzerrungen, Irrungen, Wirrungen und Anomalien.

Innenwelt – Außenwelt

Die Notwendigkeit, in einer materiellen Welt überleben zu müssen, hat dazu geführt, daß unsere rationalen Fähigkeiten stärker ausgeprägt sind als unsere intuitiven. Nur haben wir im Lauf der Entwicklung die Wirklichkeit der Außenwelt mit ihren Anforderungen über die Wirklichkeit der Innenwelt gesetzt, und dies hat zu einem Ungleichgewicht in der Ausbildung der Fähigkeiten beider Hemisphären geführt. Unsere inneren Kräfte und das Wissen darum sind dabei größtenteils auf der Strecke geblieben.

Nun wäre es keineswegs angebracht, ins andere Extrem zu verfallen und die Innenwelt über die Außenwelt zu stellen. Das angestrebte Ideal ist vielmehr ein gleichberechtigtes Miteinander. Aus diesem Grund betone ich auch die Bedeutung der rechten Hemisphäre, unserer Wahrnehmungspforte zur Innenwelt, damit wir lernen, sie im gleichen Maße zu gebrauchen und ihr im gleichen Maß zu vertrauen wie der linken Hemisphäre, die uns das Zurechtkommen in der Außenwelt ermöglicht.

Natürlich gibt es Menschen, die behaupten, die äußere, sichtbare Welt sei die einzig existente, die innere hingegen nichts als bloße Einbildung. Sie vergessen dabei nur, daß alle großen Errungenschaften des Menschen ihren Ursprung im Geist ihrer Schöpfer nahmen, in der inneren Welt.

Der Künstler, der ein Bild malt, hat eine Vorstellung, die ihn inspiriert. Dem Komponisten fällt ein Thema ein, das er im Geist zu einem Musikstück ausbaut. Er hört sogar die einzelnen Instrumente und bringt zu Papier, was er innerlich bereits erarbeitet hat. Die großen Bücher der Menschheit entstanden durch Inspiration. Erfinder bewegten Ideen in ihren Köpfen hin und her, bis sie so weit gediehen waren, daß sie ihnen Form geben konnten. Physiker basteln an Theorien, und Wissenschaftler werden für ihr ausdauerndes Forschen und Nachdenken durch spontane Einsichten belohnt.

Menschen, die allein die sichtbare Welt für wirklich halten, negieren ihre eigene Kreativität, ihre eigene schöpferische Innenwelt. Sie verzichten freiwillig darauf, ihr Leben in der Hand zu haben, Streß, Schmerzen und Gesundheit zu kontrollieren, negative Mechanismen zu erkennen und durch positive Konditionierungen zu ersetzen sowie ihre kreativen, intuitiven und sogenannten paranormalen Fähigkeiten zu entwickeln. Sie haben die Möglichkeit der bewußten, schöpferischen Mitgestaltung der Realität verwirkt.

Unser zweigeteiltes Gehirn würde es uns erlauben, die Welt wie durch zwei Kameras zu betrachten. Anstatt aber den Vorteil zu nutzen, haben wir uns darauf versteift, daß die eine der beiden Kameras uns gültigere Bilder liefert als die andere, und so dominiert die linke Hemisphäre die rechte und zensiert alles, was ihr nicht ins linkshemisphärische Konzept paßt. Wenn wir uns aber im Gebrauch der rechten Hemisphäre ebenso üben wie im Gebrauch der linken, werden uns nicht nur die Fähigkeiten beider Hemisphären zur Verfügung stehen, wir werden zudem auch zentriert ein – im Einklang mit dem Universum.

35

Der tiefe Alphazustand

1. Schließen Sie die Augen und richten Sie sie leicht augenbrauenwärts.
2. 2A, 3A, 3B und 3C sind Ihnen freigestellt. Zählen Sie langsam, ohne Hast, von zehn auf eins. Tun Sie es in Gedanken, und lassen Sie sich nach jeder Zahl eine Sekunde Zeit.
   A. Richten Sie Ihre Aufmerksamkeit, bei der Kopfhaut beginnend, auf die verschiedenen Körperteile und Muskelgruppen, und entspannen Sie diese in Abwärtsrichtung.
3. Wenn Sie bei eins angelangt sind, erzeugen Sie in der Vorstellung ein attraktives Bild von sich selbst, Gesundheit und Kraft ausstrahlend.
   A. Fragen Sie sich, warum Sie diese spezielle Krankheit haben. Lassen Sie die Gedanken umherschweifen.
   B. Wenn Sie hauptsächlich an eine bestimmte Person denken, stellen Sie sich diesen Menschen vor.
   C. Vergeben Sie einander in Ihrer Vorstellung. Stellen Sie sich vor, wie Sie sich die Hände schütteln oder umarmen. Lächeln Sie sich an, nicken Sie sich in gegenseitigem Einverständnis zu. Freuen Sie sich darüber.
4. Wiederholen Sie innerlich: »Mein Körper und mein Geist werden in jeder Hinsicht stets vollkommen gesund sein.«
5. Sagen Sie sich nun: »Ich zähle jetzt von eins bis fünf. Bei fünf werde ich die Augen öffnen. Ich werde mich gut und gesund fühlen, besser als vorher.«
6. Beginnen Sie zu zählen. Bei drei wiederholen Sie die Affirmation.

7. Zählen Sie weiter auf fünf. Öffnen Sie die Augen und bekräftigen Sie innerlich: »Ich bin hellwach. Ich fühle mich besser und gesünder als vorher, und so wird es auch bleiben.«

Es wird Ihnen aufgefallen sein, daß ich bei einigen Übungen einen zusätzlichen Countdown empfehle, um die Alphaentspannung zu vertiefen, bei anderen nicht. Den Grund dafür will ich anhand der folgenden Untersuchung erläutern, die einer unserer Kursleiter kürzlich mit achtzehn Kursteilnehmern anstellte. Zehn unterzogen sich einer zusätzlichen, die Entspannung vertiefenden Übung, ehe sie Alpha erzeugten, die restlichen acht blieben bei der Standardmethode. Nun wurden alle achtzehn im Alphazustand darauf getestet, wie genau sie Objekte identifizieren konnten, die ihnen eine Zehntelsekunde lang gezeigt wurden. Danach wurde eine zweite Testreihe im Betazustand durchgeführt.

Die zehn Teilnehmer, die sich einer zusätzlichen Entspannung unterzogen hatten, konnten in Beta wesentlich mehr Objekte identifizieren als in Alpha, wohingegen es sich bei den acht anderen, die Alpha nach der Standardmethode erzeugt hatten, umgekehrt verhielt. Sie konnten mehr Objekte in Alpha als in Beta identifizieren.

Dieses Ergebnis bestätigt andere Untersuchungen, die nahelegen, daß eine Person im tiefen Alphazustand vorübergehend die kognitive Kontrolle sowie automatische oder unwillkürliche Sinneseindrücke abschaltet und an ihre Stelle eine verstärkte innere Wahrnehmung treten läßt. Der normale Alphazustand scheint also die äußere Wahrnehmungsfähigkeit zu erhöhen, vertieftes Alpha die innere. Der normale Alphazustand eignet sich also für die Lösung äußerer, materieller Probleme. Der tiefe Alphazustand, bei dem die Gehirntätigkeit auf unter zehn Hertz absinkt und der Ihre Wahrnehmung externer Informationen vermindert, die innere jedoch schärft, ist ein Garant für die Erhaltung einer vorbildlichen Gesundheit.

All dies sind Richtlinien, keine Dogmen. Erzeugen Sie Alpha, so gut Sie es können, wenn Sie ein Problem oder eine Krankheit haben, um sich selbst zu helfen oder anderen, wenn es erforderlich ist. Defokussieren Sie die Augen, wenden Sie die Drei-Finger-Trigger-Technik an, wenn Sie sie programmiert haben, und seien Sie gewiß, daß Sie es nicht umsonst tun. Zählen Sie rückwärts, egal, wo Sie in dem vierzig Sitzungen umfassenden Kursprogramm gerade stehen. Wenn Sie das Programm abgeschlossen haben, wird der kurze Countdown von fünf auf eins Sie in ein ausreichend tiefes Alpha versetzen, so daß Sie sich selbst oder anderen mit einer Heilbehandlung helfen können. Ein zusätzlicher Countdown von zehn auf eins vertieft Alpha in einer Weise, die es Ihnen erlaubt, noch effektiver zu visualisieren. Ich empfehle die vertiefte Alphaentspannung bei besonders schwerwiegenden Krankheiten. Wenn Ihnen dies aus irgendeinem Grund nicht möglich ist, erzeugen Sie Alpha, so gut Sie es vermögen. Es ist nie umsonst.

36

Umweltgifte

1. Schließen Sie die Augen und richten Sie sie leicht augenbrauenwärts.
2. 2A, 3A, 3B und 3C sind Ihnen freigestellt. Zählen Sie langsam, ohne Hast, von zehn auf eins. Tun Sie es in Gedanken, und lassen Sie sich nach jeder Zahl eine Sekunde Zeit.
   A. Richten Sie Ihre Aufmerksamkeit, bei der Kopfhaut beginnend, auf die verschiedenen Körperteile und Muskelgruppen, und entspannen Sie diese in Abwärtsrichtung.
3. Wenn Sie bei eins angelangt sind, erzeugen Sie in der Vorstellung ein attraktives Bild von sich selbst, Gesundheit und Kraft ausstrahlend.
   A. Fragen Sie sich, warum Sie diese spezielle Krankheit haben. Lassen Sie die Gedanken umherschweifen.
   B. Wenn Sie hauptsächlich an eine bestimmte Person denken, stellen Sie sich diesen Menschen vor.
   C. Vergeben Sie einander in Ihrer Vorstellung. Stellen Sie sich vor, wie Sie sich die Hände schütteln oder umarmen. Lächeln Sie sich an, nicken Sie sich in gegenseitigem Einverständnis zu. Freuen Sie sich darüber.
4. Wiederholen Sie innerlich: »Mein Körper und mein Geist werden in jeder Hinsicht stets vollkommen gesund sein.«
5. Sagen Sie sich nun: »Ich zähle jetzt von eins bis fünf. Bei fünf werde ich die Augen öffnen. Ich werde mich gut und gesund fühlen, besser als vorher.«
6. Beginnen Sie zu zählen. Bei drei wiederholen Sie die Affirmation.

7. Zählen Sie weiter auf fünf. Öffnen Sie die Augen und bekräftigen Sie innerlich: »Ich bin hellwach. Ich fühle mich besser und gesünder aus vorher, und so wird es auch bleiben.«

Die gesundheitsschädlichen Auswirkungen von Luft- und Wasserverschmutzung sowie der künstlichen Behandlung und Konservierung von Lebensmitteln sind hinlänglich bekannt. Bevor ich aufzeige, wie wir mit der Silva-Methode auch hier Abhilfe schaffen können, will ich jedoch vor jeglicher Art von Übertreibung warnen. Negatives Denken zieht immer auch negative Auswirkungen nach sich, und übertrieben negatives Denken verschärft diese noch. Sich dauernd über die Chemie in unseren Nahrungsmitteln aufzuregen kann schädlicher sein als die Zusatzstoffe selbst. Schuldgefühle wegen der Kalorien und dem vielen, ungesunden Zucker, den Sie eben in Form einer leckeren Torte gegessen haben, kann schlimmere Folgen haben als häufig Torten essen, denn Sorgen und Schuldgefühle erzeugen Streß, und dieser wirkt schneller als jedes Umweltgift. Treffen Sie also lieber im voraus eine sinnvolle Entscheidung, anstatt sich hinterher Vorwürfe zu machen.

Wenn Sie beim Einkaufen im Supermarkt unentschlossen sind, ob Sie Schweinefleisch oder Rindfleisch kaufen sollen, halten Sie inne, defokussieren Sie die Augen und fragen Sie sich, was besser für Sie ist, Rindfleisch oder Schweinefleisch? Klären Sie Ihre Gedanken, dann wenden Sie sich wieder der Tiefkühltruhe zu. Wählen Sie eines der Päckchen. Wahrscheinlich werden Sie automatisch zum mageren Rindfleisch greifen. Wenn Sie die Drei-Finger-Technik programmiert haben, halten Sie während des Einkaufs die Finger zusammen. Je mehr Sie die Silva-Methode praktizieren oder bereits praktiziert haben, desto zentrierter sind Sie, und zentrierte Menschen treffen eher eine richtige Entscheidung als nicht-zentrierte.

Es gibt allerdings kritische Situationen, in denen es lebenswichtig sein kann, Giftstoffe oder andere belastende

Stoffe entdecken zu können. In solchen Fällen ist es am besten, Alpha zu erzeugen und nach einer der problemlösenden Methoden vorzugehen. Da Sie sich mit einer die äußere Welt betreffenden Problemstellung auseinandersetzen, brauchen Sie Alpha nicht zu vertiefen.

Allergien

Wenn Sie anfällig für Hautausschläge sind, für Verdauungsprobleme oder immer wieder auftretende allergische Reaktionen, ist langfristig gesehen die Prävention wichtiger als die Symptombehandlung. Um sich jedoch erst einmal Erleichterung zu verschaffen, wenden Sie die Drei-Bilder-Technik an. Für eine endgültige Lösung ist es wichtig, die reizauslösende Substanz zu finden und möglichst zu meiden.

Gehen Sie folgendermaßen vor:

1. Erzeugen Sie Alpha, und visualisieren Sie sich in einer für das Auftreten der Allergie typischen Situation. In Ihrem Blickfeld befindet sich ein Kalender.
2. Fragen Sie sich, wann die Allergie zum ersten Mal auftrat und aus welchem Grund Sie dafür anfällig sind. Blättern Sie im Kalender Seite um Seite zurück, während Sie auf von rechts auftauchende Bilder achten.
3. Wenn ein Bild aufsteigt, lassen Sie die Szene sich entfalten.
4. Beenden Sie Alpha, und analysieren Sie die aufgestiegene Erinnerung. Betrachten Sie sie im Licht Ihrer jetzigen Situation.

In manchen Fällen führt das Betrachten der Allergie mit ihren Vergangenheitsaspekten unter den jetzt herrschenden Umständen zu einem neuen, gegenwartsbezogenen Verständnis und beendet sie. Wenn die Symptome jedoch weiterhin auftreten, programmieren Sie deren vollständige Beseitigung.

Sollten Sie Grund zu der Annahme haben, daß Sie auf ein Nahrungsmittel allergisch reagieren, dann:

1. Erzeugen Sie Alpha, und visualisieren Sie Ihren Arzt oder eine andere Autorität, die Ihr Vertrauen besitzt, vor sich.
2. Wählen Sie zwei in Frage kommende Substanzen, und fragen Sie ihn, welche der Auslöser ist.
3. Beenden Sie Alpha. Überdenken Sie das Problem. Ohne Zweifel werden Sie auf eine Antwort stoßen.
4. Vergleichen Sie diese Substanz mit anderen in Frage kommenden, bis sich der Missetäter herauskristallisiert.

Umweltgifte

In dem Maß, wie Sie zentrierter werden, fällt es Ihnen auch leichter, richtige Entscheidungen zu treffen. Sind Sie dennoch unentschlossen, erzeugen Sie Alpha, und fragen Sie nach der Antwort. Der erste Eindruck ist für gewöhnlich der stärkste und auch richtige.

Sucht

Für Abhängigkeiten gibt es keine einfachen Problemlösungen. Wenn ein Mensch sich einer Droge zuwendet, ist dies eine bewußt getroffene Entscheidung. Es gibt mehrere Möglichkeiten der Hilfestellung:

1. Das zweiunddreißigstündige Silva-Geistes-Training.
2. Innere Kommunikation.
3. Klinische Betreuung.

37

Warum überhaupt Heilen?

1. Schließen Sie die Augen und richten Sie sie leicht augenbrauenwärts.
2. 2A, 3A, 3B und 3C sind Ihnen freigestellt. Zählen Sie langsam, ohne Hast, von zehn auf eins. Tun Sie es in Gedanken, und lassen Sie sich nach jeder Zahl eine Sekunde Zeit.
   A. Richten Sie Ihre Aufmerksamkeit, bei der Kopfhaut beginnend, auf die verschiedenen Körperteile und Muskelgruppen, und entspannen Sie diese in Abwärtsrichtung.
3. Wenn Sie bei eins angelangt sind, erzeugen Sie in der Vorstellung ein attraktives Bild von sich selbst, Gesundheit und Kraft ausstrahlend.
   A. Fragen Sie sich, warum Sie diese spezielle Krankheit haben. Lassen Sie die Gedanken umherschweifen.
   B. Wenn Sie hauptsächlich an eine bestimmte Person denken, stellen Sie sich diesen Menschen vor.
   C. Vergeben Sie einander in Ihrer Vorstellung. Stellen Sie sich vor, wie Sie sich die Hände schütteln oder umarmen. Lächeln Sie sich an, nicken Sie sich in gegenseitigem Einverständnis zu. Freuen Sie sich darüber.
4. Wiederholen Sie innerlich: »Mein Körper und mein Geist werden in jeder Hinsicht stets vollkommen gesund sein.«
5. Sagen Sie sich nun: »Ich zähle jetzt von eins bis fünf. Bei fünf werde ich die Augen öffnen. Ich werde mich gut und gesund fühlen, besser als vorher.«
6. Beginnen Sie zu zählen. Bei drei wiederholen Sie die Affirmation.

7. Zählen Sie weiter auf fünf. Öffnen Sie die Augen und bekräftigen Sie innerlich: »Ich bin hellwach. Ich fühle mich besser und gesünder als vorher, und so wird es auch bleiben.«

Dr. Bernhard S. Siegel, Autor, Chirurg und Mitarbeiter an der medizinischen Fakultät der Yale Universität, schreibt: *Ich bin der festen Überzeugung, daß wir intuitiv um die wahre, nicht-mechanistische Natur von Gesundheit und Heilungsprozessen wissen... Als Beispiel hierfür mag die sogenannte spontane Remission oder Spontanheilung gelten. Allerdings wäre es mir lieber, man würde nicht von einer Spontanheilung sprechen, sondern eher von einer kreativen oder selbstinduzierten Heilung, oder auch von einem hart erarbeiteten Wunder.*

Dem schließe ich mich aus ganzem Herzen an. B. Siegel schrieb zusammen mit seiner Frau Barbara H. Siegel den Artikel »Spiritual Aspects of the Healing Arts« für die Zeitschrift *The American Theosophist.* Später folgte das Buch »Love, Medicine and Miracles«, welches zum Bestseller avancierte. Im Jahr 1978 begründete er die *»Exceptional Cancer Patient Group Therapy«*, eine gruppentherapeutische Arbeit mit außergewöhnlichen Krebspatienten, die gezielt mit der Vorstellungskraft und Bildern, die sie selbst von ihrer Krankheit haben, arbeiten. Der Arzt, so Dr. Siegel, sollte nicht einfach ein Gesundheitsmechaniker sein, sondern auch eine Art Lehrer, der den Patienten, die sich ihm anvertrauen, hilft, die Verantwortung für ihre Probleme zu erkennen und zu übernehmen, wodurch sie sich plötzlich in der Lage sehen, entscheidend an ihrer Heilung mitzuwirken.

Auch dem möchte ich voll und ganz zustimmen, nur scheint mir, wir sollten damit nicht bis zum Erwachsenenalter warten. Schon unsere Kinder sollten lernen, wie man seine geistigen Kräfte gebraucht, um mit Problemen vernünftig umgehen zu können. Wir bringen ihnen ja auch bei, sie anderweitig zu gebrauchen, beispielsweise wie man neun

Kekse auf drei Kinder verteilt, so daß alle gleichviel bekommen. Aber wir haben uns nicht nur an die bestehende, künstliche Trennung gewöhnt, sondern auch an die daraus resultierenden verzerrten Ansichten. So kommt es vor, daß wir erst jetzt staunend entdecken, daß unser Geist uns nicht nur krank, sondern natürlich auch gesund machen kann.

Ist es falsch, zu heilen?

Immer wieder einmal wird der Vorwurf erhoben, Fernheilung käme einer Einmischung in die Privatsphäre des Menschen gleich. Andere geben zu bedenken, diese Art des Heilens würde es dem einzelnen unmöglich machen, sein persönliches Karma zu erleben beziehungsweise abzuarbeiten, oder daß es gotteslästerlich sei, weil der Heiler in einen höheren Plan eingreife.

Trotz solcher Einwände bin ich der Überzeugung, daß wir in allererster Linie füreinander verantwortlich sind. Wenn wir von der Krankheit oder Behinderung eines anderen Menschen erfahren, und wenn diese ihn davon abhält, seinen Aufgaben nachzukommen, dann ist es, so denke ich, unsere Pflicht, zu helfen, ob er nun davon weiß oder nicht.

Was das Karma angeht, so nehme ich an, daß es sich wohl auf Fehler bezieht, die wir in diesem Leben begehen sowie die daraus erwachsenden Konsequenzen. In den östlichen Philosophien heißt es, daß Karma von einem Leben ins nächste mitgenommen wird. Ich glaube aber, daß eine Bestrafung nur dann sinnvoll ist, wenn der Betreffende sich der Negativität seines Tuns bewußt ist. Sie sollte es uns ermöglichen, uns zu bessern oder zu lernen, einen Fehler nicht zu wiederholen. Eine Bestrafung für ein Vergehen, dessen wir uns nicht bewußt sind, ist zwecklos.* In unseren Semi-

* Anm. d. Übs.: In diesem Sinn ist Karma nicht zu verstehen. Mit dem Sanskritwort *Karma,* was soviel wie »wirken, tun« bedeutet, wird im Buddhismus das universelle Gesetz von Ursache und Wirkung bezeichnet, welches besagt, daß

naren versuchen die Lehrer deshalb, den Teilnehmern das Prinzip von Ursache und Wirkung in bezug auf die eigenen Denkgewohnheiten und Auswirkungen in ihrem Leben aufzuzeigen, damit sie begreifen, was sie verändern müssen und warum, wenn ihnen tatsächlich an ihrer Gesundheit und Lebensqualität gelegen ist.

Und schließlich, was den Willen Gottes angeht, so bin ich mir sicher, daß unsere Arbeit nichts bewirken würde, wenn Gott nicht wollte, daß wir Gebrauch von den uns innewohnenden Kräften machten. Jeder braucht Hilfe. Keiner kann ohne die vielen anderen existieren, die es ihm ermöglichen, sein Leben zu leben. Auf die Notfälle des Lebens sind wir gut vorbereitet: Erste-Hilfe-Maßnahmen, Krankenwagen, Krankenhäuser, Fachkliniken, Pflegepersonal, Ärzte, Fachärzte, Heilpraktiker und andere Spezialisten stehen bereit. Ich bin der Auffassung, daß es uns darüber hinaus obliegt, unsere inneren Heilkräfte zu entwickeln und anzuwenden, wann immer es erforderlich ist. Ist dies denn nicht der Sinn unseres Daseins auf diesem Planeten, an der sich noch immer entfaltenden Schöpfung mitzuwirken?

Mensch und Schöpfung

Um diesen Prozeß der Schöpfung aber mitgestalten zu können, müssen wir selbst schöpferisch tätig werden, nicht zerstörerisch. Es muß also unser Anliegen sein, Anteil an der Lösung zu haben und nicht Teil des Problems zu sein.

Es heißt, daß wir das Abbild des Schöpfers sind. Diese Aussage soll nun gewiß nicht auf einen Schöpfer mit zwei Armen und zwei Beinen hinweisen, sondern vielmehr auf die geistigen Dimensionen unseres Seins, der wir uns wieder

jede Handlung, ob negativ oder positiv, eine Auswirkung hat, das heißt, die Ursache für eine Wirkung wird. Es ist ein zeitlich unbegrenzter, völlig unvoreingenommener, unpersönlicher Vorgang, insofern ist Karma keineswegs als »Bestrafung« für negatives Tun zu verstehen, zumal es sich ebenfalls auf positives Tun und daraus resultierende positive Wirkungen bezieht.

bewußt werden müssen, wenn wir vorhaben, uns an den fortwährenden Akt der Schöpfung zu beteiligen. Der Geist, jene von unseren physischen Sinnen unabhängig wahrnehmende Instanz, ist auch über die Barrieren unseres Raum-Zeit-Konzepts hinaus tätig. Wenn wir unser Bewußtsein von der materiellen Dimension ab und der nicht-materiellen zuwenden, indem wir die Augen defokussieren, entspannen oder meditieren, schalten wir die äußere Welt, die eine Hälfte unseres Seins, ab und machen uns mit der inneren, der zweiten Hälfte, vertraut. Wir korrigieren Fehler, wir erfahren Inspiration, wir heilen, wir treffen richtige Entscheidungen. Wir können daran mitwirken, diese Welt lebenswerter zu machen.

38

Hellsichtigkeit

1. Schließen Sie die Augen, und richten Sie sie leicht augenbrauenwärts.
2. 2A, 3A, 3B und 3C sind Ihnen freigestellt. Zählen Sie langsam, ohne Hast, von zehn auf eins. Tun Sie es in Gedanken, und lassen Sie sich nach jeder Zahl eine Sekunde Zeit.
A. Richten Sie Ihre Aufmerksamkeit, bei der Kopfhaut beginnend, auf die verschiedenen Körperteile und Muskelgruppen, und entspannen Sie diese in Abwärtsrichtung.
3. Wenn Sie bei eins angelangt sind, erzeugen Sie in der Vorstellung ein attraktives Bild von sich selbst, Gesundheit und Kraft ausstrahlend.
A. Fragen Sie sich, warum Sie diese spezielle Krankheit haben. Lassen Sie die Gedanken umherschweifen.
B. Wenn Sie hauptsächlich an eine bestimmte Person denken, stellen Sie sich diesen Menschen vor.
C. Vergeben Sie einander in Ihrer Vorstellung. Stellen Sie sich vor, wie Sie sich die Hände schütteln oder umarmen. Lächeln Sie sich an, nicken Sie sich in gegenseitigem Einverständnis zu. Freuen Sie sich darüber.
4. Wiederholen Sie innerlich: »Mein Körper und mein Geist werden in jeder Hinsicht stets vollkommen gesund sein.«
5. Sagen Sie sich nun: »Ich zähle jetzt von eins bis fünf. Bei fünf werde ich die Augen öffnen. Ich werde mich gut und gesund fühlen, besser als vorher.«
6. Beginnen Sie zu zählen. Bei drei wiederholen Sie die Affirmation.
7. Zählen Sie weiter auf fünf. Öffnen Sie die Augen und bekräftigen Sie innerlich: »Ich bin hellwach. Ich fühle mich

besser und gesünder als vorher, und so wird es auch bleiben.«

Ich gratuliere! In zwei Tagen haben Sie den Kurs abgeschlossen! Sie sind mittlerweile in der Lage, Alpha zu erzeugen und aufrechtzuerhalten, um sich selbst und anderen Menschen zu helfen. Setzen Sie es in die Tat um. Vielleicht möchten Sie Ihrem Bruder helfen, der Gallensteine hat. Obwohl tausend Meilen zwischen ihm und Ihnen liegen, erzeugen Sie Alpha, visualisieren ihn und stellen sich die Gallenblase vor. Sie spüren zwei Steine, zerdrücken sie zwischen den Fingern und beenden die Alphasitzung.

Am nächsten Tag ruft er an.

»Wollte dir nur sagen, daß ich meinen Gallenstein los bin. Heute morgen ist er überraschend abgegangen.«

»Prima«, sagen Sie, »aber vielleicht sind es ja zwei. Könnte sein, daß noch einer hinterherkommt.«

Am nächsten Tag ruft er wieder an.

»Du hattest recht«, verkündete er. »Aber jetzt ist hoffentlich Schluß mit dem Ärger.«

Können Sie sich das erhebende Gefühl vorstellen? Sie haben Ihr Wissen praktisch angewendet, und es hat funktioniert!

Was ist passiert? Sind Sie etwa hellsichtig? Das Lexikon definiert Hellsichtigkeit als »die außergewöhnliche Fähigkeit, Dinge wahrzunehmen, die außerhalb des natürlichen Wahrnehmungsbereich der physischen Sinne liegen.« Dabei handelt es sich nicht um eine Sinneswahrnehmung im herkömmlichen Sinn, sondern eher um ein inneres Gewahrsam, eine Art Vorstellung, die entsteht, wenn Sie Ihr geistiges Potential aktivieren. Diese Vorstellung drücken Sie in Gefühlen, Worten und inneren Bilden aus, so zum Beispiel in Form zweier Gallensteine. Ein Hellhöriger würde die Antwort vielleicht »hören«, ein Hellfühlender sie erfühlen, aber natürlich nicht über Augen, Ohren oder Tastsinn, sondern ebenfalls als innere Wahrnehmung.

Der Geist umfaßt das ganze multisensuelle Wahrnehmungsvermögen, zu dem nicht nur die gewöhnlichen fünf Sinne gehören, sondern auch jene Sinneskanäle, deren wir uns nicht direkt bewußt sind, für die wir also auch keine Namen haben. Ein Hellsichtiger weiß um jene inneren Sinne und kann Gebrauch von ihnen machen. Hellsichtigkeit zählt zu den sogenannten ASW-Phänomenen, den Fähigkeiten zur »außersinnlichen Wahrnehmung«. Dabei handelt es sich strenggenommen gar nicht um besondere Fähigkeiten, denn jeder Mensch ist zu außersinnlicher Wahrnehmung in der Lage. Vielleicht wäre es gescheiter, nicht von »außersinnlicher« Wahrnehmung zu sprechen, sondern eher von »allgemeiner Sinneswahrnehmung«, das heißt, einer aus allen sensorischen Systemen kombinierten Wahrnehmung anstelle der üblichen spezialisierten und isolierten Wahrnehmungsweise, die das vollständige Erkennen eines Problems unmöglich macht.

Die gewünschte Information wird sich als ein plötzliches, inneres Gewahrsein kundtun, das Sie in Bilder kleiden oder in Worte, vielleicht auch in ein Gefühl, je nachdem, auf welche Weise Sie es am besten verstehen können.

Da Sie Alpha erzeugen und sich somit bewußt beider Hemisphären bedienen können, haben Sie den meisten Menschen gegenüber einen Vorteil. Aber das bedeutet nicht, daß Sie etwas Besonderes sind. Jeder Mensch hat dieselben Anlagen. Was Sie von den anderen unterscheidet, ist, daß Sie darum wissen und gelernt haben, mit diesen Anlagen umzugehen, zum Beispiel um Probleme zu lösen und Krankheiten zu heilen. Wenn Sie sich nun aber unwohl deswegen fühlen, dann behalten Sie es eben für sich. Sie brauchen nicht darüber zu sprechen, niemand braucht es zu wissen. Prahlen Sie nicht damit, wie Sie innerhalb von Minuten oder Tagen ein chronisches Asthma loswurden.

Sollte man Sie fragen, empfehlen Sie der Person die Lektüre dieses Buches oder die Teilnahme an einem Kurs. Schweigen Sie darüber, wenn Sie jemandem helfen konnten, mit einer Krankheit fertig zu werden. Geben Sie sich damit zufrieden, daß es der Person bessergeht. Sie haben weitaus mehr von solch stiller Zufriedenheit als von oberflächlicher Egobefriedigung.

Kahlil Gibran, Autor des Werkes »Der Prophet«, ermahnt uns, nicht einen Reichen zum Essen zu laden, da dieser sich zweifellos mit einer Gegeneinladung revanchieren würde, sondern einen Armen, der nicht dazu in der Lage ist.

Dann werden wir erleben, daß das Universum uns entschädigt – auf wunderbare Weise.

39

Persönliche Sinnfindung

1. Schließen Sie die Augen, und richten Sie sie leicht augenbrauenwärts.
2. 2A, 3A, 3B und 3C sind Ihnen freigestellt. Zählen Sie langsam, ohne Hast, von zehn auf eins. Tun Sie es in Gedanken, und lassen Sie sich nach jeder Zahl eine Sekunde Zeit.
   A. Richten Sie Ihre Aufmerksamkeit, bei der Kopfhaut beginnend, auf die verschiedenen Körperteile und Muskelgruppen, und entspannen Sie diese in Abwärtsrichtung.
3. Wenn Sie bei eins angelangt sind, erzeugen Sie in der Vorstellung ein attraktives Bild von sich selbst, Gesundheit und Kraft ausstrahlend.
   A. Fragen Sie sich, warum Sie diese spezielle Krankheit haben. Lassen Sie die Gedanken umherschweifen.
   B. Wenn Sie hauptsächlich an eine bestimmte Person denken, stellen Sie sich diesen Menschen vor.
   C. Vergeben Sie einander in Ihrer Vorstellung. Stellen Sie sich vor, wie Sie sich die Hände schütteln oder umarmen. Lächeln Sie sich an, nicken Sie sich in gegenseitigem Einverständnis zu. Freuen Sie sich darüber.
4. Wiederholen Sie innerlich: »Mein Körper und mein Geist werden in jeder Hinsicht stets vollkommen gesund sein.«
5. Sagen Sie sich nun: »Ich zähle jetzt von eins bis fünf. Bei fünf werde ich die Augen öffnen. Ich werde mich gut und gesund fühlen, besser als vorher.«
6. Beginnen Sie zu zählen. Bei drei wiederholen Sie die Affirmation.

7. Zählen Sie weiter auf fünf. Öffnen Sie die Augen und bekräftigen Sie innerlich: »Ich bin hellwach. Ich fühle mich besser und gesünder als vorher, und so wird es auch bleiben.«

Ist es besser, ohne feste Zielsetzung durchs Leben zu gehen, oder ist es besser, sich Ziele zu stecken, auf ihre Verwirklichung hinzuarbeiten und sich dann neue zu suchen?

Die Erfahrung lehrt, daß ziellose Menschen weniger Interesse am Leben und einen weniger ausgeprägten Lebenswillen haben. Sie sind anfälliger für Depressionen, verzagen schneller und fühlen sich öfter unglücklich. Häufig wählen sie Fluchtwege aus ihrem Dilemma, wie zum Beispiel den Griff zur Flasche, bis sie sich eines Tages auf ihre letzte Flucht begeben.

Ein Mensch, der sich im Leben Ziele steckt, ist energischer, enthusiastischer, begeisterungsfähiger und gesünder. Dabei spielt die Art der Zielsetzung gar keine Rolle, solange man vertrauensvoll und mit Geduld gewappnet daran arbeitet. Deswegen ist es ab und zu auch ganz heilsam, innezuhalten, um sich seine Ziele zu vergegenwärtigen, um so mehr, als es in unserer Gesellschaft immer weniger klare Wertvorstellungen gibt. Die gängige Einstellung ist die eines Urlaubers, dem es egal ist, welche Probleme er schafft.

Wenn ein Mensch sich mit den Fragen nach dem Woher, Wohin und Warum auf eine höhere Warte beziehungsweise Bewußtseinsebene begibt, gewinnt er erstaunliche Einsichten und sieht die sogenannte Wirklichkeit in einem neuen Licht. Er sieht sich als Teil eines großen Ganzen und erkennt Sinn und Zweck des Daseins, nämlich die Schöpfung zu bewahren. Ist nicht schon unser starker Fortpflanzungstrieb Hinweis genug darauf, wie auch der uns innewohnende starke Wunsch nach Gesundheit und Wohlergehen? Wer gesund ist, kann hochkarätige Arbeit leisten. Welches ist Ihr Spezialgebiet? Wo liegt Ihre besondere Begabung? Die Antworten liegen in Ihnen.

1. Erzeugen Sie Alpha. Vertiefen Sie die Entspannung.
2. Visualisieren Sie sich selbst.
3. Fragen Sie sich, was Ihre Aufgabe ist.
4. Lassen Sie Ihren Gedanken freien Lauf. Tagträumen Sie.
5. Beenden Sie Alpha. Beschäftigen Sie sich noch eine Weile mit den Gedanken, die Ihnen während der Visualisation gekommen sind.

Ihr Tagtraum liegt vermutlich näher an dem, was Sie wirklich tun sollten, als das, was Sie gegenwärtig tun. Wenn Ihre Arbeit Sie langweilt, Sie weder fordert noch ausfüllt, wird der daraus resultierende Frust beziehungsweise Streß auf die Dauer Ihre Gesundheit beeinträchtigen, und das bedeutet, daß Sie weniger vital, weniger lebensfroh und weniger attraktiv sind, als Sie sein könnten.

40

Inneren Frieden finden

Dies ist der letzte Übungstag. Gehen Sie vor wie gewohnt. Zählen Sie von zehn auf eins.

Herzlichen Glückwunsch! Sie haben den Kurs beendet. Von nun an können Sie Alpha erzeugen, indem Sie von fünf auf eins zählen.

Außerdem sind Sie in der Lage, jede Krankheit und Verletzung in erstaunlich kurzer Zeit zu heilen, aber auch zu verhüten und eine außerordentlich stabile Gesundheit aufrechtzuerhalten.

Welcher Typ Mensch sind Sie?

Folgende Pressemeldung sorgte in Los Angeles für einiges Aufsehen: »Krebskranker wird aus Freude über Großmutters Besuch gesund!«

Der neunjährige Junge war in einem kritischen Zustand ins Krankenhaus eingeliefert worden. Die Ärzte stellten einen Gehirntumor im fortgeschrittenen Stadium fest und rechneten jederzeit mit dem Tod des Knaben. Eine wohltätige Organisation bezahlte den Flug der Großmutter nach Los Angeles, obwohl niemand damit rechnete, daß der Junge die Ankunft noch erleben würde. Aber er tat es. Noch am Tag ihrer Ankunft zeichnete sich eine Besserung ab, zwei Tage später hatte er das kritische Stadium überwunden. Der Tumor war nachweislich zum Stillstand gekommen.

Offensichtlich fehlten dem Jungen Liebe und Zuwendung. Als er sie erhielt, kam es zu einer Remission.

Zwei Kardiologen, Meyer Friedman und Ray Rosenman, sorgten 1959 mit einer Studie für Aufregung, die besagte, daß es zwei Menschentypen gibt, die einen, Typ A, die für Herzinfarkte anfällig sind, die anderen, Typ B, die es nicht sind. Typ A wird als ungeduldig, ehrgeizig und leicht erregbar charakterisiert, Typ B als ausgeglichen, ruhig und unbekümmert. Erst kürzlich wurden die Ergebnisse dieser Studie wieder aufgegriffen und die Typen-Beschreibung verfeinert. Zu den unterscheidenden Faktoren kamen bei A noch »Feindseligkeit« sowie »Zynismus, Mißtrauen und Verachtung für ihre Mitmenschen« hinzu.

Charaktereigenschaften haben also einen nicht geringen Einfluß auf die Gesundheit. Leben Sie in Harmonie mit Ihren Mitmenschen? Wenn Sie mit »nein« oder »mal mehr, mal weniger« antworten, besteht kein Zweifel daran, daß Sie eine positivere Einstellung Ihren Mitmenschen gegenüber programmieren sollten, etwa mit Hilfe der folgenden Affirmationen:

- *Ich habe mehr Verständnis, Mitgefühl und Geduld mit anderen.*
- *Mit jedem Tag wächst mein Selbstvertrauen und auch das in meine Mitmenschen.*
- *Mit jedem Tag fällt es mir leichter, mit anderen zusammenzuarbeiten.*

Da Sie diese Affirmationen in Alpha programmieren, haben Sie gleichzeitig bekräftigt, daß Sie sich jeden Tag in jeder Hinsicht gesünder und besser fühlen. Die Betonung liegt auf »in jeder Hinsicht«, denn die charakteristischen Merkmale von Typ A und B zeigen sich nicht nur bei Herz/Kreislaufbeschwerden. Folgende Fragen wurden bei einer Umfrage, die die Zusammenhänge zwischen Krebs und Streß untersucht, gestellt: Haben Sie ein Hobby? Haben Sie in den vergangenen drei Jahren eine Scheidung oder Trennung erlebt? Einen Todesfall in der Familie? Finanzielle Schwierigkeiten? Schwierigkeiten am Arbeitsplatz?

Wir wissen, daß die erwähnten Konfliktsituationen zu Streß führen, der vielerlei Krankheiten auslösen kann. Es braucht nicht gleich Krebs zu sein. Vielleicht wird »nur« das Immunsystem geschwächt, was einer offenen Einladung für absolut jede Krankheit gleichkommt. Aber Sie sind ein Anwender von Alpha geworden und können solche Konflikte erfolgreich entschärfen.

Innerer Friede

Programmieren Sie positive Veränderungen in sich selbst. Ihre Gesundheit wird es Ihnen danken.

Wenn ein Salamander seinen Schwanz verloren hat, wächst ihm ein neuer. Wir Menschen sind noch nicht soweit. Wir haben eben erst begonnen zu verstehen, daß wir dem Wachstum eines Krebsgeschwürs Einhalt gebieten und Krankheiten vorbeugen können, indem wir Negativität, Konflikte, Widerwillen und Verzweiflung durch Gedanken der Liebe und des Vergebens aus unseren Gedanken beseitigen. Wer sich darin übt, wird inneren Frieden erfahren, und jede Körperzelle wird davon profitieren. Es wird sein, als sei eine riesige, dunkle Wolke verschwunden, die die Sonne überschattet hatte, und das ideale Klima für eine Heilung ist wiederhergestellt.

Teilhard de Chardin schrieb: »Eines Tages, wenn wir die Kräfte des Windes, des Wassers, der Gezeiten und der Schwerkraft gemeistert haben, werden wir die Kraft der Liebe entdecken. Dann wird der Mensch zum zweiten Mal in der Geschichte das Feuer entdecken.«

Viele Ärzte sehen in ihren Wartezimmern nicht Männer, Frauen und Kinder sitzen, sondern Krankheiten. Ihre Aufgabe ist es, Krankheiten zu behandeln, nicht Menschen, die Liebe und Zuwendung brauchen. Wo aber kann ein Mensch liebende, vergebende Zuwendung erhalten, die für einen gesunden Geist so grundlegend wichtig sind, oder Freude und Hoffnungen mit anderen teilen? Wo sonst, wenn nicht in der Familie? Wenn es einer Familie gelingt, dies zu verwirklichen, geschieht ein Wunder.

Die Techniken der Silva-Methode vermitteln Vergebung und positives Denken – auf der subjektiven Ebene. Mit ihnen sind Sie dafür ausgerüstet, konkrete Schritte in Richtung Heilung zu unternehmen. Erleben Sie Ihr Wunder!

Teil 2

Neue Wege gehen

41
Die Welt von morgen

Wie würde unsere Welt wohl aussehen, wenn alle Menschen beide Hemisphären gebrauchen würden? Welche Auswirkungen würde es auf den Frieden in der Welt haben, wenn Differenzen nicht mehr nach dem Prinzip »Wer am lautesten schreit, hat recht« oder »Angriff ist die beste Verteidigung« ausgetragen würden, sondern wenn Menschen, unter ihnen auch unsere politischen Führer, sich auf der subjektiven Ebene miteinander ins Benehmen setzen würden, von Höherem Selbst zu Höherem Selbst gewissermaßen? Oder unsere Wirtschaft, wenn die Verantwortlichen intuitiv die richtigen ganzheitlichen Entscheidungen träfen? Wie würde sich das Gesundheitswesen ändern, wenn Ärzte genauer zu sagen wüßten, was ihren Patienten fehlt und ihre geistigen Fähigkeiten mehr einsetzen würden als handwerkliches Können und Medikamente? So mancher operative Eingriff wäre unnötig, ganz zu schweigen von der Flut von Medikamenten, die sich erübrigen würden.

Mir scheint, es wäre eine bessere Welt, schon fast ein Paradies. In diesem und den folgenden Kapiteln möchte ich meine persönliche Philosophie mit Ihnen teilen, meine subjektive, intuitive Zukunftsschau.

Gegenstand der Forschung: Der innere Raum

Der Physiker Rupert Sheldrake hat ein Konzept entwickelt, um zu erklären, warum Intuition funktioniert. Nach seiner Theorie gibt es ein übergeordnetes Bewußtsein, das jede Form von Leben umfaßt und von diesem wiederum fortwährend »programmiert« wird. Wir füttern es gleichsam mit den Erfahrungen, die wir im Laufe unseres Lebens machen. Sheldrake nennt dieses Überbewußtsein, das tatsächlich ein wenig an C. G. Jungs *kollektives Unbewußtes* erinnert, ein *morphogenetisches Feld.* Von Peter Russel stammt der Begriff des *globalen Gehirns,* einer wachsenden, bewußtseinschaffenden Intelligenz. Er sieht den Planeten als einen lebendigen Organismus, der in der Lage ist, sich selbst in jeder Hinsicht zu steuern. Fritjof Capra sieht in der neuen Physik die Bestätigung östlicher philosophischer Systeme, die ein tiefes, intuitives Wissen um die geistige Grundlage unserer materiellen Existenz haben.

Die Wissenschaft stößt gegenwärtig in einen neuen, von ihr bislang unerforschten Bereich vor, den inneren Raum. Wissenschaftler sprechen mittlerweile offen von der Bedeutung der Erforschung des Bewußtseins, da es eine so vitale Rolle für die Art der Erscheinung der materiellen Welt spielt.

Vor nicht allzulanger Zeit noch beherrschte ein rein materielles, mechanistisches Weltbild die Naturwissenschaft, das die Existenz von Bewußtsein schlichtweg leugnete oder aber verwarf. Viele Wissenschaftler halten auch heute daran fest, obwohl sich die Beweise für den Einfluß des Bewußtseins auf die Materie nicht mehr leugnen lassen. Wir beginnen, die Welt in einem neuen Licht zu sehen, dem Licht eines intelligenten Bewußtseins. Möglicherweise werden wir bald ein zweites Zeitalter der Aufklärung erleben. Aber bevor wir weiter in die Zukunft schauen, sollten wir uns vergegenwärtigen, daß wir, obwohl wir in den objektiven, physischen Dimensionen unleugbar Großes geleistet haben – wir sind Veteranen in der Erforschung der Erde, des Himmels, der Meere und sogar des Weltalls – in der Erforschung des inneren Raumes noch in den Windeln liegen. Selbst anerkannt große Seher und Medien unserer Tage sind im Vergleich zu denen, die die Zukunft hervorbringen wird, Zwerge, ja Unwissende. Durch die Inanspruchnahme der rechten Hemisphäre werden wir zu ausgewogenen, links- und rechtshemisphärisch funktionierenden Menschen, denen aus unserer heutigen Sicht wahrhaft phantastisch anmutende Fähigkeiten selbstverständlich sind.

Umfragen zufolge machen bislang nur etwa zehn Prozent der Bevölkerung Gebrauch von Entspannungstechniken, die, wie wir wissen, die rechte Hemisphäre aktivieren. So schnell wird sich also am augenblicklichen Status quo nichts ändern. Rupert Sheldrakes morphogenetischem Feld zufolge muß eine kritische Anzahl von Mitgliedern einer Spezies eine bestimmte Eigenschaft oder ein bestimmtes Verhalten erlernen. Wenn diese erreicht beziehungsweise überschritten ist, kommt es zu einer, wie er es nennt, morphischen Resonanz, das heißt, das erlernte Verhalten, beziehungsweise die entwickelte Eigenschaft, wird zum Allgemeingut.

Wir wissen nicht, wann die Menschheit diese kritische Anzahl erreicht haben wird, aber wir können versuchen, den Vorgang zu beschleunigen, indem wir unser eigenes Vorankommen forcieren. Eltern und zukünftige Eltern sollten den bewußten Umgang mit der rechten Hemisphäre erlernen, damit sie es wiederum ihren Kindern beibringen können. So wird bifokales Denken, wie man die Fähigkeit, sich beider Hemisphären zu bedienen, auch nennen könnte, zur Selbstverständlichkeit, zur heilsamen Gewohnheit.

Die Einbeziehung der rechten Hemisphäre könnte den gesamten Bereich der Erziehung revolutionieren, denn der Lernvorgang würde beschleunigt. Schüler und Studenten wären durch den gleichberechtigten Gebrauch der rechten und linken Hemisphäre zu ausgewogenem Denken und kreativen Lösungen fähig. Musik, Wissenschaft, Kunst und Mathematik wären nicht länger getrennte Disziplinen. Neue Lehrpläne würden dem neuen Denken Rechnung tragen, Visualisationstechniken wären ein selbstverständliches Lernmittel, wie auch Schnellesekurse oder der Gebrauch von Biofeedbackgeräten, die automatisch das Lernprogramm anschalten, wenn der Studierende den gewünschten Grad der Entspannung erreicht hat, und sich wieder abschalten, wenn er ihn verliert.

In dem Maß, wie immer mehr Menschen die Fähigkeit erwerben, sich beider Hemisphären zu bedienen, wird, gemäß dem Rückkopplungsmechanismus, das morphogenetische Feld auf bifokales Denken programmiert. Die Weiche für ein neues Zeitalter wäre gestellt, in dem wir die Welt nicht mehr einseitig mit den Augen der linken Hemisphäre sehen, sondern mit unserem gesamten Wahrnehmungsvermögen. Die Menschheit wird in der Evolution einen weiteren Schritt nach vorn tun. Wir werden nach wie vor sterben, aber nicht als alte, schwächliche oder kranke Greise, sondern im Vollbesitz unserer geistigen Kräfte. Unsere Gesellschaft, ja die menschliche Gemeinschaft als Ganzes, wird humaner werden. Das Leben in seiner Vielfalt wird mehr Respekt erfahren, wir werden schneller verstehen und schneller vergeben können, der Gemeinsinn wird gestärkt. Das Zusammengehörigkeitsgefühl wird sich über die Grenzen der Länder hinauserstrecken. Politische Führer werden in der Lage sein, offen miteinander zu kommunizieren und dabei sowohl die eigenen Interessen als auch die der anderen zu wahren. Das Bewußtsein einer gemeinsamen Zukunft wird sie einen, Probleme werden intuitiv erkannt und beseitigt werden, solange sie noch unbedeutend sind. Kriegen, ja dem bloßen Gedanken daran, wird der Nährboden entzogen.

Und all dies, weil Sie bereit sind, täglich einige Minuten aufzubringen, um an sich selbst zu arbeiten.

Im Augenblick ist die Menschheit als Ganzes noch tief in die materielle Welt der linken Hemisphäre verstrickt, so tief, daß die Bedeutung der rechten Hemisphäre als Zugang zur nichtmateriellen Dimension des Seins wie eine Mär anmutet. Wieviel vertrauter ist uns da doch die linke Hemisphäre mit ihren Polaritäten und ihrem dualistischen Denken, für das die Heilige Schrift ein höchst passendes Bild kennt, nämlich den Baum der Erkenntnis von Gut und Böse, von dem der Mensch wissensdurstig aß. Von da an ging es schnell bergauf mit der Spezialisierung der linken Hirnhälfte – bis zur babylonischen Sprachverwirrung und dem berühmten Turmbau zu Babel war es nicht mehr weit. Unabhängig davon, wie es wirklich zu dieser Spezialisierung kam, besteht die Tatsache, daß wir links-hemisphärisch orientiert sind und diese einseitige Spezialisierung für so normal halten, daß wir, ohne uns etwas dabei zu denken, Meldungen der rechten Hemisphäre als Einbildung abtun.

Ich habe immer wieder festgestellt und erlebt, daß Menschen, die lernen, ihre rechte Hemisphäre zu gebrauchen, nicht nur gesünder werden, sondern auch menschlicher. Gerade am Anfang hat diese Beobachtung mich immer wieder ermutigt, nicht aufzugeben. Niemand ist menschlich im Sinn von human, nur weil er als Mensch geboren wird. Wahre Menschen sind wir erst dann, wenn wir auch menschlich denken und handeln.

Der Schlüssel zu unserem wahren menschlichen Selbst aber heißt Alpha. Es ist der Schlüssel zur geistigen Dimension, zur Intuition, der Stimme unseres Höheren Selbst, jener übergeordneten Intelligenz, welche Eigenschaften besitzt, die sich in den höchsten Idealvorstellungen der Menschheit wiederfinden, nämlich Liebe, Vergebung und Vertrauen. Jesus hat uns ermahnt, diese Eigenschaften zu entwickeln und zu leben. Alles andere, so sagte er, würde uns dann zufallen. Wie aber können wir das tun, wenn wir uns nur von unserer linken Hirnhälfte, die in Trennungen schwelgt, in Konflikten und einem starken Ich-Empfinden, so vollständig dominieren lassen?

Können Sie sich vorstellen, wie die Welt heute aussähe, wenn wir die Botschaft der Bibel richtig verstanden hätten?

Vermutlich wäre sie ein Paradies. Unser Denken würde sich ganz selbstverständlich im Bereich von zehn Hertz abspielen, und wir würden unsere göttlichen Fähigkeiten immer mehr entwickeln.

Nun, es ist nicht zu spät. Sie haben den Schlüssel in der Hand. Machen Sie Gebrauch davon.

Fünf… vier… drei… zwei… eins…

42

Fehlhaltungen korrigieren

Immer wenn Sie die Technik der inneren Kommunikation anwenden, um ein gestörtes Verhalten zu korrigieren, erfährt der »Empfänger« unverzüglich eine Sinnesänderung. Ein unverträglicher Nachbar legt freundliche Umgangsformen an den Tag. Ein Querulant zeigt guten Willen. Ein aufsässiges Familienmitglied lenkt ein. Ein Raucher sucht Hilfe, um von der Gewohnheit zu lassen.

Die Gehirnneuronen nehmen viele spezialisierte Aufgaben wahr, ihr Hauptauftrag jedoch heißt überleben. Dies erklärt vielleicht, warum die innere Kommunikation im Fall eines destruktiven oder gar lebensbedrohlichen Verhaltens schneller und direkter zu wirken scheint als in weniger kritischen Fällen. Eine das Überleben betreffende Kommunikation wird eben vorrangig behandelt. Darüber hinaus gilt natürlich, daß Alpha die rechte Hirnhälfte, unseren Zugang zum Höheren Selbst, aktiviert, das heißt, es findet eine Kommunikation von Höherem Selbst zu Höherem Selbst statt.

Sie können mit der inneren Kommunikation alles bewirken – oder nichts, wenn es Ihnen lediglich ums liebe Rechthaben geht. Vergessen Sie nicht, daß die Grundlage der inneren Kommunikation gegenseitiger Respekt und Achtung vor dem anderen ist. Es ist nicht möglich, eine einseitig bequeme Lösung zu programmieren. Sie können einen anderen Menschen nur dann in »Ihre« Richtung beeinflussen, wenn die Richtung für beide stimmt. Ganz sicher begehen Sie keinen Fehler, wenn Sie einem Kettenraucher wünschen, er möge den Willen entwickeln, damit aufzuhören.

Sie kennen die Schritte bereits, die nötig sind, um sich selbst entsprechend zu programmieren, wissen aber auch, daß es keinen Sinn hat, mit diesem »Programm« einem anderen Menschen zu Leibe zu rücken und ihn zu überreden, es auch zu probieren. Diese Person muß selbst die Entscheidung treffen, nicht mehr rauchen zu wollen und motiviert sein, selbst jeden einzelnen Schritt zu tun, der sie ans Ziel führt. Sie können ihr mit der inneren Kommunikation helfen, den ersten Schritt zu tun.

1. Erzeugen Sie Alpha.
2. Visualisieren Sie die Person.
3. Sprechen Sie mit ihr in einer liebenswürdigen, verständnisvollen Art und Weise über die gesundheitsschädliche Gewohnheit. Machen Sie sie unaufdringlich darauf aufmerksam, welche Vorteile nicht nur sie, sondern auch Angehörige und Freunde davon hätten, wenn sie mit ihrer Gewohnheit brechen könnte.
4. Beenden Sie Alpha.

Der Erfolg des inneren Dialogs hängt von den Worten ab, die Sie in Schritt 3 wählen. Niemand kann sie Ihnen sagen, es müssen Ihre eigenen, aufrichtigen Worte sein. Des weiteren entscheidet Ihre persönliche Anteilnahme darüber, mit welcher Energie gesendet wird. Trotzdem möchte ich es nicht versäumen, Ihnen einige Anregungen zu geben, die einen gegenseitigen Nutzen betonen.

- Du wirst länger leben, wenn du das Rauchen aufgibst. Wir lieben dich und wollen, daß du lange lebst und gesund bist.
- Dein Atem wird frischer sein, das Essen wird dir besser schmecken, weil deine Geschmacksnerven sich erholen können.
- Du wirst eine Menge Geld sparen. Wir werden keine Löcher im Teppich oder verbrannte Möbelstücke mehr haben. Es wird uns bessergehen.

- Deine Zähne und Finger werden nicht länger gelb aussehen. Das macht dich attraktiver.
- Du wirst nicht mehr länger der Sklave eines kleinen weißen Stengels sein. Man wird dich für deine Leistung bewundern.

Jeder einzelne dieser Punkte muß in ehrlicher, liebevoller Zuwendung geäußert werden. Aber was ist, wenn Sie die Person gar nicht leiden können? Wenn sie der Nagel zu Ihrem Sarg ist? Jede Art von Feindseligkeit, Vorurteil, Widerwille, Rivalität oder jede andere Regung bewirkt Trennung und unterbricht die Leitung. Deshalb müssen Sie zuallererst danach trachten, reinen Tisch zu machen. Sie können auch »Vergebung üben« dazu sagen. Auf alle Fälle sollte dies der erste Punkt Ihrer imaginären Unterhaltung sein. Er könnte etwa so lauten:

»Ich trage dir die vergangenen Mißverständnisse nicht länger nach. Laß uns das Kriegsbeil begraben. Ich mag dich ja, so wie du bist.«

Sehen Sie sich in gegenseitigem Einvernehmen lächeln und die Hände schütteln, oder was Ihnen in der Beziehung angebracht erscheint.

Schon bald werden Sie erste Veränderungen am anderen bemerken. Vielleicht beginnt die betreffende Person davon zu sprechen, daß sie mit dem Rauchen aufhören will, vielleicht kauft sie sich ein Selbsthilfe-Buch, oder vielleicht sucht sie eine Beratungsstelle auf – möglicherweise auch ein Silva-Seminar.

Jeder unerwünschten Gewohnheit, sei es Alkoholismus, Freßsucht, Spielleidenschaft, Nägelkauen oder Haare spielen, kann auf diese Weise begegnet werden. Führen Sie ein inneres Zwiegespräch mit der betreffenden Person, um sie zum Aufgeben der Gewohnheit zu motivieren. Wo ein Wille ist, findet sich immer, ausnahmslos, auch ein Weg.

J. A. verbrachte die Jahre von 1961 bis 1981 zum größten Teil hinter Gittern, die letzten fünfzehn Jahre als Heroinsüchtiger. Er schrieb:

Ich habe alles menschenmögliche unternommen, habe mich Einzel- und Gruppentherapien unterzogen und Encountergruppen besucht, sowohl im Gefängnis als auch draußen. Aber alle Anstrengungen haben nichts gefruchtet. Ich habe eine Menge über mich gelernt, aber nicht, wie ich mit meiner Abhängigkeit fertig werden kann.

J. A. beschloß, es mit der Silva-Methode zu versuchen und besuchte ein Seminar. Einige Wochen später schrieb er:

Bis vor einem Monat sah ich keinerlei Hoffnung für mich, je von der Sucht loszukommen. Aber erstaunlicherweise habe ich seit dem ersten Wochenende auch nicht das leiseste Verlangen nach Heroin oder einer anderen Droge verspürt. Sie werden mir entgegenhalten, daß es noch viel zu früh sei, um einen Erfolg zu bejubeln, aber wenn Sie fünfzehn Jahre lang im Schatten der eigenen Sucht gelebt haben und durch viele Höllen und Schmerzen der Entwöhnung gegangen sind wie ich, brauchen Sie nicht ein oder zwei Jahre abzuwarten, um sagen zu können, ob etwas funktioniert oder nicht. Ich werde es mir zur Aufgabe machen, jedem Süchtigen und jedem Menschen, der Hilfe braucht, von dem Seminar zu erzählen, denn es hat mir das Leben gerettet, und ich weiß, daß es nicht nur bei mir funktioniert, sondern auch bei anderen.

Drogensucht ist ein vielschichtiges Problem, für das es keine einfachen Antworten gibt. Und dennoch gilt auch hier: Eine Sinnesänderung verfehlt nie ihre Wirkung auf den Körper, sie schafft immer auch eine entsprechende physische Realität. J. A. änderte seine Meinung über sich selbst und schuf somit eine neue Realität.

Aber, so mögen Sie einwerfen, was ist mit den Entzugserscheinungen? Eine neue Programmierung ändert auch die Körperchemie, diesen einfachen Zusammenhang kennen Sie bereits. Aber die Wirklichkeit eines jeden Menschen ist mit der anderer verflochten, die allesamt ein universelles Netzwerk bilden. Die Früchte exzessiver Lebensführung schlagen überall Wurzeln. Kein Wunder, daß es keine Patentlösung für Drogensucht oder andere Abhängigkeiten gibt – außer einer dauerhaften Sinnesänderung, wie J. A. sie mit Hilfe der Silva-Technik an sich selbst vornahm.

Das verständnisvolle, innere Zwiegespräch mit einem Drogenabhängigen bewirkt ebenfalls eine Sinnesänderung. Selbstverständlich gelten die Grundregeln für eine erfolgreiche, innere Kommunikation für alle Formen unerwünschten Verhaltens. Erzeugen Sie Alpha, führen Sie ein verständnisvolles Zwiegespräch mit der jeweiligen Person. Motivieren Sie sie, ihre Gewohnheit zu ändern und Hilfe zu suchen.

43

Kopfschmerzen und Abgeschlagenheit besiegen

Wenn Sie von Verspannungskopfschmerzen geplagt werden, können Sie sich jederzeit problemlos ein Präparat aus der Apotheke oder Drogerie besorgen. Millionen von Menschen greifen regelmäßig zu einem Schmerzmittel. Aber bald darauf gesellen sich zu den ursprünglichen Beschwerden weitere hinzu. Aspirin, gewohnheitsmäßig eingenommen, »brennt« kleine Löcher in die Magenschleimhaut, die ulzerös, das heißt geschwürig werden können. Aspirinderivate können Leberschädigungen hervorrufen.

Werden Sie von Depressionen heimgesucht, können Sie zu Anti-Depressiva greifen, wenn Sie nervös sind, zu einem Beruhigungsmittel, bei Schlaflosigkeit zu einem Schlafmittel. In den USA leiden, grob geschätzt, fünfundzwanzig Millionen Bürger an Schlafstörungen und geben jährlich über hundert Millionen Dollar für Schlaftabletten aus. 1976 wurde auf einem Ärztekongreß in New York bekannt, daß viele der verschreibungspflichtigen, aber auch der im Handel frei erhältlichen Präparate die Schlaflosigkeit verstärken, statt sie zu mindern.

Ärzte der Klinik der Stanfort Universität berichteten, daß über vierzig Prozent der Patienten, die an hartnäckigen Schlafstörungen litten, diese der Abhängigkeit von einem Schlafmittel zu verdanken hatten. Nach einer schrittweisen Entwöhnung konnte der überwiegende Teil bereits wieder besser einschlafen, einige hatten gar keine Einschlafprobleme mehr.

Im subjektiven Umgang mit einem subjektiven Problem

wird eine direkte Wirkung erzielt – ohne schädliche Begleiterscheinungen. Im Fall von Insomnie erzeugen Sie Alpha und programmieren, daß Sie jedesmal in einen gesunden Schlaf fallen, wenn Sie rückwärtszählen. Bei der nächsten Gelegenheit zählen Sie von zweihundert rückwärts auf eins, um Alpha zu erzeugen. Sie werden nicht sehr weit kommen, denn während sich die Gehirnwellentätigkeit auf Theta und schließlich auf Delta verlangsamt, sind Sie bereits in einen heilsamen Schlaf gesunken.

Hier noch einmal ein Überblick über die Vorgehensweise bei gesundheitsschädlichen Gewohnheiten:

1. Erzeugen Sie Alpha.
2. Identifizieren Sie das Problem.
3. Programmieren Sie die Lösung. Bekräftigen Sie sie.
4. Stellen Sie sich als von der Gewohnheit befreit vor.
5. Ende der Alphasitzung.

Verspannungskopfschmerzen

1. Zählen Sie sich in gewohnter Weise in Alpha. Vertiefen Sie die Entspannung mit einem zusätzlichen Countdown oder mit der progressiven Entspannungstechnik.
2. Identifizieren Sie das Problem. Sagen Sie sich innerlich: »Ich habe Kopfschmerzen, die ich nicht haben will.«
3. Bekräftigen Sie den Entschluß, keine Kopfschmerzen haben zu wollen, zum Beispiel so: »Wenn ich bei fünf die Augen öffne, werde ich keine Kopfschmerzen mehr haben und mich gut fühlen.«
4. Visualisieren Sie sich in Ihrer vollen Körpergröße in einer für die Kopfschmerzen typischen Verfassung, zum Beispiel mit gequälten Gesichtszügen. Bewegen Sie nun das Bild leicht nach links – die Kopfschmerzen lassen nach. Noch weiter nach links – Sie sind beschwerdefrei.

5. Zählen Sie nun bis fünf. Bei drei erinnern Sie sich daran, daß Sie keine Kopfschmerzen mehr haben werden, wenn Sie bei fünf die Augen öffnen. Bei fünf wiederholen Sie die Bekräftigung und öffnen die Augen. Sollten die Kopfschmerzen nicht völlig verschwunden sein, warten Sie fünf Minuten, dann wiederholen Sie den Vorgang. In Fällen von schwerer Migräne sind manchmal bis zu drei Anwendungen nötig, um die Kopfschmerzen restlos zu beseitigen.

Abgespanntsein

1. Erzeugen Sie Alpha. Vertiefen Sie die Entspannung.
2. Identifizieren Sie das Problem. Sagen Sie sich innerlich: »Ich bin müde und abgespannt, will aber hellwach sein, voller Energie und Kraft.«
3. Bekräftigen Sie diesen Entschluß. »Wenn ich bei fünf die Augen öffne, fühle ich mich nicht mehr abgespannt und müde, sondern voller Energie.«
4. Visualisieren Sie sich in Ihrer augenblicklichen, unerwünschten Verfassung. Bewegen Sie das Bild nach links, und stellen Sie sich vor, wie die Müdigkeit von Ihnen abfällt. Bewegen Sie es noch weiter nach links. Sie sehen kraftvoll, dynamisch und aktiv aus.
5. Bevor Sie auf fünf zählen, erinnern Sie sich daran, daß Sie sich wach und voller Energie fühlen werden, wenn Sie bei fünf die Augen öffnen. Wiederholen Sie die Bekräftigung bei drei und noch einmal bei fünf. »Ich bin hellwach und aktiv.«

Bedrückung

1. Erzeugen Sie Alpha. Vertiefen Sie die Entspannung.
2. »Ich fühle mich am Boden zerstört, ich könnte heulen. Ich will mich nicht so fühlen. Ich will lebensfroh sein, optimistisch und vital.«
3. »Wenn ich bei fünf die Augen öffne, werde ich nicht länger deprimiert sein, sondern optimistisch und lebensfroh.«
4. Visualisieren Sie sich in Ihrer unerwünschten Verfassung. Bewegen Sie das Bild ein wenig nach links, und stellen Sie sich vor, wie die Bedrückung von Ihnen abfällt. Sie sind freier, unbeschwerter. Bewegen Sie es noch weiter nach links. Sie haben eine aufrechte Haltung und strahlen Lebensfreude aus.
5. »Wenn ich bei fünf meine Augen öffne, werde ich mich gut fühlen.« Wiederholen Sie die Bekräftigung bei drei und nochmals bei fünf. Öffnen Sie die Augen.

44

Depression besiegen

Diese schwere Krankheit führt oft zur völligen Isolierung bis hin zum Selbstmord. Je tiefer die Depressionen sind, desto tiefer muß die Entspannung in Alpha sein, um sie zu beenden, um so positiver müssen auch die Programmierungen sein und um so häufiger ihre Anwendung. Auch sind objektive Maßnahmen angebracht, die zusätzlich ergriffen werden sollten.

1. Suchen Sie Ihren Arzt auf. Bitten Sie ihn um medikamentöse Behandlung, um den akuten Anfall zu beseitigen, aber auch um weiterführende therapeutische Maßnahmen, wie Diät und so weiter.
2. Werden Sie körperlich aktiv. Betreiben Sie Gymnastik, fordern Sie sich. Unternehmen Sie lange Wanderungen.
3. Sehen Sie die kreativen Aspekte Ihrer Arbeit. Möglicherweise erhalten Sie überraschend Anstöße für die Gründe Ihrer Depression.

Subjektive Maßnahmen:

1. Erzeugen Sie Alpha, und überdenken Sie Ihre Depression. Meditieren Sie darüber, fragen Sie nach den tieferliegenden Ursachen.
2. Wenden Sie die fünf Schritte aus Kapitel 43 an. Benennen Sie das Problem als »Depression«. Wiederholen Sie die Übung dreimal täglich.
3. Erzeugen Sie vor dem Einschlafen Alpha, führen Sie Daumen, Zeige- und Mittelfinger jeder Hand zusammen

und bekräftigen Sie: »Ich werde morgen den ganzen Tag über positiv gestimmt sein.«

4. Wenn Sie sich ausgelaugt fühlen, ist es gut, etwas zu tun. Engagieren Sie sich. Dies mag Ihnen widersprüchlich vorkommen, aber tatsächlich funktioniert im subjektiven Bereich manches genau anders herum, als wir es gewöhnt sind. Dort gilt: Je mehr wir geben, um so mehr steht uns zur Verfügung. Wenn Sie also zum Beispiel anderen helfen, helfen Sie sich gleichzeitig selbst.

Engagieren Sie sich für einen wohltätigen Zweck, zum Beispiel im Rahmen einer ehrenamtlichen Tätigkeit. Wenn Sie anderen Menschen helfen oder daran mitwirken, daß diese Welt ein lebenswerter Ort bleibt, wird auch Ihre Welt freundlicher, menschlicher und positiver.

45

Rückenschmerzen verbannen

Hartnäckige Rückenschmerzen frustrieren Arzt und Patienten gleichermaßen. Die Erfahrung von Barbara G. Parker aus Oklahoma City mag stellvertretend für viele andere Menschen stehen, die ihr »Kreuz« mit dem lieben Kreuz haben. Sie schreibt:

Ende August 1983 suchte ich verzweifelt einen Chiropraktiker auf, weil ich alles andere schon erfolglos versucht hatte. Zwei Jahre lang waren mir von den Ärzten Bettruhe, Krükken und Schmerzmittel verordnet worden, ohne daß die Beschwerden sich im geringsten gebessert hätten. Ich hatte Schmerzen in der rechten Hüfte und Schulter, Kopfschmerzen, verspannte Schultern und litt unter Schlafstörungen. Die Röntgenaufnahmen des Chiropraktikers zeigten einen Bandscheibenvorfall im Lendenbereich, wodurch ein Nerv eingeklemmt wurde. Dies verursachte die Schmerzen in meinem rechten Bein. Nach zweimonatiger Therapie riet mir der Chiropraktiker zum Besuch eines Silva-Seminars. Dort, so meinte er, würde man mir vielleicht helfen können. Es war der beste Rat, den ich seit langer Zeit bekommen hatte.

Ich erhielt einige äußerst hilfreiche Anregungen. Dreimal täglich erzeugte ich Alpha und programmierte einen gesunden Rücken. Schon bald besserte sich mein Zustand. Ich hatte den Kurs im November besucht, im Januar zeigte eine erneute Röntgenaufnahme, daß die Bandscheibe jetzt nicht mehr auf den Nerv drückte. Ich kann endlich wieder durchschlafen und fühle mich viel besser…

Welche inneren Bilder mögen Barbara Parker geholfen haben? Ganz allgemein war es die Vorstellung von einem perfekten Körper und einer vollkommenen Wirbelsäule, im speziellen die Visualisation von der korrekten Funktion der erkrankten Bandscheibe.

Der australische Schauspieler Frederick Matthias Alexander begründete 1894 die nach ihm benannte Alexandertechnik, die auf einem ähnlichen Vorstellungsbild beruht. Mehrfach während seiner Theateraufführungen drohte ihm die Stimme zu versagen, festigte sich aber wieder, wenn er in seiner Vorstellung Kopf und Nacken »zurechtrückte« und dieses innere Bild einer aufrechten Haltung auch äußerlich bewußt nachvollzog. Diese Beobachtung beschäftigte ihn so sehr, daß er später lernte, auf dieselbe Weise Krankheiten zu heilen, und seine Methode erfuhr auf mehreren Kontinenten Verbreitung. (Anm. d. Übers. Die Alexandertechnik ist eine Körpertechnik, die durch Beobachten, sanfte Massagen und richtigen Gebrauch unseres Körpers – richtige Haltung, Bewegungsabläufe usw. – zu einer natürlichen, harmonischen körperlich-seelischen Einheit führen möchte.) Die geistige Komponente besteht in einer Visualisation, bei der man sich Nacken und Schultern frei und unbelastet vorstellt, den Hals gereckt, damit der Rükken gestreckt wird. Wenn man diese Vorstellung aufrechterhält und dazu die passenden, positiven Affirmationen wiederholt, folgt der Körper der mentalen Anweisung auf dem Fuß.

Fast alle ganzheitlich orientierten Methoden kennen den Gebrauch der Visualisation. Die Silva-Technik unterscheidet sich von ihnen darin, daß sie als erste die Visualisation mit der gezielten Entspannung in Alpha kombinierte. Diese Neuerung eröffnete dem Praktizierenden die Möglichkeit, sein geistiges Potential bewußt zu aktivieren und wirkungsvoller, da direkter, damit zu arbeiten.

Wenn Sie von Rückenschmerzen geplagt werden, erzeugen Sie Alpha, und stellen Sie sich die Korrektur vor. Nutzen Sie Ihr gesamtes Wissen in bezug auf das Problem, um sich die Korrektur vorzustellen. Wenn Ihr Arzt Ihnen sagt, daß Sie an einem Bandscheibenvorfall leiden, wie es bei Barbara Parker der Fall war, stellen Sie sich vor, daß Sie die Bandscheibe in ihre Normallage zurückrücken und fixieren, damit sie sich vollständig regenerieren kann.

Visualisieren Sie sich in voller Körpergröße, einen Spiegel zu Ihrer Linken. Beobachten Sie sich bei der Heilungsarbeit. Greifen Sie in Ihren Körper hinein, strecken Sie die Wirbelsäule, tun Sie, was Ihnen richtig erscheint, um das Problem zu lösen. Einzige Bedingung: Die Wirbelsäule sieht hinterher perfekt aus und ist voll funktionsfähig.

Ein Arzt, der weiß, wie eine Bandscheibe aussieht, hat Ihnen übrigens nichts voraus. Stellen Sie sich die Bandscheibe so vor, wie Sie meinen, daß sie aussieht. Die Information wird von den Gehirnneuronen auf alle Fälle verstanden. Auch bei der Korrektur brauchen Sie nicht mit der chirurgischen Präzision, die ein Arzt vielleicht an den Tag legen würde, vorzugehen. Die Gehirnneuronen verstehen Ihr Bild ebenso wie seines.

Wenn es Sie aber beruhigt und Sie sich sachkundig machen möchten, informieren Sie sich anhand eines Gesundheitslexikons oder Anatomiebuches über den Teil des Körpers, der erkrankt ist. Nur, überfordern sollten Sie sich auch nicht. Sie sind ja lediglich auf der Suche nach einem Bild, das *Sie* befriedigt, weil es unsere natürliche Art ist, Konzepte in Form von Bildern auszudrücken, und zwar in den verschiedensten Bildern, die allesamt vom Gehirn verstanden werden, weil nicht das Bild, sondern das Konzept entscheidend ist. Das Konzept Wirbelsäule aber ist gespeichert und wird durch Ihr individuelles Bild ebenso angeregt wie durch ein anderes. Also, fassen Sie Mut, und vertrauen Sie Ihrem Visualisationsbild. Die einzige wirkliche Vorbedingung ist Alpha.

Um Ihren Kreuzschmerzen zu Leibe zu rücken, gehen Sie folgendermaßen vor:

1. Zählen Sie sich in Alpha.
2. Erzeugen Sie ein Vorstellungsbild von sich selbst. Erspüren Sie die Schmerzen im Rücken, und visualisieren Sie sie.
3. Beginnen Sie mit der Heilbehandlung. Rücken Sie die Bandscheibe in ihre Normallage, strecken Sie die Wirbelsäule, tun Sie, was in Ihrem speziellen Fall nötig ist.
4. Bewegen Sie das Bild leicht nach links. Stellen Sie sich vor, daß eine deutliche Besserung eintritt.
5. Bewegen Sie das Bild ein weiteres Mal nach links. Sehen Sie sich in schmerzfreiem Zustand, Ihre Wirbelsäule funktioniert in vollkommener Weise.
6. Ende der Alphasitzung.

46

Nieren- und Gallensteine erfolgreich bekämpfen

Leiden Sie an Nieren- oder Gallensteinen? Visualisieren Sie Niere oder Galle so gut Sie es eben können. Stellen Sie sich den Nieren- oder Gallenstein vor. Entfernen Sie ihn. Beenden Sie die Alphasitzung.

Sie können den Stein entfernen, indem Sie ihn zwischen den Fingern zerreiben und sich vorstellen, daß das »Pulver« mit dem Urin ausgeschwemmt wird. Sie können aber auch einen Laserstrahl zu Hilfe nehmen und sich vorstellen, wie der dünne Energiestrahl den Stein zerschmilzt oder zertrümmert. Sollte Ihnen eine Ultraschallbehandlung bevorstehen, versuchen Sie, sich den hohen Ton vorzustellen, der bewirkt, daß der Stein wie von selbst auseinanderfällt. Die pulverisierten Reste werden im Urin schmerzlos mitausgeschieden.

1. Zählen Sie sich in Alpha.
2. Erzeugen Sie ein Vorstellungsbild von sich selbst. Visualisieren Sie die Steine in der Niere oder Galle und zerreiben Sie sie in Ihrer Vorstellung zwischen den Fingern.
3. Bewegen Sie die Szene leicht nach links, und beenden Sie die Heilbehandlung. Stellen Sie sich vor, wie die pulverisierten Reste mit dem Urin ausgeschieden werden.
4. Bewegen Sie das Bild noch einmal nach links. Die Steine sind verschwunden. Sie haben das Problem beseitigt und sind gesund.
5. Ende der Alphasitzung. Wiederholen Sie die Visualisation dreimal täglich.

Sie sehen, die grundlegenden Schritte ändern sich nicht, egal, welches Problem Sie angehen. Sie erzeugen Alpha. Sie identifizieren das Problem und visualisieren es. Sie bewegen das Bild ein wenig nach links und erledigen die Heilungsarbeit. Dann bewegen Sie das Bild noch einmal nach links und sehen sich frei von Schmerzen, gesund. Sie beenden die Sitzung.

Folgende Varianten stehen Ihnen zur Verfügung:

- Sie können Alpha entweder durch den Countdown oder durch Defokussieren der Augen erzeugen.
- Sie vertiefen Alpha entweder durch einen zusätzlichen Countdown oder durch die progressive Körperentspannung.
- Sie können die Ursache Ihrer Krankheit hinterfragen. Wenn eine andere Person beteiligt ist, vergeben Sie sich gegenseitig durch ein entsprechendes Vorstellungsbild.
- Sie können sich auf eine Forschungsreise durch Ihren Körper begeben und ein Vorstellungsbild von sich selbst und dem Problem erzeugen.
- Sie können Ihre Heilungsarbeit die durch mentale Affirmationen »es geht mir in jeder Hinsicht besser und besser« bekräftigen.

Verwenden Sie diese Optionen, wenn Sie Zeit und Lust darauf haben. Schlagen Sie in den vorausgegangenen Kapiteln die einzelnen Schritte nach. Eine Sitzung sollte wenigstens fünfzehn Minuten dauern, davon sollten Sie zwölf auf die Korrektur des Problems verwenden und ein bis zwei Minuten auf die Vorstellung des beschwerdefreien Zustands nach der Heilung.

47

Krankheitsursache unbekannt

Wie »korrigiert« man ein Problem, das ausgesprochen vielschichtig und kompliziert ist oder so wenig bekannt, daß eine Visualisation äußerst schwierig, wenn nicht gar unmöglich erscheint?

A. J. litt achtzehn Jahre lang an Tetraplegie, der Lähmung aller vier Extremitäten, außerdem an multipler Sklerose und einer vollständigen, halbseitigen Lähmung. Als er beschloß, sich für ein Silva-Seminar anzumelden, hatten die Ärzte ihm eröffnet, daß er nur noch ein paar Jahre zu leben hätte.

Schon bei der ersten Alphasitzung spürte er, wie das Gefühl in einen seiner Finger zurückkehrte, als ein sanftes Kribbeln. Nach der Hälfte des Kurses sah er keine Notwendigkeit mehr, weiterhin Medikamente einzunehmen und setzte sie ab. Am Ende des Kurses hatte der linke Arm seine volle Beweglichkeit zurückerlangt.

Nun begann A. J. mit der Programmierung verschiedener Ziele. Als erstes wollte er seinen Rollstuhl verlassen, in ein Auto einsteigen und dieses selbst fahren können. Zweimal täglich visualisierte er sich in Alpha beim Autofahren. Innerhalb von acht Monaten erreichte er sein Ziel. Er kaufte einen Kleinbus mit einer Hebevorrichtung, die den Rollstuhl vom Gehsteig hochhob, so daß er auf den Fahrersitz seines Wagens hinüberwechseln konnte.

Nunmehr setzte er sich das nächste Ziel. Er wollte wieder laufen und Treppen steigen, also stellte er sich vor, wie er die Stufen zum heimatlichen Sportstadion hinaufstieg. Vierzehn Monate später war er ohne fremde Hilfe dazu in der Lage.

Viele andere MS-Patienten haben mit Hilfe der Silva-Methode das Fortschreiten ihrer Krankheit gestoppt oder sie gar überwunden, ohne die pathologischen Befunde genau zu kennen oder zu verstehen. Multiple Sklerose ist eine Krankheit mit vielen Unbekannten, und das Wenige, was wir wissen, läßt sich für einen Laien nur schwer in ein inneres Vorstellungsbild übersetzen. Dagegen mutet es wie ein Kinderspiel an, Flecken auf der Lunge zu visualisieren, sie wegzuwischen oder auszuradieren, sich gesunde Lungen vorzustellen und so von einem schlimmen Husten zu befreien. Es ist leicht, sich helle Flecken oder Hügel auf dem Pankreas vorzustellen, die man entfernt, indem man sie abträgt und sich so von einer Hypoglykämie befreit. Es ist leicht, sich eine beschädigte Magenschleimhaut vorzustellen, die Reparatur zu visualisieren und sich so von einem Magengeschwür zu befreien. Vielen anderen Krankheiten, und die Multiple Sklerose gehört dazu, ist so jedoch nicht beizukommen. In solchen Fällen stellt man sich keine Heilbehandlung vor, sondern das Ziel, wie wir am Beispiel von A. J. sehen konnten.

Im allgemeinen ist das Ziel, wieder ein normales Leben führen zu können. Genau dieses stellt man sich vor – wie man morgens selbständig aufsteht, sich selbst ankleidet, sich gut, gesund und lebensfroh fühlt.

Sie sehen, die Schritte bleiben die gleichen, nur die Zielvorstellung ist eine andere.

48

Gefäßerkrankungen heilen

Im Fall von Koronargefäßerkrankungen gehen Sie folgendermaßen vor.

1. Zählen Sie sich in Alpha.
2. Visualisieren Sie sich mit dem Problem, vielleicht beim Treppensteigen. Sie verspüren einen stechenden Schmerz in der Brust. Mühsam gehen Sie weiter, die Hand gegen die schmerzende Brust gepreßt. Nehmen Sie sich ein bis zwei Minuten dafür Zeit.
3. Bewegen Sie das Bild leicht nach links, und stellen Sie sich eine korrektive Maßnahme vor. Da es darum geht, die Gefäßwände zu reinigen, stellen Sie sich vor, daß die Ablagerungen aufgeweicht werden und sich auflösen oder daß Sie die Arterie oder Vene mit einem Pfeifenreiniger gründlich durchputzen. Sie können auch einen Laserstrahl einsetzen. Genauso, wie Sie es sich vorstellen, ist es richtig. Lassen Sie sich zwölf Minuten dafür Zeit.
4. Bewegen Sie das Bild nun noch einmal nach links. Stellen Sie sich vor, daß Ihr Herz gesund ist. Sie laufen, rennen und steigen Treppen, ohne daß Schmerzen auftreten. Erleben Sie sich als gesund, etwa zwei Minuten lang.
5. Ende der Alphasitzung.

49

Ohne Allergien leben

Etwas in Ihnen weiß ganz genau, was den Hautausschlag hervorruft, warum Sie schon wieder eine Stirnhöhlenentzündung haben oder Hustenkrämpfe. Mit Hilfe des Geistes können Sie die Ursache Ihrer Überreaktion, sprich Allergie, erkennen und beseitigen. Nehmen wir an, daß die Ursache entweder A. eine von mehreren in Frage kommenden, bekannten Substanzen ist; B. eine unbekannte Substanz; oder C. entweder eine Substanz oder etwas anderes.

zu A:
Sollte A zutreffen, so haben Sie die Möglichkeit, den Übeltäter durch genaues Beobachten – wann tritt die Allergie auf, nach welchen Mahlzeiten usw. – einzukreisen.

1. Erzeugen Sie Alpha.
2. Visualisieren Sie Ihren Arzt oder eine andere Kapazität oder Autorität auf diesem Gebiet, der Ihr Vertrauen gilt.
3. Fragen Sie diese Autorität, ob die Allergie von dem ersten Nahrungsmittel oder der ersten Substanz (benennen Sie sie) ausgelöst wird, oder von der zweiten (benennen Sie sie).
4. Richten Sie Ihre Aufmerksamkeit nun auf die genannten Nahrungsmittel oder Substanzen. Sie werden eine Antwort erhalten. Akzeptieren Sie sie.
5. Vergleichen Sie diese Substanz nun mit der dritten. Wenden Sie sich erneut an die Autorität, dann richten Sie Ihre Aufmerksamkeit auf die beiden Stoffe und akzeptieren die Antwort.

6. Wenn Sie alle in Frage kommenden Substanzen und Nahrungsmittel auf diese Weise vergleichen, wird der »Schuldige« übrigbleiben.
7. Ende der Alphasitzung.

zu B:
Jeder Amerikaner verzehrt pro Jahr durchschnittlich fünfhundert Kilogramm an Nahrungsmitteln. Darin sind circa vier Kilogramm chemischer Zusatzstoffe enthalten, einige Tausend Konservierungsmittel, Geschmacksstoffe und -verstärker, Farbstoffe, Stabilisatoren und Pestizide. In jeder dieser Kategorien gibt es eine ganze Reihe von allergieauslösenden Stoffen. Auch wenn es nach viel Arbeit aussieht, ist es doch ratsamer, den Auslöser zu identifizieren und künftig zu meiden, als das Symptom wegzuprogrammieren und durch dauernde Neuaufnahme erneut auszulösen.

Wenn Sie indes keinerlei Anhaltspunkte haben, gehen Sie folgendermaßen vor:

1. Erzeugen Sie Alpha.
2. Visualisieren Sie Ihren Arzt oder eine andere vertrauenswürdige Autorität.
3. Stellen Sie dieser Autorität die Frage, welches Nahrungsmittel oder welche Substanz Ihre Allergie verursacht.
4. Versuchen Sie nun, selbst die Ursache Ihrer Allergie zu finden.
5. Sie werden eine Antwort erhalten. Akzeptieren Sie sie. Möglicherweise folgen dem ersten Eindruck noch weitere, aber für gewöhnlich ist der erste nicht nur der stärkste, sondern auch der richtige.

zu C:
Manchmal ist der Allergieauslöser weder eine Substanz noch ein Nahrungsmittel.
V. M. erlebte viele Jahre lang, daß seine Augen zu tränen

begannen, wenn er einen Raum betrat, in dem Rosen standen. Die Nase lief, er bekam keine Luft mehr. Eines Tages suchte er einen Arzt auf. Der sagte ihm, daß es sich wohl um eine Rosenallergie handele.

»Aber, Doktor«, hielt V. M. ihm entgegen, »es passiert mir sogar mit Plastikrosen!«

Der Arzt überlegte. »Dann hat die Allergie eine seelische Ursache.«

Einige Zeit darauf besuchte V. M. ein Silva-Seminar und beschloß, seiner Allergie mit Hilfe von Alpha auf die Spur zu kommen. Er visualisierte sich neben einem großen Kalender und stellte die Frage, welches Ereignis in seinem Leben zu der Rosenallergie geführt habe. Ein Blatt nach dem anderen wendete er in seiner Vorstellung um, Monat für Monat, Jahr für Jahr. Im Februar des Jahres, als er vier Jahre alt war, stieg eine Szene aus der Erinnerung auf.

Es klingelte, und seine Mutter ging zur Tür, um zu öffnen. Der Botenjunge überreichte ihr einen Strauß Rosen – ein Geschenk zum Valentinstag. Sie stellte die Blumen in ihre beste Vase, plazierte sie auf dem Flügel und kehrte in die Küche zurück. V. M. hatte noch nie zuvor Rosen gesehen. Er zog einen Schemel heran, kletterte hinauf, befühlte die Blüten und wollte daran riechen. Doch der Schemel kippte, Junge und Vase stürzten gemeinsam zu Boden. Aufgeschreckt vom Poltern und Klirren kam die Mutter herbeigeeilt, sah die Bescherung und schalt den Jungen.

V. M. erlebte die Panik von damals ganz deutlich wieder. Diesmal in Alpha.

Seine Mutter liebte ihn nicht mehr. Wer würde sich jetzt um ihn kümmern? Er begann, jämmerlich zu weinen, während seine Mutter die Scherben wegräumte. Als sie die Blumen in eine andere Vase gestellt hatte, zog sie ihn an sich.

»Sei das nächste Mal vorsichtiger, mein Schätzchen.« Sie streichelte ihm den Kopf und gab ihm einen Kuß, worauf die Tränen versiegten. Hier endete die Szene.

Wieder in Beta begriff V. M. die Zusammenhänge. Für den Vierjährigen war die Mutter die wichtigste Bezugsper-

son. Wenn sie ihn nicht mehr liebte, war sein Überleben in Gefahr. Diese Erfahrung war gespeichert, mit all ihren ausgesprochenen und unausgesprochenen Details. Wann immer er fortan in die Nähe von Rosen geriet, wurde die höchste Alarmstufe ausgelöst, und die Gehirnneuronen wurden aktiv, um das Überleben zu gewährleisten. Der Informationsaustausch könnte folgendermaßen ausgesehen haben:
»Rosen... Überleben gefährdet.«
»Was haben wir das letzte Mal unternommen?«
»Wir weinten... Das hat uns gerettet.«
»Dann probieren wir's wieder.«

Und schon war der Befehl an Augen und Nase unterwegs. Jedes Überlebenssystem verstärkte die allergischen Reaktionen noch, um das gefährdete System zu retten.

V. M. beschloß, diese Erkenntnis einer Prüfung zu unterziehen – er suchte ein Blumengeschäft auf. Gestärkt mit dem Wissen um seine »Allergie« näherte er sich einem Kübel mit Rosen, roch an ihnen und erwartete die bekannten Symptome. Sie blieben aus. V. M. begriff auch, warum. Das Erkennen des wahren Grundes für seine Beschwerden hatte ihn in Erstaunen versetzt und gleichzeitig belustigt. »Wie lächerlich«, hatte er gedacht. »Natürlich hörte meine Mutter damals nicht auf, mich zu lieben. Mein Leben war überhaupt nie in Gefahr. Jeder andere hätte ebenso reagiert, wenn ich ihm die Vase zerbrochen hätte.« Das neugewonnene Verständnis korrigierte die alte, unbewußte Programmierung. Möglicherweise kam es unter den Gehirnneuronen zu folgender Unterhaltung:

»Speicherfehler entdeckt... Rosen gehören nicht ins Überlebensprogramm.«

Ende der Allergie.

50

Die glückliche Partnerwahl

Die Beziehung zwischen den Geschlechtern verbessert sich enorm, wenn beide Partner im Gebrauch der rechten Hemisphäre geübt sind. Zwei zentrierte Räder laufen runder als zwei nicht-zentrierte, deshalb ist es nur von Vorteil, wenn Menschen, die einen Partner suchen, ihre innere Mitte gefunden haben. Die hohe Scheidungsrate bezeugt, wie selten dies der Fall ist. Viele Menschen sind ihr Leben lang nicht zu einer partnerschaftlichen Beziehung fähig, sie wechseln ihre Lebensgefährten alle paar Monate oder Jahre, bis sie, wenn sie Glück haben, doch den oder die Richtige finden.

Wenn nur einer der beiden zukünftigen Ehepartner beispielsweise dieses Buch gelesen oder gar den Grundkurs besucht hat, steigen die Chancen für eine richtige Entscheidung, denn dieser Teil kann Alpha zu Hilfe nehmen.

1. Erzeugen Sie Alpha, und vertiefen Sie die Entspannung.
2. Legen Sie Daumen, Zeige- und Mittelfinger beider Hände zusammen.
3. Erzeugen Sie ein Bild von sich und Ihrem zukünftigen Partner, zum Beispiel bei der Hochzeitszeremonie, dazu einen Kalender, der das aktuelle Datum anzeigt.
4. Bewegen Sie das Bild nun leicht nach links, das Datum auf dem Kalender zeigt drei Jahre später an. Versuchen Sie festzustellen, ob sich etwas verändert hat.
5. Bewegen Sie das Bild noch ein weiteres Mal nach links, das Datum zeigt jetzt zehn Jahre später an. Beobachten Sie sich erneut in Ihrer Beziehung.

Aufgrund Ihrer Beobachtungen und Einschätzung sollten Sie nun in der Lage sein, eine Entscheidung für oder gegen eine Ehe mit dem Partner Ihrer Wahl zu treffen. Wenn Sie bereits verheiratet sind, hat die Arbeit in Alpha gerade erst begonnen.

51
Erfüllte Kindererziehung

Jedes Ehepaar wünscht sich ein gesundes Kind. Auch hier kann der Gebrauch von Alpha sich positiv auswirken. In Alpha sein, wir erinnern uns, bedeutet Zentriertheit, in Harmonie mit dem Universum, frei von Negativität – die besten Voraussetzungen für ein normales und gesundes Kind.

Aber ein Ehepaar, das im Gebrauch von Alpha geübt ist, kann noch einen Schritt weitergehen. Es kann für sein Kind nicht nur Gesundheit, sondern auch Erfolg programmieren. Die Partner sollten, jeder für sich, Alpha erzeugen und die Bereitschaft äußern, ein Kind zu haben, das zur Lösung der Probleme künftiger Generationen beitragen wird.

Hier die Vorgehensweise:

1. Mann und Frau erzeugen zu verschiedenen Zeiten Alpha.
2. Stellen Sie sich unseren Planeten vor. Fragen Sie Ihr Höheres Selbst, welche dringenden Probleme auf ihn zukommen werden.
3. Bewegen Sie das Bild ein wenig nach links. Ein Kalender zeigt ein Datum zwanzig Jahre später an. Merken Sie sich eventuell auftretende Veränderungen oder Gedanken, die Ihnen diesbezüglich kommen.
4. Wiederholen Sie die Frage, und bewegen Sie das Bild weiter nach links. Das Datum zeigt nun dreißig Jahre später an. Auch jetzt merken Sie sich Veränderungen oder Gedanken, die diesbezüglich auftauchen.
5. Ende der Alphasitzung.

Wenn die zukünftigen Eltern nach einer oder mehreren solchen Sitzungen zu keinem gemeinsamen Ergebnis gekommen sind, sollten Sie unabhängig voneinander nach dem Multiple-Choice-Verfahren vorgehen. Dabei können die als notwendig erkannten Fähigkeiten des neuen Erdenbürgers, die während der vorangegangenen Sitzungen aufgetaucht sind, als Anhaltspunkte dienen. Wenn dann eine Entscheidung gefallen ist, erzeugen beide Partner Alpha und bekräftigen den Wunsch nach einem Kind mit diesen Qualitäten.

1. Erzeugen Sie gemeinsam Alpha. Vertiefen Sie die Entspannung.
2. Geben Sie sich ein Zeichen, daß Sie soweit sind.
3. Bekräftigen Sie, jeder für sich, den Wunsch nach einem Kind, das helfen wird, die künftigen Probleme des Planeten zu lösen. Nennen Sie die gemeinsam erarbeiteten Qualitäten.
4. Verharren Sie noch eine Weile in Alpha. Beenden Sie die Sitzung, wann immer Sie dazu bereit sind.

52
Pränatales Lernen

Die schwangere Frau beginnt schon bald, geeigneten Lesestoff für das heranwachsende Kind auszuwählen. Sie programmiert in Alpha, daß es die gehörte Information speichert, bevor sie vorzulesen beginnt. Das Kind wird sich in seinem späteren Leben automatisch an die gespeicherten Informationen erinnern.

Die werdende Mutter sollte folgendermaßen vorgehen:

1. Am Beginn des zweiten Schwangerschaftsmonats programmiert sie in Alpha die optimale Zeit, um das Kind zu programmieren.
2. Wenn sie daraufhin in der Nacht aufwacht, erzeugt sie erneut Alpha und stellt sich das Kind in ihrem Leib vor. Sie spricht folgendermaßen mit ihm: »Du wirst dich in deinem späteren Leben an das erinnern, was ich dir vorlese.« Dann sieht sie sich in ihrer Vorstellung beim Vorlesen.
3. Sie bewegt das Bild nach links. Der Embryo ist gewachsen, sein Köpfchen größer. Er hat alle Informationen wie in einer Datenbank gespeichert.
4. Noch einmal bewegt sie das Bild nach links. Jetzt ist das Kind bereits erwachsen und erinnert sich an alles, was ihm im Mutterleib vorgelesen wurde.
5. Die Mutter schläft in Alpha ein.

Sie kann dem Kind nun jederzeit vorlesen. Sie kann auch nach der Geburt damit fortfahren, bis das Kind zur Schule geht. Der beste Lehrer eines Kindes ist noch immer seine

Mutter. Von Natur aus intuitiv veranlagt, kann sie mit dem Ungeborenen auf dieser subjektiven Ebene kommunizieren, auf der das Kind schneller und leichter lernt als später in Beta.

Wenn es üblicher würde, Kinder so auf ihr späteres Leben vorzubereiten, könnten die Schulen diesen Kindern mit einem geeigneten Lehrplan Rechnung tragen. Es wäre sogar vorstellbar, daß ein solches Kind schon mit fünfzehn Jahren seinen Doktor macht – und somit noch jung genug ist, um etwas anderes zu lernen, wenn das sein Wunsch sein sollte.

53

Alpha und Wetterbeeinflussung

Es mag einfacher erscheinen, einen »geistigen Nebel« mit Hilfe von Alpha zu vertreiben als nebliges Wetter. Daß sogar solches möglich ist, davon berichtet Lucille V. King aus Idaho:

Vor kurzem erinnerte ich mich an eine Begebenheit, die sich Ende Februar 1970 zutrug. Mein Mann John und ich hatten eine Reise nach Dallas, Texas, geplant. Unser Wohnort Cœur d'Alene liegt ungefähr fünfzig Kilometer von Spokane International Airport entfernt, der erst kürzlich als nebelreichster Flughafen der Welt bezeichnet wurde.

Der ganze Flugplatz war denn auch in dichten Nebel gehüllt, als wir dort eintrafen. Dennoch durften wir an Bord gehen, und die Maschine rollte sogar zur Startbahn. Dort standen wir dann und warteten auf ein kleines Nebelloch, um starten zu können.

Ich war damals im Gebrauch der Silva-Technik noch nicht allzu geübt, aber um mir das langweilige Warten etwas abzukürzen, beschloß ich, die Methode zu testen.

›John‹, sagte ich, ›ich gehe in Alpha. Mal sehen, ob sich etwas machen läßt.‹ Das tat ich dann auch. Ich redete mit dem Nebel und sagte, er solle sich lichten. Ein paar Minuten später meldete der Flugkapitän die Freigabe des Startes wegen genügender Sicht. Kaum waren wir aber über den Wolken, verschwand Spokane Airport wieder im dichten Nebel.

Robert B. Stone, Co-Autor dieses Buches, zeigte Freunden Kauai. Er erzählt:

Als wir auf dem Kokee ankamen, von wo aus man normalerweise einen traumhaft schönen Blick ins Kalalau-Tal hat, standen wir mitten in einer dicken Suppe. Ich schickte meine Freunde Kaffee trinken, erzeugte Alpha und stellte mir vor, daß meine Energie den Nebel aufheizte und auflöste. Als meine Freunde zehn Minuten später zurückkehrten, hatte sich der Nebel verzogen, und wir genossen das einzigartig schöne Panorama.

Wir sind die Schöpfer unserer Welt. Erzeugen Sie Alpha, und vertreiben Sie den Nebel.